中华文化公开课

礼仪文化十讲

罗栖 著

当代世界出版社

图书在版编目（CIP）数据

礼仪文化十讲 / 罗栖著 . -- 北京：当代世界出版社，2018.11
（中华文化公开课）
ISBN 978-7-5090-1358-8

Ⅰ.①礼… Ⅱ.①罗… Ⅲ.①礼仪—文化—中国 Ⅳ.①K892.26

中国版本图书馆 CIP 数据核字 (2018) 第 125778 号

礼仪文化十讲

作　　者：	罗栖
出版发行：	当代世界出版社
地　　址：	北京市复兴路 4 号（100860）
网　　址：	http://www.worldpress.org.cn
编务电话：	（010）83907528
发行电话：	（010）83908409
	（010）83908377
	（010）83908423（邮购）
	（010）83908410（传真）
经　　销：	新华书店
印　　刷：	天津旭丰源印刷有限公司
开　　本：	710mm×1000mm　1/16
印　　张：	16
字　　数：	300 千字
版　　次：	2018 年 11 月第 1 版
印　　次：	2018 年 11 月第 1 次
书　　号：	ISBN 978-7-5090-1358-8
定　　价：	46.80 元

如发现印装质量问题，请与承印厂联系调换。
版权所有，翻印必究；未经许可，不得转载！

前言
PREFACE

在世界民族之林中，提到中国，人们惯常会给它加上"文明古国""礼仪之邦"这样的形容词；提到中国人，也往往会有"彬彬有礼""和睦谦逊"等印象。为什么呢？因为中国有着五千年的文明史，这样悠久漫长的历史，很大程度上就是一部"礼"的历史。中国自古就讲究以"礼"治国，《礼记》集序中说："前圣继天立极之道莫大于礼；后圣垂世立教之书莫先于礼"，"人有礼则安，无礼则危，故礼者是不可不学"。由此可见，"礼"在中国作为指导人们道德标准与行为规范的地位是至关重要的。

其实，"礼仪"这一概念在我国传统文化中包含两个概念，"礼"是内核，"仪"是形式，二者互为表里。在五千年的历史演变过程中，我国不仅有一套宏大的内在的"礼"的思想，还有一套宏大的外在的"仪"的规范，而且其精髓深入人心，形成了完整的伦理道德、生活行为规范，进而内化为中华民族的自觉意识，并贯穿于心理与行为活动之中。这个完整的伦理道德、生活行为规范就构成了一种文化，即礼仪文化。

我国的礼仪文化起源很早，从传说中的黄帝时代起，历经尧舜禹时代及夏商王朝，"礼"经历了萌芽、产生、继承与发展几个阶段，直到周代，礼制逐步系统化，并趋于完备，成为后世的典范。在《周礼》《仪礼》《礼记》这些传承礼仪文化的典籍中，容纳了上至国家下至庶民百姓的相关内容。其中有祭祀鬼神人的"吉礼"，有邦国内部以及邦国之间相处与互助的"宾礼"和"凶礼"，有威慑邦国与百姓的"军礼"，当然还有"嘉礼"，它包括一个人从生至死的诞生礼、成年礼、婚丧嫁娶礼以及社交往来礼……其内容之博杂、仪节之繁复细致，令后人叹为观止。

文化具有不自觉的继承性，礼仪文化自然也不例外。在我们为祖先精致典雅的礼仪惊叹之时，不能忘记的一点是，"礼"在古代毕竟是被统治者用以"统治万民"的。对今天而言，它自然有一些可以看作糟粕、陋习的东西，这也是后代人在继承发展时应该摒弃的。

以上种种便是我们编写这本书的动因，我们渴望对传统礼仪文化追根溯源，渴望知道"礼"与"俗"是什么关系，渴望知道"乐"在"礼仪"中承担着一个什么样的角色，还渴望知道最初的"不下庶人"的"礼"是什么样的，以及它传承到后代又发生了怎样的改变……太多太多我们不曾了解却渴望去了解的礼仪是我们编写这本书的动力。当然，为了使传统的礼仪文化更易于被读者所理解，我们还插入一些浅显易懂的典故予以生动地解说，并搭配插图予以更为直观地"描述"。读完此书，相信读者一定会从内心深处感觉到礼仪文化的确是中国传统文化中的一颗璀璨明珠，是中华民族宝贵的精神财富。

目录 CONTENTS

第一讲 礼仪文化篇

- ⊙ "礼"是中国传统文化的核心/2
- ⊙ 礼文化的起源/4
- ⊙ 周公确定礼仪制度/6
- ⊙ 春秋战国儒家之"礼"/8
- ⊙ 秦汉在禁锢中发展的"礼"/10
- ⊙ 封建礼教形成的宋代礼思想/12
- ⊙ 明清时期礼的思想/14
- ⊙ "青出于蓝"的"礼"与"俗"/16
- ⊙ 表里相依的"礼"与"仪"/18
- ⊙ 形同天地的"礼"与"乐"/20
- ⊙ 蕴涵系统礼制体系的《周礼》/22
- ⊙ 现存最早的礼仪典籍《仪礼》/24
- ⊙ 传播最广的礼仪典籍《礼记》/26

第二讲　古代五礼篇

- 礼敬神鬼人的吉礼 / 30
- 亲近君臣民的嘉礼 / 32
- 厚待宾客的宾礼 / 34
- 威慑邦国士民的军礼 / 36
- 哀悯邦国忧患的凶礼 / 38

第三讲　礼器文化篇

- 礼器的产生及渊源 / 42
- 礼仪中的食器 / 44
- 礼仪中的酒器 / 46
- 礼仪中的乐器 / 48
- 礼仪中的玉器 / 50

第四讲　礼典文化篇

- 于圜丘以祭天神 / 54
- 于方丘以祭地神 / 56
- 于宗庙以祀人神 / 58
- 以报天功的泰山封禅 / 60
- 新皇即位的登基大典 / 62
- 君尊臣肃的常朝仪 / 64
- 吉庆之日的大朝仪 / 66

- ⊙后继有人的册封太子礼/68
- ⊙明清时的金凤颁诏仪/70
- ⊙访民情察官政的巡幸礼/72
- ⊙明君臣之义的燕礼/74
- ⊙最早的外交礼仪聘礼/76
- ⊙尊老敬老的养老礼/78
- ⊙皇帝籍田重农耕/80
- ⊙娱乐军事相融的田猎礼/82
- ⊙鸾鸣凤和的皇帝大婚礼/84
- ⊙天子万年的生日礼/86
- ⊙精致豪奢的御膳礼仪/88
- ⊙居处建筑的礼仪性/90
- ⊙阵容庞大的卤簿仪仗/92
- ⊙尚左避尊的乘车礼仪/94

第五讲　生活礼仪篇

- ⊙早生贵子的求子礼/98
- ⊙喜忧相伴的妊娠礼/100
- ⊙预祝吉祥的催生礼/102
- ⊙婴儿初生的报喜礼/104
- ⊙除秽消灾贺三朝/106
- ⊙添丁之喜贺满月/108
- ⊙圆圆满满庆百日/110
- ⊙源远流长周岁礼/112
- ⊙我之为我命名礼/114
- ⊙男子冠礼示成年/116

⊙ 女子笄礼示许嫁/118

⊙ 长命百岁祝寿礼/120

第六讲　婚嫁礼仪篇

⊙ 婚礼的产生及意义/124

⊙ 纳采以示提亲/126

⊙ 问名以卜吉凶/128

⊙ 纳吉以示初定/130

⊙ 纳征以行聘礼/132

⊙ 请期以择良时/134

⊙ 亲迎以接新娘/136

⊙ 共牢而食，合卺而饮/138

⊙ 拜见舅姑，终成新妇/140

⊙ 三朝回门，归宁父母/142

第七讲　丧葬礼仪篇

⊙ 丧葬礼仪之起源与发展/146

⊙ 寿终正寝之际的停尸仪/148

⊙ 分担哀痛的报丧与吊唁/150

⊙ 尊重逝者的小殓大殓礼/152

⊙ 区别亲疏远近的丧服/154

⊙ 于生者逝者皆宜的卜葬/156

⊙ 情礼合一的哭泣仪节/158

⊙ 入土为安的下葬礼仪/160

⊙ 关乎灵魂的不同葬法/162

⊙ 安定亡魂的"做七"礼/164

⊙ 庄严华丽的祭祀礼服/166

第八讲 家庭礼仪篇

⊙《礼记》中的传统家礼/170

⊙ 家礼教育的典范——《颜氏家训》/172

⊙ 司马光的《书仪》与《温公家范》/174

⊙ 广为流传的朱熹《家礼》/176

⊙ 父慈子孝的父子之礼/178

⊙ 兄友弟悌的兄弟之礼/180

⊙ 男女有别的闺媛之礼/182

⊙ 夫义妇从的夫妻之礼/184

⊙ 被动服从的婆媳之礼/186

⊙ 日常礼仪之站姿坐相/188

⊙ 日常礼仪之衣冠服饰/190

⊙ 日常礼仪之言语辞令/192

第九讲 社交礼仪篇

⊙ 称谓礼仪之谦称和敬称/196

⊙ 称谓礼仪之避讳/198

⊙ 纷繁复杂的见面礼/200

⊙ 虔诚谦敬的拜访礼/202

⊙ 礼尚往来的回访礼/204

⊙宾至如归的待客礼/206
⊙谦尊儒雅的饮食礼/208
⊙尊卑有序的座次礼/210
⊙社交活动中的茶礼/212
⊙三爵为限的饮酒礼/214
⊙尊师重教的敬师礼/216
⊙不忘师恩的释奠礼/218
⊙鱼雁相酬的书信礼/220

第十讲 节俗礼仪篇

⊙一岁之首的春节礼/224
⊙正月初七"人日"节/226
⊙火树银花元宵节/228
⊙立春时节的迎春礼/230
⊙慎终追远的寒食清明节/232
⊙辟邪念贤的端午礼/234
⊙浪漫温馨七夕节/236
⊙合家团圆中秋祭月礼/238
⊙九九重阳登高礼/240
⊙腊祭百神的腊八节/242
⊙阴消阳长贺冬至/244

第一讲
礼仪文化篇

"礼"是中国传统文化的核心

> 礼文化是同人类文明一起诞生的,"礼"强烈地影响和制约着中国人的思想言论和行动,可以说,"礼"是中华民族的文化特征及基本表征。

中国是礼仪之邦,古代文化是礼乐文化,所以,"礼"是中国传统文化中绕不开的一章。那么,"礼"究竟是什么呢?

遍翻中国古籍,谈到"礼"时其含义千姿百态,其内容包罗万象,概而言之,主要包括下面几方面的内容。

"礼"是人与兽类相区别的标志

人作为灵长类动物,与动物有共性,也有很大的区别。区别究竟在哪里呢?《礼记·冠义》中说:"凡人之所以人者,礼义也。"《礼记·曲礼》中说:"鹦鹉能言,不离飞鸟;猩猩能言,不离禽兽。今人而无礼,虽能言,不亦禽兽之心乎?夫唯禽兽无礼,故夫子聚麀。是故圣人作,为礼以教人,知自别于禽兽。"古人认为,人与兽类的区别不是能不能说话,而在于是否懂得"礼"。动物没有"礼",所以会父子合用一个性配偶。人不同,人懂得同姓不能通婚的道理,制定了婚姻嫁娶的礼仪,所以,人类在不断的进化中远离了兽类。

礼是最高的自然法则

《礼运》中说:"夫礼必本于天,动而之地,列而之事,变而从事,协于分艺。"《左传》昭公二十五年记载了赵简子与子太叔的对话,其中说:"夫礼,天之经也,地之义也,民之行也。"这些都说明了"礼"是仿照自然法则而制定的,所以是"上下之纪,天地之经纬"。

礼是治国的方法与根本

"礼"在世界其他民族中一般指礼貌、礼节,但在我国却用于治国,可以说这是我国传统文化中的一大特色。在《左传·隐公十五年》中有"礼,经国家,定

◆ 青海出土的舞蹈纹彩陶盆

社稷，序民人，利后嗣者也"，《国语·晋语》中也有"夫礼，国之纪也，国无纪不可以终。"由此可见，在古人眼里，"礼"在安邦定国的问题上起到的是纲领性作用。

"礼"是"法度之通名"

清代文人纪晓岚说："盖礼者理也，其义至大，其所包者至广。"国家的法律，诸如礼仪法甚至行政法都可以统称为"礼"。古代中国在中央与地方、上级与下级，以及并列关系的处理原则上，都是用"礼"的形式来体现的。

"礼"是一切社会活动的准则

在先秦时期，学者认为人的活动，应该符合"德"的要求，即体现仁、义、文、行、忠、信等的要求，为此，学者制定了一套行为规范，如婚礼应该如何举行、丧服应该如何穿着，对父母应该如何侍奉、对老师应该如何尊敬……这些行为规范也被称为"礼"，"礼"便成了衡量人的社会活动的标尺。

"礼"是人际交往的方式

在人与人的交往中，对不同的人应该持什么样的态度、方式，以及聚会时的言谈举止该如何表现，在不见面的状态下，如何表达相互的情感、态度……这些都属于"礼"所规定的范围，如果行为合于规定，就会给人留下有教养的印象，反之，人可能就会嗤之以鼻。这是"礼"在今天仍旧体现得十分广泛的一个概念。

"礼"的含义如此丰富、广泛，似乎时时存在、事事存在着"礼"。已故著名礼学家钱玄先生说，"礼"的"范围之广，与

◆ 舜帝像

今日'文化'之概念相比，或有过之而无不及"。著名史学大师钱穆也曾说："要了解中国文化，必须站到更高来看到中国之心。中国的核心思想就是'礼'。"

延伸阅读

讲究礼仪的历代楷模虞舜

舜帝是中华民族人文始祖之一。姓姚，名重华，号有虞氏，史称"虞舜"。传说，舜的父亲眼盲无知，母亲早亡，继母脾气很坏，名字叫"象"的同父异母弟弟秉性高傲。除了舜，其余人都不下地劳动，全靠他养活。即使这样，一家人还多次想害死他。让舜修补谷仓仓顶时，父亲和弟弟从谷仓下面纵火，舜手拿两个斗笠跳下才得逃脱一死。后来，让舜掘井时，父亲和弟弟却下土填井，舜挖掘了地道才再次逃脱。虽然受到这样种种不公的待遇，舜却毫不记恨，仍对父亲恭顺，对弟弟慈爱。他的孝行感动了天帝。舜在厉山耕种时，天帝让大象替他耕地，鸟儿代他锄草。尧帝听说舜的孝行后，又观察到他有处理政事的才干，就把两个女儿娥皇和女英嫁给他；并且在经过多年观察和考验之后，最终选定舜做他的继承人。舜登天子位后，去看望父亲，仍然恭恭敬敬，并封象为诸侯。在礼仪制度方面，舜还统一了觐见的礼仪，明确规定了公、侯、伯、爵、子、男朝觐天子时必须遵守的五种礼仪等。

礼文化的起源

> 中国是人类文明的发祥地之一，有着悠久的历史和文化。礼仪作为中华民族文化的基础，也有着悠久的历史。探究礼仪的起源可以使华夏子孙更深地认识礼仪。

中华文明，在古代即已声播海外，这种传播不是靠武力，而是靠文明本身的力量。当海外的遣唐使、留学生到达长安时，最令他们惊讶赞叹且羡慕的便是先进的礼乐制度、衣冠文物。他们将它引回本国，加以仿效。可以说，中国的礼乐文明对改变一些陋俗，加速他国文明化的进程曾经起到过重要的作用。那么，中国的"礼"是从何处走来的呢？它的起源在哪里呢？

礼产生于物质文明的发展

关于礼的起源，有一种说法是《荀子·礼论》中提出的"先王制礼"。荀子认为，人生来就有获得食物、求得生存的欲望。在远古时代，生产力水平低下，人们整天为果腹而奔忙。他们群居在一起，没有君臣上下之分，没有亲戚、兄弟、夫妻、长幼之别，也就是说，远古人类没有礼仪。后来，随着人们征服自然的能力提高，物质生活水平也有了一定的提高，种族、部落之间以及内部都有了一些不平等。为了平定这种不平等导致的混乱，"先王"就制定了礼仪并沿袭下来。由此可见，"礼"产生于物质文明的发展，《易·序卦传》也说"物畜然后有礼"。

礼产生于习俗

在原始社会，远古人类在群居生活中为了适应环境如地理、气候等的需要，逐渐形成了一定的生活习惯。比如，原始社会早期，人们穴居野处，往往是赤身裸

◆ 尧帝像

体的。后来，为了遮挡烈日、防止虫蛇之咬、暴雨侵袭，就将树叶或动物皮毛披在身上。久而久之，就会发现动物皮毛可以防寒保暖，再加上人类有了一定的羞耻心、道德感，穿衣就成了一种习俗。随着人类审美观念的产生，人们开始修饰自己的仪容仪貌，开始了穿着打扮的历史。随着文明的进一步发展，人们在不同的场合就有了不同的穿着，这就已经踏上礼仪之路了。其他领域的礼仪，饮食、丧葬等也都是这样发展而来的，因此可以说礼仪产生于生活、产生于习俗。

礼产生于原始崇拜

在人类的早期，人类认识自然改造自然的能力比较低下，对大自然中的很多现象如刮风下雨、开花结果、日升月落、火山地震、山洪海啸等都无法解释，他们就认为"万物皆有灵"，并对之敬拜和求告，希望获其消灾降福和佑护。人们逐渐在这样的活动中形成了一定仪式、制度，这就是后来的宗教仪式，这些仪式被固定并沿袭下来后，就形成了后来的祭天地祀鬼神的"礼"。东汉许慎的《说文解字》中将"礼"解释为"礼，履也，所以事神致福也"。

随着社会的发展，人类逐渐认识到了自己在征服自然中的力量，尤其是其中一些人表现得尤为突出，如神农氏、燧人氏、有巢氏、黄帝、炎帝、尧、舜、禹等，先民逐渐将崇拜的眼神投向了这些人类中的佼佼者，并对他们顶礼膜拜，这便是日后祭祀祖先之礼的起源了。

古代的祖先崇拜对古代文化具有广泛

◆ 壁画艺术中宁静的尧舜时代

而深远的影响，尤其是在伦理领域中，先秦对祖先的崇拜以及对祖先言语的遵循，影响着以孝为核心的家族礼仪的形成。

其实，关于"礼"的起源，在学者中还有很多说法，如"礼"起源于原始社会的礼物交换，如"礼"起源于饮食等。这些说法虽然争议较大，但有一点却是得到大家公认的，即在中华民族的发轫期，便有了礼的萌芽，"礼"的产生与人们的生活息息相关。

延伸阅读

敬老怜弱之典范尧帝

尧帝，姓姬，尹祁氏，号放勋。因封于唐，故称"唐尧"。尧帝严肃恭谨，上下分明，能团结族人，使邦族之间团结如一家，和睦相处。尧帝为人简朴，吃粗米饭，喝野菜汤。尧是讲究礼仪的典范。传说年轻的时候十分敬重老年人，同辈之间也讲究礼让。每次打回来猎物，尧都会把猎物平分给众人，自己拿最少的一份。有时还要把自己那最少的一份再分给年迈体弱的老人。正因为他的德行受到众人的称颂，大家才推选他为部落首领。

周公确定礼仪制度

> 西周的礼乐制度，相传是由周公制定的。周公所制定的礼，是维护统治者等级制度的政治准则、道德规范和各项典章制度的总称，后来发展为区分贵贱尊卑的等级教条。西周的礼乐制度，体现了当时的时代文明。

"礼"是中华文化世代相沿的主要形态，最具有中华文化的原始性和普遍意义，兼有生活方式、伦理风范、社会制度的一体化内容，成为绵延数千年的传统文化模式。

《尚书·大传》说："周公摄政，一年救乱，二年克殷，三年践奄，四年建侯卫，五年营成周，六年制礼作乐，七年致政成王。"从这里看起来，"礼"最初应该就是周公制定的。这种说法并不十分准确。

传说中的颛顼"绝地天通"，进行了一系列的宗教改革。他将人神、天地分开，剥夺了平民与天神沟通的权利，从此，求神祈福、与天相通成为氏族贵族及为他服务的巫师的专利与特权。于是一些宗教祭礼的仪式也就被这些贵族确定并延续下来。此外，颛顼还很重视礼法。他规定女子在路上遇见男子必须迅速让路。否则，就要把她拉到十字街头，叫巫师做法事，除去她身上的妖雾。据说他在盛怒之下，还将一对兄妹结婚做夫妇的男女流放到崆峒山，结果他们因冻饿而死。

说颛顼重礼和制礼，只是说明在夏商时代之前，我国已经有了一些"礼"的萌芽，根据文献记载，真正让它们成为一种制度确定下来的，还是周公。

周公，名姬旦，一称"叔旦"，西周初期的政治家，因周王分封的采邑在周，所以史书上称他为"周公"，或"周公旦"。他是周文王姬昌之子，曾辅佐其兄武王姬发伐商。由于武王在克商之后不久就去世了，

◆ 周公像

继位的成王，年龄幼小，不能亲政，周公不得不摄政。为巩固王室的统治，他采取了一系列安定大局的措施，制礼作乐即是其中之一。据说周公在摄政的第三年就想到制礼，但由于政局不稳，下不了决心。一直到他的号召力经受住修筑东都洛邑的考验后，才开始制礼。

周公依照周朝制度，参考殷商之礼，首先确立周王为天下共主，称"天子"。又以天子为大宗，而与周天子同姓的诸侯，因与天子为叔伯、兄弟，所以是小宗，从而形成以血缘关系为联系的"宗法制"。天子之下有诸侯，诸侯内部又有爵位、等级之分，形成阶梯式的等级制度。由宗法制和等级制结合，就产生出一套完整的、严格的礼仪制度。

周公制礼的出发点和目的是"尊尊"和"亲亲"，"尊尊"是忠，"亲亲"是孝，前者旨在维护君权，即"国无二君"；后者旨在维护父权，即"家无二尊"，这种政治与伦理相统一的理论，就是礼的思想基础。

周公制礼的实质，是确立贵贱尊卑的等级秩序和制度，《史记·礼书》明白地表述了礼所追求的定制就是上自"君臣朝廷尊卑贵贱之序，下及黎庶车舆衣服宫室饮食嫁娶丧祭之分"，并需严格遵守，不得逾越。经过周公制礼之后，君臣有位，尊卑有等，贵贱有别，长幼有序，因此，周内史过说："礼，国之干也……礼不行，则上下昏，何以长世"。可以说，周朝成康之治的出现，与礼乐制度的建立有

◆ 周公辅成王石像画

着很大的关系。

周公这次制礼的内容十分广泛，大到国家的政治制度，小到个人的日常行为都有详细规定。大的方面除了宗法制之外，还有分封制和国家重大活动的制度礼仪，小的方面包括人的婚姻、丧事、成人礼仪、祭祀活动等。此后，在中国两千多年的历史中，虽然朝代更迭很多，但西周时周公制礼所确定的各种礼制都被继承了下来，特别是婚姻制度，一直到现在还可以看到周礼的影响。不仅如此，从周公制礼开始，中国的礼治得到不断的发展，而且留下了比较丰富完备的文献资料。

延伸阅读

周公与"君无戏言"

在周公摄政期间，他不仅忠心耿耿地为周成王处理国事，而且担负着教育周成王的艰巨责任。据说，有一天，周成王和弟弟叔虞在皇宫的后院里做游戏，周成王将一片梧桐叶剪成玉圭的形状递给弟弟，说："我就用这个来分封你吧！"周公知道这件事后，便请成王选择吉日封叔虞为诸侯，成王笑着说："我是和他开玩笑。"周公告诉成王："天子是不能开玩笑的，天子说出的话，史官要记录它，乐工要唱诵它，大臣们要颂扬它。"于是，成王就把唐封给了叔虞。周公用事实告诉成王要时时注意自己的"天子"身份，牢记君无戏言。

春秋战国儒家之"礼"

> 西周时期是礼的完备时期,到了春秋战国时期,社会已经处于"礼崩乐坏"状态中。各种不同的思想和主张在互相批评与不断融合中,形成了一种"百家争鸣"的兴盛局面。孔子作为儒家的创始人,提出了"克己复礼"的观点。

春秋末年,周王朝岌岌可危,诸侯割据争霸,社会一改周公制礼形成的稳定局面而处于"礼崩乐坏"状态,社会的大变革时期,促成了很多新思想的涌现,也就是通常所说的"百家争鸣,百花齐放",这其中,儒家思想最为突出。

关于"儒家"这一名称,据《周礼》记载,曾经有一个称为"儒"的阶层,儒的主要任务是"以道得民",这里的道就是当时王官之学领域内的主要知识和学术,其核心是以德为基础的礼乐制度。儒家虽是从儒这一阶层而来,但有别于儒。儒家是一个有独特思想和系统主张的学术派别,它的创始人是孔子。

孔子(前551年至前479年),名丘,字仲尼,春秋末期鲁国人。祖籍在今天的河南商丘。从商丘到曲阜,巨野是必经之路。传说有一次孔母颜征在跟随家人自商丘返乡,路过巨野的麟山,看到麟山风景优美,就提议在此歇脚。她坐在麟山上的一棵树下,打了一个盹,忽然梦见麒麟入怀,醒来感而有孕,十一个月后生下了孔子。到孔子出生的前两天,麒麟又到曲阜阙里人家送去玉书三卷。此外还有种种传说,都是为了表现孔子异于常人,因而成为我国古代最著名的思想家、政治家、教育家。

面对"礼崩乐坏"的社会状态,孔子思考之后认为,要治理好国家,应该实行德治。而德的表现就是礼乐制度。礼乐制度在周朝时已经很完善了,目前要做的

◆ 孔子像

就是"复礼"。孔子终其一生，都在为"恢复"先朝的礼乐制度而奋斗，但在当时礼崩乐坏的局面下，"礼"赖以存在的价值基础已经衰败，首先需要解决的是重新确立"礼"的深层基础问题。孔子说："礼云礼云，玉帛云乎哉？乐云乐云，钟鼓云乎哉？"（《论语·阳货》）就是说礼乐不仅是"玉帛""钟鼓"这一套形式化的东西，而有更深一层的内涵。孔子把这深一层的意义落实在以"仁"为核心的人的内在道德情感上，即仁先礼后，仁内礼外。也就是说，只有以道德去教化人，去引导人们，并把"礼"作为人们的行为规范，才能使人既有廉耻之心，又能安分守己，心悦诚服地做统治者的"顺民"。不仅普通百姓，统治者也要以身作则，将"礼"作为自身的行为规范。

儒家继孔子之后的另一位代表人物荀子在这一方面做了进一步发挥，形成"隆礼贵义"的思想。他用"礼义"代替了孔子的"仁义"，作为治国修身之本，在礼义中又特别重视"礼"。他说："礼者、法之大分，类之纲纪也。故学至乎礼而止矣。夫是之谓道德之极。"（《荀子·劝学》）"隆礼贵义者其国治，简礼贱义者其国乱。"（《荀子·议兵》）"礼"可以包括其他道德条目而成为道德的大宗，即"礼"是道德生活和社会生活中的最高准则。

儒家"礼"的学说对中国社会产生了巨大影响。"礼"后来被国家的统治者加以改造，成为全社会必须遵守的行为准

◆ 孟子像

则，同时也是中国古代社会生活的强大精神支柱。国家的统治者之所以将"礼"引入国家政治生活中来，也是看中了"礼"这种与生俱来的强大约束力。

延伸阅读

春秋战国时期儒家的另一位代表——孟子

孟子(前372年至前289年)，名轲。战国时期的思想家、政治家、教育家。孔子之后的儒学大师，后世将其与孔子并称为"孔孟"，且称其为"亚圣"。孟子远祖是鲁国贵族孟孙氏，后来家道衰微，从鲁国迁居到邹国（今山东邹城东南）。孟子三岁丧父，母亲艰辛地将他抚养成人。孟母管束甚严，其"孟母三迁""孟母断织"等故事，成为千古美谈，是后世母教之典范。孟子师承子思(一说是师承子思的学生)，继承和发展了孔子的思想，创立了一套完整的思想体系。学成之后周游列国，游说他的"仁政"和"王道"思想。但由于当时诸侯各国忙于战争，他的仁政学说被认为是"迂远而阔于事情"，几乎没有人采纳他的治国思想。于是归而与弟子讲学著书，著有《孟子》一书。

秦汉在禁锢中发展的"礼"

> 秦汉时期关于"礼"的思想有过禁锢，也有过发展，还有过禁锢中的发展，即"三纲""五常"思想的提出，这种思想将"礼制"引向了"礼教"，对中国封建社会影响深远。

秦统一六国之后，在思想领域，儒家和法家围绕着分封制与郡县制、师古与崇今等问题展开了激烈的斗争。公元前213年，秦始皇为了加强专制统治，采纳了李斯的建议，下令焚烧《秦记》以外的列国史记；如果有人敢谈论《诗》《书》的要处死，以古非今的要灭族；同时禁止私学，如果想学法令就要以官吏为师。当时，除了医药、种树、卜筮之书外，其他各种文化典籍都被焚烧了。第二年，两个术士（修炼功法炼丹的人）侯生和卢生暗地里诽谤秦始皇，后来逃跑了。秦始皇得知此事后勃然大怒，派御史调查，后来抓住了犯禁的460多人，这些人全被坑杀。这两件事合称"焚书坑儒"。

"焚书坑儒"事件虽然促使国家在短期内达到了统一思想的目的，但是它并不利于国家的长治久安，不利于社会发展，不仅如此，"焚书坑儒"还对中华文化造成了极大的破坏。不仅造成了大量历史文化典籍的失传，而且也封闭了言论自由、思想自由的道路。

这种状况在汉代得到了缓解。刘邦立国之初，自己以及手下部将的文化水平不高，所以群臣经常在宫殿之上喧哗争功。面对这种情况，儒臣叔孙通建议设立礼仪法度，以明体统。这一建议得到刘邦的采纳。于是，叔孙通参考古礼、秦仪，制定了汉初朝仪，恢复了儒家的礼制，满足了天下初定要求秩序稳定的需求，这实际上为儒学的复兴打下了基础。

◆ 汉高祖刘邦像

在对汉代"礼"的思想的发展方面，陆贾、贾谊、董仲舒等人做出了重要的贡献。

陆贾是汉初重要的政治家和思想家。刘邦一统天下后，命令陆贾总结秦亡汉兴的原因和自古以来国家成败的经验教训。陆贾就"著二十篇。每奏一篇，高帝未尝不称善，左右呼万岁，号其书曰《新语》"。在《新语》中，陆贾认为，人都有礼仪之性，但由于受到情欲的干扰而不能自觉遵守礼仪。因此统治者必须对人们的"情欲"加以约束和规范，同时通过道德教化去启发和强化人们固有的"礼仪之性"。至于如何做，陆贾说，应该尚德而不尚刑，尚俭而不尚奢。他提出的这些主张符合汉初社会和统治集团的普遍心理，所以得到了刘邦的称赏。

贾谊是汉文帝时的人，著有《新书》。贾谊在思想上受荀子的影响很大，他提倡德教，主张"以礼为治"。贾谊提出，礼仪和法令都有禁邪恶的作用，但礼仪不仅优于法令，而且还有劝善扶正的作用。即人们在礼仪所提供的外在行为规范和内在价值取向的约束和引导之下，定会"日迁善远罪而不自知"，这是法令永远不可能达到的境界。

提到董仲舒，肯定会想到"罢黜百家，独尊儒术"，的确如此，董仲舒在确立儒家的正统地位上功不可没。他是汉景帝、武帝时期最重要的儒家学者，有《春秋繁露》一书传世。同贾谊一样，董仲舒也主张"以德化民"，认为应该先用"先王礼乐"对百姓进行深入教化。董仲舒提出"天人感应论"，在此基础上，君权神

◆ 董仲舒像

授就理所当然。于是，就有了"君为臣纲，父为子纲，夫为妻纲"的"三纲"，这是对封建等级关系和伦常秩序的概括。在此基础上，董仲舒还把仁、义、礼、智、信定为"五常"作为调整这种关系的基本原则。"三纲五常"的确立，不仅使统治者有了精神支柱，也为以后封建礼教的形成提供了理论依据。

延伸阅读

董仲舒其人和"天人感应"说

董仲舒（前179年至前104年），西汉著名的哲学家、思想家、政治家、教育家，广川（今河北省衡水市景县广川镇）人。在汉景帝时任博士，讲授《公羊春秋》。

董仲舒哲学思想的基础是"天人感应"学说。他认为天和人同类相通，相互感应，天能干预人事，人亦能感应上天。董仲舒把天视为至上的人格神，认为天子如果违背了天意，天就会出现灾异进行谴责和警告；如果政通人和，天就会降下祥瑞以鼓励。天人感应的思想在汉代曾占据统治地位，它一方面对无限的君权进行了限制，同时也为封建专制制度提供了理论依据。

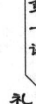

第一讲 礼仪文化篇

封建礼教形成的宋代礼思想

> 魏晋南北朝至隋唐时期，儒道、玄学、道教、佛教各种宗派纷呈，儒学地位削弱；唐代后期，儒家开始有所复兴，到了北宋后期，出现了儒学发展的高潮——理学，其中的"三纲五常""三从四德"等伦理道德思想被制度化后形成的封建礼教开始产生它的深远影响。

自从汉武帝采纳董仲舒"罢黜百家，独尊儒术"的建议使得儒学成为国家思想的正统后，礼也再一次得到了重视。但是，在魏晋南北朝至隋唐时期，儒学再次受到了冲击。这一时期，玄学、道教都在中国本土上蔓延起来，佛教也传入中国，他们与儒学相互排斥、相互冲突、相互吸收又相互融合，中国的思想文化由此得到了多角度的发展与深化。唐代中期，韩愈、柳宗元倡导"古文运动"，推动了儒学的发展，儒学的复兴再次开始萌发。到了两宋时期，儒学以一种崭新的姿态——理学出现在了人们的面前。

理学，是中国封建社会后期的统治思想。它产生于北宋，盛行于南宋与元、明时代，清中期以后逐渐衰落，但其影响一直延续到近代。之所以称为"理学"，是因为宋代儒士解经，大都不顾旧有的传与注，往往抛弃传统的训诂义疏，直接从经书原文中阐释性命义理（即人的本性及其根源），因此被称为"性命义理之学"，简称为"理学"。

理学的兴起与宋代的政治特点有着密不可分的关系。五代的长期分裂和混乱，破坏了传统的伦理道德规范，纲常松弛，道德式微，这不利于大一统政治的稳定和巩固，因此，宋代统治者一开始就倡导尊儒读经，宋代的儒学复兴便由此而形成。

北宋时期理学的创始人之一是张载，他提出人要通过"学礼""克己""寡欲"来变化人的气质，他认为礼不仅是一

◆ 朱熹像

种外在后天的道德规范，还是一种先天的天地之德。因为学礼就能守性，返回自己的本性。此后的程颢、程颐更是将"理"视作哲学的最高范畴，认为"理"无所不在，不生不灭，不仅是世界的本源，也是社会生活的最高准则。主张"存天理，灭人欲"。二程学说的出现，标志着宋代理学思想体系的正式形成。

朱熹继承了张载和程颐、程颢的思想，建立了以"三纲五常"为天理的伦理道德思想体系。朱熹把"三纲五常"夸张成充斥于天地之间的最高法则，"宇宙间一理而已……其张之为三纲，其纪之为五常。盖皆此理之流行，无所适而不在"，他还说："三纲五常，礼之大体，三代相继，皆因之而不能变。"这样一来，"三纲五常"既约束着人的思想，同时又规范着人们的行为，成了封建礼教的教条。这样自然也维护了封建统治者的利益，于是被统治者尽可能地利用着。

不仅如此，经过程朱理学的发展，商周时期就有的男尊女卑思想变成"三从四德"，给女性套上了更加沉重的精神枷锁。"三从"指"在家从父，既嫁从夫，夫死从子"，"四德"指妇女要谨守"妇德、妇容、妇言、妇工"。在这种要求下，妇女没有社会地位，男女之间极度地不平等，这种不平等在婚姻上表现得尤其明显，以致到了宋朝末期，妇女"节守贞操"成为一种普遍的风气。在此基础上，统治者还对那些付出很大代价"节守贞操"的妇女给予立"贞节牌坊"的"表

◆ 程颢像

彰"，女性从思想到身体受到进一步的禁锢与约束。

总之，宋代理学将一种思想变成了一种制度化的"礼"教，并被社会普遍认同与传播着。可以说，宋代是"礼"的繁荣期，却是人的自由的禁锢期。

延伸阅读

理学的奠基人之"二程"

"二程"指程颢（1032—1085年），字伯淳，又称"明道先生"；程颐（1033—1107年），字正叔，又称"伊川先生"。北宋思想家，理学奠基者。明末徐必达将程颢与程颐的著作汇编为《二程全书》。

"二程"是河南洛阳人，他们长期在洛阳从事讲学活动，所以，人们将他们的理学学派称为"洛学"。从内涵而言，"洛学"属于宋明理学中"理本论"的一个哲学学派，也称作"理学"（狭义的），后来与朱熹之学结合而称作"程朱理学"。二程"洛学"的思想核心，就是高扬孔孟儒学的精神，强调道德原则对个人和社会的意义，注重内心生活和精神修养。

明清时期"礼"的思想

明清时期,理学受到自身发展以及西方文化的冲击,并获得了涅槃式的新发展,但孕育于理学的封建礼教却开始走向衰微,然而,由于封建礼教思想已经渗透于传统家庭教育中,所以,它又形成了束缚人们行为的家庭礼制。

明清时期,中国封建社会进入发展的后期,君主专制制度的空前加强以及资本主义萌芽的出现,都显示了旧制度的衰落和新的社会因素的产生。在经济领域,江南一带的市民工商业者已经有相当的经济实力,成为社会上不可忽视的力量。在思想领域,则出现了反思传统儒家思想、反对封建专制主义的思潮。李贽、黄宗羲、顾炎武和王夫之等人是这股文化思潮中的代表人物。

李贽,可以说是明代思想界的"异端",他是中国历史上反封建传统、反封建礼教、反权威主义,主张个性解放、思想自由的思想先驱,他的思想对后人反传统权威、反君主专制、反封建礼教思想的形成具有重要的启蒙作用。他挑战孔子及其儒家思想的正统地位,批判道学家的虚伪,他认为,是非应随时代变迁发展而改变,不应以孔子的话作为永久不变的定论。黄宗羲、顾炎武、王夫之被称为"清初三大儒",其中黄宗羲有力抨击君主专制,提出了"以天下之法"取代皇帝"一家之法"的限制君权的主张。顾炎武则倡导经世致用,关注现实的国计民生,反对空谈性命之学。王夫之更强调世界的物质性,批判陆九渊、王阳明"心学"的唯心主义世界观。这几位思想家的主张与程朱理学专注于维护封建统治秩序和封建礼教有很大不同,它们体现了时代的要求,激发了先秦儒学中的积极因素,使儒学摆脱了"理学"的禁锢,可以说,它们动摇了封建礼教在社会政治领域的统治地位。但是,封建礼教并没有完全淡出人们的生活。

曾国藩是晚清的重臣,是近代新文化运动的开拓者。同时,他自幼深受传统文化的影响。他试图挽救日渐消亡的理学,

◆ 李贽故居

◆ 曾国藩像

所以，在他的思想中，很重视"礼"，而且宣扬以"学礼"为"经世之术"。首先，他用"礼"呼吁地主阶级及其武装力量"谨守准绳，互相规劝"，要求大家"克己求仁"。其次，他用"礼"来"辟异端"，以使"人人纳于轨范之中"，维护君臣父子、上下尊卑的封建等级秩序。总之，曾国藩的"以礼自治，以礼治人"，既用于维护家国的安定统一，也被用来当作镇压农民革命的依据。曾国藩坚持传统礼制的基本精神，维护旧的社会秩序，也限制了自身变革思想的进一步发展。

此外，明清时期，由于统治者采取八股取士的考试方法，要想有所作为，人们必须读程朱理学注解下的"四书""五经"，所以，这些读书人的思想仍然被禁锢着。

在对待女性的教育以及地位方面，明清时期几乎没有什么改观。"三纲五常"、班昭《女诫》中的"三从四德"等仍然是主流观念，而且，明代的时候流行"女子无才便是德"的思想，这种思想使许多女子不能读书识字，受不到良好的教育，也无缘去改变自己的思想与命运。

不仅如此，在明清时期还流行着一些"家训""乡约"，这使得家庭教育受到了礼教的约束，可以说，相对于宋代时统治阶级用礼教控制人们，明清时期，礼教在家庭中的影响更明显。

总而言之，儒家的礼的思想，到了明清时期人们学到的更多是它的表面的制度化的东西，礼的真正内涵并没有被人们所领悟。也正因此，"礼"在这一时期受到了来自内部与外来文化的双重冲击，并在近代成为新文化运动的首要攻击目标。

延伸阅读

班昭和《女诫》

班昭（约49年至约120年），字惠班，又名姬，东汉扶风安陵人。班昭身世显赫，父亲班彪是当时有名的史学和儒学大师；大哥班固，是《汉书》的主要作者，二哥班超投笔从戎后，两次出使西域。在父兄的影响和鼓励下，班昭从小就熟读儒家经典和史书，长大后成为班氏家族中博学多才的才女。她对后世影响深远的是她所写的《女诫》一书。

《女诫》共七篇，本是用于教导班家女儿的私家教科书，不料写成后却被人们争相传抄，不久便风行全国各地。在"卑弱"篇中，班昭认为女性生来就不能与男性相提并论，应该恪尽本分。在"夫妇"篇中，认为丈夫比天还大，须敬谨服侍。在"敬慎"篇中，主张女子应当无条件地顺从丈夫。在"妇行"篇中，规定了妇女四种行为标准，即"妇德""妇言""妇容""妇工"。在"专心"篇中，强调"贞女不嫁二夫"。在"曲从"篇中，教导妇女要善事男方的父母，逆来顺受。在"叔妹"篇中，说明与丈夫的兄弟姐妹相处之道。

第一讲 礼仪文化篇

"青出于蓝"的"礼"与"俗"

> 从俗到礼，是中国上古文明的一次重大飞跃，它奠定了中华文明的底蕴，并赋予它鲜明的特色。这是我们的祖先对世界文化所做出的重要贡献。

现在人们都知道清明节要去踏青、扫墓，知道冬至的时候要吃饺子，端午节要吃粽子……在形容它们的时候会说，这是"礼俗"。那么，"礼俗"这个词的内涵就是指类似于这样的风俗内容吗？其实不然，"礼俗"中包含着"礼"与"俗"两个部分，现代人们提到"礼俗"时含义更倾向于"俗"，那么，"礼"与"俗"究竟是什么关系呢？

《荀子·劝学》中说："青，取之于蓝而胜于蓝。"可以说，"礼"与"俗"的关系就是这样的。

东汉经学家许慎在《说文解字》中说："俗，习也。"风俗就是人们长期养成的生活习惯。与他同时期的学者郑玄对此作了进一步的解释："俗谓土地所生习也。""土地"是指人们的生存环境，包括地理、气候、人文等各种要素在内。人们在各自特定的环境中生活，久而久之，就形成了各自的习俗。但是，随着文明的进程，这些风俗并不合乎制度的需要、统治的需要、上层人际交往的需要，于是，就有必要将它们加以规范并上升为一种制度来让人们遵守，维持有秩序的生活，这就是"礼"产生的必要性。

由于风俗是人们在世世代代的生活中形成的，它有巨大的、难以一时克服的惯性，所以将风俗完全改变，另外制定一套礼仪制度让人们来遵守是完全行不通的。又由于"礼不下庶人"，"礼"是贵族及统治阶级的需要，而"庶人"间通行的是风俗，如果想让"礼"具有尽可能大范围

◆ 商代的鎏金铜面具和冠饰簪人头像，用于祭祀

的约束作用，就必须在新的制度和旧的风俗之间寻找一个结合点，这样既能让"庶人"喜闻乐见，也能推进社会的变革。这就必须有一个从"俗"入"礼"的过程。

在从"俗"进入到"礼"的进程中，儒家尽可能地保留了既有风俗的外在形式，而在提升其文化内涵上下了功夫，为风俗注入了新的人文精神。这样，总体看起来还是原先的外壳，但是灵魂已经被抽换了，这就形成了"礼"。以婚姻为例，在人类社会早期，几乎没有婚姻关系，只要是异性，就可以随便交合。后来人们认识乱伦的性关系，将直接影响到人种的质量和道德观念的确立。于是，逐渐有了一夫一妻制，为了进一步规范婚姻关系，儒家制定了婚姻的仪程，而且还对双方的血缘关系作了严格限定：将"取妻不取同姓"用礼的形式规定下来。

"礼"产生了，但并不意味着它完全替代了"俗"，"俗"还存在于人们的生活中，它与"礼"的不同大致表现在以下三方面：

一是"俗"有地域性，它是特定生活圈内的文化。如同样过端午节，北方和南方的风俗就不同。"礼"没有地域性，如清代官员无论是谁，面见皇帝行的"礼"都是一样的。

二是"俗"具有大众性，对于文化层次没有要求。而"礼"属于"雅"的层面，"礼"仪式复杂，内涵丰富，往往蕴涵着深刻的理念，所以要求行礼者有一定的文化程度。

三是"俗"属于一种生活方式，虽然

◆ 商代青铜纵目面具

有一定的规定性，但约束力比较弱。"礼"有严格的规定性，行礼的场所、礼器的组合、宾主的位置、仪节的先后等，都是不能违反的。在古代，往往以"礼"治国，"礼"甚至具有法律效力。

从"俗"到"礼"，是我国古代文明的一次飞跃，"礼"与"俗"的不同，也是我国传统文化的一大特色。

延伸阅读

周公制礼，伯禽趋跪

上古时期，人们之间只有生活习俗，没有礼法。后来，周公根据"因俗制礼"原则制礼作乐，并以身作则地实践着。

周公有个叫伯禽的儿子，他跟周公的弟弟康叔去见周公三次，结果三次都被父亲痛打一顿。伯禽很纳闷，就去问商子。商子说："南山的阳面有一种树，叫做乔木；北山的阴面有一种树，叫做梓木，你去看一看就知道原因了。"伯禽听后就去看了。他看到的是乔木生得很高，树是仰着的；梓木长得很低，树冠却低俯着，一副谦恭的样子。伯禽把自己看到的这些告诉了商子。商子对他说："乔木仰起，就是做父亲的姿态；梓木俯着，就是做儿子的姿态。树有高低之别，人也应该有区别长幼的礼节啊！"第二天，伯禽再次去见周公，一进门就很快走上前去，行了一个跪拜礼。周公看到后终于欣慰地笑了。

表里相依的"礼"与"仪"

> "礼仪"就是以"仪"为表,以"礼"为里,它们如同形式与内核,相互依存,缺一不可,区别"礼"与"仪"对于提升礼仪的价值地位于古于今都有很重要的意义。

在《左传》中记载着这样一个故事:春秋时期,鲁昭公到晋国去访问。在晋国都城的郊外,晋平公派大臣去行"郊劳"之礼。在那个年代,国家之间的迎宾仪式都是从郊劳开始的,仪式极为复杂。可贵的是鲁昭公居然一点都没出错,这让晋平公和大臣们都佩服不已,都认为鲁昭公是个懂"礼"的人,只有一位叫女叔齐的大夫说:"鲁昭公根本不懂什么叫'礼'!"晋平公非常奇怪:"从'郊劳'之礼到目前的相互答谢转赠礼物,鲁昭公一直表现非常得体,你怎么能说他不懂'礼'呢?"

女叔齐回答说:"他所做的充其量只是'仪'而已。'礼'是用来维护国家秩序,行使政策法规,让百姓凝聚在一起的。可是,目前的鲁国内政混乱,鲁昭公却疏远贤臣,让奸佞小人把持朝政。鲁国和大国结盟,却肆意破坏盟约协定,乘人之危,欺负弱小国家。作为国君,不精心考虑治国的方略,而把注意力放在这些琐碎的礼仪规范上,这样一个人怎么能算是懂'礼'呢?"

由这个故事可以看出,在古代,"礼"和"仪"是不同的。在今天,"礼仪"虽是一个词,但是它也包含着"礼"与"仪"的双重含义。

中国传统礼仪与西方礼仪是不同的,西方礼仪注重仪式,而中国传统礼仪更强调"礼"是人修身养性的一种方式。孔子就曾明确反对以器物仪节为主的"礼",

◆ 西周的宗周钟,是周厉王为祭祀祖先所铸的一组编钟中的一件

而主张以仁义为核心的"礼"。孔子认为,一个内心没有仁爱之心的人,怎么去面对"礼"呢?"礼仪"还有什么意义呢?

作为思想内核的"礼"既然如此重要,那么,作为外在形式的"仪"就不重要了吗?我国古人很早就讨论过这个问题。从西周开始,我国古代社会进入了"文"的时代,即讲究服饰、器用、言语、揖让等外在的形式,这些慢慢变成一种制度流传下来。后人就必须去学习,卫国的大夫棘子成在学的过程中就不明白为什么要学这些"文"的东西,他去问孔子的学生子贡:"作为一名君子,有质朴的本性就行了,为什么还要'文'呢?"子贡回答说:"你把文等同于质,把质等同于文,怎么可以呢?虎豹不同于犬羊,是因为他们身上的毛纹不同,如果把它们的毛纹都去掉了,哪还能区别虎豹和犬羊呢?"在这里,子贡把"文"比喻为动物身上的毛纹,用来说明外在的形式也是非常重要的。对于"礼仪"也是同样的,作为与日常行为不同的"礼仪",就需要有一定的形式来加以区别。

《论语》中说:"质胜文则野,文胜质则史,文质彬彬,然后君子。"当质朴胜过文雅,就显得粗野,文雅胜过质朴,就显得做作,只有内外兼修,文与质交相辉映,才是君子应有的风范。对一个人是如此,对于一个行礼仪的人而言,也是如此。一个人若要真正懂得礼仪,就不仅要懂得"礼仪"的外在形式,还要懂得"礼仪"的内在核心,即注重个人内心的修养。这也是女叔齐解释鲁昭公为何不懂"礼"的本质内涵。

总而言之,"礼"和"仪"可以说是"礼仪"的两大要素,即形式和思想。形式如同"礼"的外壳,

◆ 冕服玉人

思想如同"礼"的灵魂。形式是为思想服务的,而思想也需要借用某种形式才能显示出来。因此,"礼"和"仪"作为礼的两大要素互为依存,缺一不可。

延伸阅读

谨遵礼法的萧意辛

萧意辛,是辽国驸马陶苏斡的女儿,耶律奴的妻子。有一天,她听到妯娌们在谈论如何用邪法来博取丈夫的宠爱。萧意辛说:"用邪法还不如用礼法。"大家就问她,怎么样叫做用礼法?萧意辛说:"自己的行为要谨慎,侍奉长辈要恭敬,对待丈夫要温柔和顺,对待小辈要宽宏大量,这样做就是用礼法。如果这四点样样都能做到,那么丈夫肯定不敢看轻你了。"大家听了萧意辛的话,觉得既惭愧又佩服。后来萧意辛的丈夫被人诬告,法律规定要充军,萧意辛就奏明皇上,希望允许她跟丈夫同去。在充军的地方,萧意辛自己一边做着苦役,同时对待丈夫更加有礼、更加敬重。后来皇上听说后,也对这个真正懂"礼"的女子非常佩服,就下令释放了他们。

形同天地的"礼"与"乐"

中国传统文化可以说是一种"礼乐文化",在传统礼仪中也都少不了音乐的参与。音乐与礼仪法天地而制作,它们虽不同,却都在传统政治社会中起着管理工具的作用。

古人在祭祀、宴饮、出师等大型礼仪活动中,都要用先王所制的音乐作为辅助手段,来传达礼仪,从而加强礼仪对人的教化作用。音乐为何能起到这种效用、达到这样的目的呢?

音乐及其作用

《史记·乐书》中说:"夫乐之起,其事有二:一是人心感乐,乐声从心而生;一是乐感人心,心随乐声而变也。"也就是说,音乐产生于人的内心,反过来又对人的思想、情感甚至行为起到很大的影响,使之随其产生变化。不同的人的内心,会产生不同的音乐。反之,不同的音乐,对听者产生的作用也不相同。如《荀子·乐论》中说,郑卫之音,使人心生淫荡;而韶乐则让人内心产生庄严庄重之感。

音乐是一种工具

音乐能够满足人的情感需求,能够净化人的心灵,但是,在儒教社会里,音乐的这种作用仅仅处于非常次要的地位,调理民气,改善民心,从而实现礼乐治天下才是古代制乐的真正目的。也就是说,儒家把音乐当成了治理国家的工具。荀子在《乐论》中指出:"乐者,圣王所乐也,而可以善民心,其感人深,其移风易俗,故先王导之以礼乐而民和睦。"荀子认为音乐是可用来改造社会的,可以引导人心向善,改善民间

◆ 学琴师襄子,孔子向师襄子学习弹琴

的风俗，修正、规范人们的行为，从而实现百姓和睦，社会长治久安的愿望。

乐与礼

在古代的很多仪礼活动中都会演奏雅乐。可以说，古代的音乐是集音乐、舞蹈、诗歌于一体的艺术形式。《通典·乐一》中说："咏歌不足，故手舞之，足蹈之，动其容，象其事，而谓之为乐。"奏乐、和歌、舞蹈，三者相辅相成，并与礼相和，让人在美的熏陶中更容易接受教育，使之思想得以纯正。这一特点在古代重大的典礼仪式中表现最为突出。如在乡饮酒礼中，要按一定的顺序演奏《诗经》中的《鹿鸣》《四牡》《白华》等多个篇章，以表达平和忠信、尊老养贤等礼仪。

"礼"与"乐"可以在相互配合中达到教化人心的作用，但是，"礼"与"乐"终究是不同的。

首先，制"礼"与作"乐"的依据是不同的。《史记·乐书正义》中说："乐法天地之气，故云天地之和；礼法天地之形，故云天地之序。"也就是说，礼是模仿天地的有序性而产生的，乐是模仿天地的和谐而产生的。

其次，"礼"与"乐"的意义不同。《礼记·乐记》中说：音乐的根本是求得共鸣，即使人的好恶情感同一，从而协调各种等级类别人的关系；"礼"的根本是要区别、维护等级贵贱的差异。好恶同一的情感取向使人们互相亲爱，尊卑级差有序的言谈举止则使人们互相尊敬。这是"礼乐文化"的精义。

◆ 秦公编钟 春秋前期

"礼"与"乐"在关系上，应该是互相补充，互相制约的。如果一个国家乐事太过而不加节制，则会使人之间的尊卑界限混淆不清；礼事太过而不加节制，则使人们之间离心离德。只有礼乐齐备，"礼"的精义得以实现，使贵贱有等；乐事得以统一，使上下和合，这样才能求得社会的和谐、安定与有序。

延伸阅读

孔子由乐悟《文王操》

孔子向师襄子学琴，师襄子教了孔子一首曲子，孔子弹了10天还在练习。师襄子说："可以学另一首曲子了。"孔子说："我虽然学会了曲子，可还没有熟悉它的韵律。"过了几天，师襄子说："韵律已经熟悉了，可以学下一首曲子了。"孔子说："我还不知它所表现的心志。"又过了几天，师襄子说："已经知道了所表现的心志，可以学下一首曲子了吧！"孔子说："可我还没有体会出作曲者是怎样的一个人啊！"又过了几天，师襄子问："知道作曲者是谁了吗？"孔子说："我感受到这个人形象高大，目光明亮而深邃，一心要感化四方，心胸宽大能包容天下。他莫非是周文王吗？"师襄子惊讶而敬佩地说："不错！我的老师讲过，这个乐曲名就叫作《文王操》。"可以说，文王和孔子在音乐上获得了共鸣，一个将治民之心融入音乐，一个则深深地领悟了这份心胸。这就是音乐的力量。

蕴涵系统礼制体系的《周礼》

《周礼》《仪礼》和《礼记》被称为"三礼","三礼"是古代礼乐文化的理论形态,对礼义、礼法做了最权威的记载和解释,对历代礼制的影响最为深远。

《周礼》,初名《周官》《周官经》,是古文经学最重要的典籍之一。对中国古代官制的建置产生过深远的影响。《周礼》涉及范围广泛,是我们了解、认识和研究我国古代官制、政治史、文化史的一把钥匙。

《周礼》的出现及作者和成书年代

在先秦文献中都没有提到过《周礼》这本书。西汉时期,在景帝、武帝年间,河间献王刘德从民间征得一批古书,其中一部名为《周官》。著名学者刘歆非常偏爱此书,奏请皇上将此书列入学官,并将《周官》更名为《周礼》。东汉初年,刘歆的学生杜子春继承师业而大兴《周礼》之学,一时注家蜂起。至东汉末,经学大师郑玄"括囊大典,网罗众家"而注"三礼",给《周礼》作了第一次认真的总结。此时,《周礼》才与《仪礼》《礼记》并列合称"三礼"。由于郑玄特别推崇《周礼》,而后人又十分推崇郑玄,遂使《周礼》位居"三礼"之首。

《周礼》的作者不详,有学者认为,此书体大思精,非圣贤不能作。刘歆认为,周公曾经制礼作乐,《周官》是周公手作的周代官政之法。这种说法推理的成分较多,证据比较薄弱。

关于《周礼》的成书年代,可以说是中国学者中的一场旷日持久的争论。因为《周礼》是在西汉被突然发现的,不像其他经书都是传自经师的口耳相授而后写成的汉隶定本,所以,在当时就受到了学者的诘难。后经历代学者争执论辩,关于其成书年代主要有西周说、春秋说、战国说、秦汉之

◆ 郑玄像

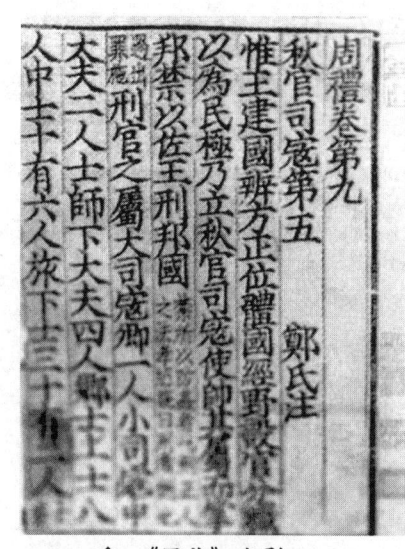
◆《周礼》书影

际说、汉初说、王莽伪作说六种说法。

《周礼》的具体内容

《周礼》原书应该有天官、地官、春官、夏官、秋官、冬官六篇，冬官篇已经遗失。汉代儒学者摘取性质与其相似的《考工记》补充完整。之所以为六官，暗含着天地四方六合的宇宙格局。六官各自统领60个具体的官职，总数是360，而360正好是周天的度数。可见，"周官"这一书名的本意，是"周天之官"的意思。六官的大致分工是：天官主管宫廷，地官主管民政，春官主管宗族，夏官主管军事，秋官主管刑罚，冬官主管营造，展示了一个完善的国家典制，一切井然有序，富于哲理，令人有"治天下如指诸掌中"的感觉。

《周礼》的六官涉及社会生活的很多方面，内容之丰富，在上古文献中也实属罕见。其中以礼制的体系最为系统，既包含祭祀、朝觐、封国、巡狩、丧葬等国家大典，也有诸如用鼎制度、乐悬制度、车骑制度、服饰制度、礼玉制度等具体规制，还有各种礼器的等级、组合、形制、度数的记述。许多制度仅见于此书，因而尤其宝贵。

《周礼》的礼制，影响了中国历史的很多朝代。如隋唐实行了"三省六部制"，其中的吏、户、礼、兵、刑、工六部，就脱胎于《周礼》的"六官"。"六部"作为中央官制的主体，为后世所遵循，一直沿用到清朝灭亡。历朝修订典制，如唐《开元六典》、宋《开宝通礼》、明代的《大明集礼》等，也都以《周礼》为蓝本，根据实际情况增减而成。

延伸阅读

紫禁城建筑是《周礼》中"礼"制的体现

都城的规划中最重要的是选择方位，我国文化传统认为"中"是最尊贵的方位，"王者必居天下之中，礼也"。《吕氏春秋·慎势篇》说"择天下之中而立国，择国之中而立宫"，《周礼》也说"匠人营国，方九里，旁三门。国中九经九纬，经涂九轨，左祖右社，面朝后市"，择中立宫就成为历代帝王规划都城时所遵循的原则。紫禁城就是这一礼制原则的集中代表，它位于北京城的中心。

《周礼》"三朝五门"中的"三朝"指的是外朝、治朝、燕朝；"五门"为皋门、雉门、库门、应门、路门。在紫禁城中与"三朝五门"相对应的是大明门、天安门、端门、午门、太和门（也有天安门、端门、午门、太和门、乾清门之说）。

《周礼》有"前朝后寝""六宫六寝"的记载。与此相应，紫禁城划分为外朝、内廷两大部分，内廷有东、西六宫。

《周礼》有"惟王建国，辨方正位"的记载，"国"指国都，"辨方"即以君面南臣面北为礼。紫禁城里前三殿、后三宫以及各官院的主体建筑都是坐北朝南的格局。

现存最早的礼仪典籍《仪礼》

《仪礼》是我国现存最早的关于礼仪的重要典籍。它蕴涵着丰富的文化宝藏，为今天人们了解上古社会的民俗民风、政治经济、宗教文化、伦理道德、语言状况等保存了珍贵的历史资料，具有重要的文化价值。

《仪礼》在"三礼"中成书最早，而且首先取得经的地位，是"礼"的本经。《仪礼》有《礼》《礼经》《士礼》等名称。《礼》是《仪礼》一书的原称，从战国时代的文献记载看，当时的人们都将《仪礼》称为《礼》。

《仪礼》创作起源

《仪礼》之所以会产生，这与当时的社会发展有着紧密的关系。上古时代，礼仪活动是人们生活中的一项重要内容。在春秋战国之时，已积累了各种各样为各种名目举行的礼典。举行礼典，要求仪式不能有丝毫差错，因此贵族都非常注重礼仪的演习，所以，习礼也成为贵族教育的重要部分。这些为《仪礼》一书的出现提供了充足的条件。

《仪礼》作者及成书年代

关于《仪礼》一书的作者及其年代，自古以来就存在分歧。有的学者认为是周公所作，有的学者认为是孔子所作。其中以孔子作《仪礼》说比较合理。

孔子非常好礼。关于孔子与"礼"的记载有"孔子问礼于老子""孔子非礼不视""非礼不行"等很多故事。

据《礼记·杂记》记载，恤由死后，鲁哀公曾派孺悲向孔子学习士丧礼。也就是说，《仪礼》中的《士丧礼》在这时经过孔子的传授被正式记录下来了。此外，《仪礼》文字风格与《论语》非常相似，其内容与孔子的礼学思想也完全一致，例如孔子很重视冠、昏、丧、祭、朝、觐、乡、射八礼，而《仪礼》十七篇正是记述这八种礼仪的，这不能说是巧合。

◆《孔子问道图》

《仪礼》的内容

《仪礼》一书共十七篇，涉及上古贵族生活的各个方面。具体而言，《特牲馈食礼》记载一般贵族定期在家庙中祭祖之礼。《少牢馈食礼》和《有司彻》记载大夫一级的贵族在家庙中祭祖之礼。《丧服》记载人们对死去的亲属，根据亲疏远近而在丧服和服期上有种种差别的制度。《士丧礼》和《既夕礼》记载一般贵族从死到埋葬的详细仪节。《士虞礼》记载了一般贵族埋葬其父母后，回家所举行的安魂礼。《士相见礼》记载贵族之间第一次交往，带着礼物登门求见和对方回拜之礼。《聘礼》记载国君派遣大臣到别国进行礼节性访问的仪节。《觐礼》记载诸侯朝见天子的礼节。《士冠礼》记载了古代贵族子弟到20岁时举行一种加冠典礼。《士昏礼》记载男女双方在家长主持下，从纳采到婚后庙见的一系列礼仪。《乡饮酒礼》记载古代基层行政组织定期举行的以敬老为中心的酒会仪式。《乡射礼》记载古代基层行政组织定期举行的射箭比赛大会的具体仪节。《燕礼》记载诸侯和他的大臣们举行酒会的详细礼节。《大射礼》记载在国君主持下举行的射箭比赛大会仪节。《公食大夫礼》记载国君举行宴会招待来访外国大臣的礼节。

《仪礼》一书，记载的是先秦的礼仪制度，它作为一部上古的经典，具有很高的价值。它的材料、来源非常古老，内容也相对可靠，而且涉及面广，从冠婚飨射到朝聘丧葬，无所不备。书中记载的古代宫室、车骑、服饰、饮食、丧葬之制，以

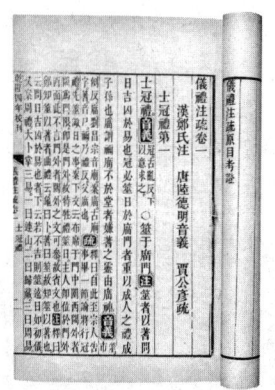

◆ 汉代郑玄《仪礼注疏》书影

及各种礼乐器的形制、组合方式等非常详尽，以致考古学家在研究上古遗址及出土器物时，都要在《仪礼》中得到验证。此外，《仪礼》所记各种礼典，对于研究古人的伦理思想、生活方式、社会风尚等，都有不可替代的价值。

延伸阅读

孔子向老子问礼

公元前538年的一天，孔子对弟子南宫敬叔说："周之守藏室史老聃，博古通今，知礼乐之源，明道德之要。今吾欲去周求教，汝愿同去否？"南宫敬叔非常高兴，然后报请鲁君。鲁君也同意了。老子见孔子千里迢迢到来，也同样高兴，教授之后，又引孔丘访大夫苌弘。苌弘善乐，教授孔子乐律、乐理；引孔子观祭神典礼，察庙会礼仪，使孔子获益不浅。后来，孔子向老子辞行。老子送他到馆舍外说："吾闻之，富贵者送人以财，仁义者送人以言。吾不富不贵，无财以送汝，愿以数言相送。当今之世，聪明而深察者，其所以遇难而几至于死，在于好讥人之非也；善辩而通达者，其所以招祸而屡至于身，在于好扬人之恶也。为人之子，勿以己为高；为人之臣，勿以己为上，望汝切记。"孔子顿首说："弟子谨记在心！"

传播最广的礼仪典籍《礼记》

> 《礼记》是中国古代一部重要的典章制度书籍，虽然它在"三礼"中最晚取得"经"的地位，但是却很快成为礼学大宗。它在中国儒家思想史上占有重要地位，为后人研究和发展儒家思想文化提供了重要资料。

在儒家经典"三礼"中，地位最高、流传最广的一部是《礼记》。《礼记》一书是由西汉时期的礼学家戴德和他的侄子戴圣编订的。东汉后期学者郑玄给《小戴礼记》作了出色的注释，这就使它能够独立成书，也就比较广泛地为人们所学习。到了唐朝，政府把它升列为"经书"，成了一般士人必读的书籍。

戴德，字延君，生卒年不详。西汉时梁（郡治今河南商丘）人。汉代礼学家，今文礼学"大戴学"的开创者。曾任信都王（刘嚣）太傅。他和侄子戴圣都是西汉经学家后苍的弟子。戴德将先秦有关礼仪的论著选编了85篇，称为《大戴礼记》。但《大戴礼记》在后来的流传过程中若断若续，到唐代只剩下了39篇。

戴圣终生以授徒讲学和著述为业，他选集战国至汉初孔子弟子及其再传、三传弟子等人所记的各种有关礼仪等论著，编撰成了《小戴礼记》一书，即今天人们见到的《礼记》。这本书原是解说《仪礼》的记文。

《仪礼》的"记"有两种，一种是附于各篇正文之后的"记"，目的是对仪节的表述不详之处作以补充，不涉及礼蕴涵的深意。文字大多是零句散语，不相连缀。另一种是单行的记，各自独立成篇，既有对孔子言论的追记，也有礼学思想的阐发，还有对古代制度的描述等，内容要丰富得多。《礼记》中的各篇就属于这一类。

《礼记》的主要内容是论述和记载

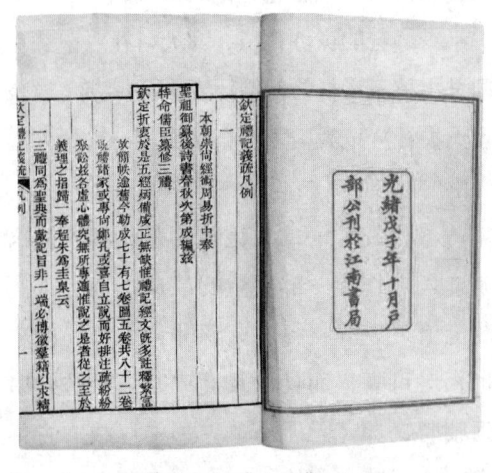

◆ 钦定《礼记》义疏

了先秦的礼制、礼仪，解释《仪礼》，记录孔子和弟子的问答，以及修身做人的准则等。这部九万字左右的著作内容非常广博，门类杂多，涉及政治、道德、法律、哲学、祭祀、历史、文艺、历法、日常生活、地理等诸多方面，几乎包罗万象，集中体现了先秦儒家的政治、哲学和伦理思想，是研究先秦社会的重要资料。

《礼记》中记载了许多生活中具有很强实用性的礼仪细节，但最为重要的是《礼记》中详尽地论述了各种典礼的意义和制礼的精神，极其透彻地宣扬了儒家的"礼治"思想，为封建统治者提供了极富弹性的礼治理论，而这种理论正好满足了统治者"安上治民"的需要。所以，《礼记》受到了历代统治者的一致重视。

《礼记》中多处强调了"礼"的重要性。如《曲礼》就提出：追求高尚的道德仁义没有礼就不可能有成效；教育人们端正习俗，没有礼就不可能完备；论辩争执没有礼就不可能解决；君臣上下及父子兄弟之间的名分没有礼便不能确定；外出游学拜师，没有礼便不会亲密融洽；排列朝廷等级和政治军队，官员到位治法，没有礼便不可能树立威严；日常祈祷和庄严的祭祀，供养鬼神，没有礼就不能体现虔诚和庄重。由此看来，从日常小事到军国大事，从家事到朝政，从心理到行为都需要礼。礼是无比重要的。

《仪礼》《周礼》的文字古奥，内容繁复，但是，《礼记》中却充满传诵千古的格言，琅琅上口，便于记诵和引用，这

◆ 经修复的战国仿铜陶礼器——缶

也是《礼记》得以流传的重要原因之一。例如："毋不敬，俨若思，安定辞，安民哉。"（《曲礼》）《礼记》的格言家喻户晓，代代流传，成为人们立身、处事的准则。甚至不识字的民众，也能熟知《礼记》中的许多格言，这正是它的魅力所在。

延伸阅读

"四书""十三经"和《礼记》

"四书"指的是《大学》《中庸》《论语》《孟子》的合称。其中《论语》《孟子》各有其书，《大学》《中庸》却是《礼记》中的两篇，南宋理学家朱熹将它们单独抽出，与《论语》《孟子》合称"四书"。自宋代至清代的几百年间，"四书"成为青年学子入仕应考的必读书。

"十三经"是指在南宋形成的十三部儒家经典。分别是《诗经》《尚书》《周礼》《仪礼》《礼记》《周易》《左传》《公羊传》《谷梁传》《论语》《尔雅》《孝经》《孟子》。

第二讲
古代五礼篇

礼敬神鬼人的吉礼

> 吉礼是五礼之冠,主要是对天神、地祇、人鬼的祭祀典礼。在古代,祭祀是最重要的国家大事之一,《左传》中说"国之大事,在祀与戎",由此可见祭祀之重要、吉礼之重要。

吉礼,就是祭祀之礼,即向神鬼祈求,希望神鬼保佑人们吉祥安康、诸事如意。因为古人认为,天地间的神鬼主宰着人世间的一切,包括国家的兴衰存亡,如果人们以恭敬的态度,向神鬼奉上美好的食物、器物,供其享用,那么神鬼便会满足人们消灾降幅的祈求,并可保佑人们的安康以及国家的安宁与兴旺。

在古代吉礼中,祭祀的对象非常广泛,涉及天上、人间以及地下。《周礼·春宫·大宗伯》将其归纳为天神、地祇、人鬼三大类。

祭祀天神

在古代,受祭的天神非常多,而且有等级之分。具体而言,天神可分为三等:

第一等是昊天上帝,或者称为天皇大帝、上天、天帝等,是主宰宇宙万物的最高神灵。古代只有天子可以祭天,祭天也是国家最重大的典礼。祭天的仪式也是经过精心设计的,一名一物都含有深刻的含义。

第二等是日月星辰。日月星辰附在于天,日月之明便是天之明,所以,也是必须祭祀的。

第三等是司中、司命、风师、雨师。司中主宰宗室,司命主宰人寿,风师、雨师主宰兴风降雨。在农业时代,风调雨顺,人们才能生存下去,国家才可兴旺发达,所以,它们必然成为人们祈求福佑的对象。

除了以上三等外,还有雩祭也属于对天神的祭祀。在古代让人们担心的一种灾害就是旱灾,所以,天子、诸侯就举行雩祭来

◆ 日神羽人画像砖

◆ 齐国殉马坑，祭祀时殉葬驭马是西周的遗风，春秋时期更加流行

祈谷于天。雩祭分为"常雩"和"因旱而雩"，前者是固定的祭祀，而后者是在发生旱灾时临时增加的祭祀。

祭祀地祇

对于地祇的祭祀，按照尊卑的顺序也分为三等：

第一等是社稷、五祀、五岳。祭祀社稷，便是对土地神与五谷神的祭祀；祭祀五祀便是对五行之神的祭祀；五岳被认为是镇天下五方的山，所以，历代皇帝都要亲临或派人代为祭祀。

第二等是山林川泽，它们为人类提供生存的物质资源，因此也成为人们的祭祀对象。

第三等是四方百物，即掌管四方百物的各种小神。如《礼记·月令》说，春祀户，夏祀灶，中央祀中霤，秋祀门，冬祀行。

祭祀人鬼

祭祀人鬼主要是对祖先的祭祀，但也包括对历代帝王、先圣、先师等的祭祀。《礼记·祭法》中说："夫圣王之制祭祀也，法施于民则祀之，以死勤事则祀之，以劳定国则祀之，能御大灾则祀之，能捍大患则祀之。"也就是说，凡是为民众树立典范，为公众献身，为安邦定国立下功劳、能抵御大灾者、能制止大祸患的便要祭祀，这是圣王制定祭祀对象的原则。如后人之所以祭祀社神，是因为他能平治九州；后人之所以祭祀稷神，是因为他教导人们种植百谷，人类得以生存繁衍；人们之所以祭祀黄帝，是因为他给百物命名并明确了民众的身份等。

古代的吉礼中大部分是由皇帝主持的祭祀，也就是国家祀典，普通百姓是不可能懂得的。但是，普通百姓也有世代相传的祭祀风俗，这大多属于礼俗的范畴。

延伸阅读

祭祀社神、稷神的社稷坛

社稷坛建于明代永乐十九年（1421年），是明、清两代皇帝祭祀土地神和五谷神的地方。社稷坛位于天安门广场的西北侧，全园面积约360余亩，由社稷坛、拜殿、戟门组成。

社稷是古代帝王、诸侯所祭祀的土神和谷神，商周以至清代的帝王，均沿袭祭祀社稷的大礼。历代帝王自称受命于天，将自己比作"天子"，将社稷象征国家构成的基础，故每年春秋仲月上戊日清晨举行大祭，如遇出征、班师、献俘等重要的事件，也在此举行社稷大典。

社稷坛呈正方形的三层高台，以汉白玉砌成，象征着"天圆地方"之说，坛上铺有中黄、东青、南红、西白、北黑的五色土，四周短墙也按方向覆盖四色琉璃瓦。五色土由全国各地纳贡而来，以表示"普天之下，莫非王土"，还象征着金、木、水、火、土五行是万物之本。坛四周有三重围墙，内墙四面各辟一座汉白玉门，名"棂星门"。中间一道名"坛墙"，坛墙与外墙之间，北有拜殿和戟门，西有神库和神厨、宰牲亭等。

亲近君臣民的嘉礼

> 嘉礼主要是用来沟通人际关系的,其中包含的一些礼仪都是美好的,充溢着吉祥、欢乐的气氛。通过这些礼仪,让人们知礼遵礼,相互间的关系更加融洽和睦,所以有"以嘉礼亲万民"的说法。

嘉礼,是饮食、婚冠、宾射、燕飨、脤膰、贺庆之礼的总称,是国家具有喜庆意义及一部分用于亲近人际关系、联络感情的礼仪活动,是按照人心所善者制定的礼仪。嘉礼包含的内容非常多,《周礼》列了六项,其中有的一项中又包含了两项。沿袭到后代,内容就更多了,按照《周礼》的说法,最主要的有以下几项。

婚冠礼

婚冠礼包括婚礼和冠礼两项,这是人生礼仪中的重要内容。古代男子20岁时,要行加冠礼,即为其依次加戴缁布冠、皮弁、爵弁三种冠,以示其成年,开始承担各种社会责任与道义。而女子成年要行笄礼,15岁为始笄之年。冠笄礼由远古氏族社会的成丁礼发展而来,经过传承,并被统治者加以改造,至周代成为一种礼制。婚礼是为使成年男女恩爱相亲而举行的一种礼仪。

饮食礼

饮食礼是天子宗族内部的宴饮礼仪,即国君通过宾射、燕飨之礼,与宗族兄弟、四方宾客等饮酒聚食,以联络和加深感情。这一般是祭祀、节日时才设宴。此外,还有一种乡饮礼。乡饮礼是地方官敬老尊贤的宴饮仪式。这种礼仪意在提倡敬老风气、为国家选拔人才、改善官民关系等。

宾射礼

古代有射礼,射,即射箭。周代射礼可分为四种,即大射、宾射、燕射、乡射四种。大射,是天子、诸侯、卿大夫祭祖、祭神前选择参加射礼人员所行之礼。宾射是天子因诸侯前来朝见或诸侯相会时举行的射礼。燕射是天子与群臣燕息之射;乡射是地方官为荐贤举士而举行的射礼。四种射礼各有侧重,大射、乡射在于选择贤德之士,侧重容体、动作是否合于礼乐;宾射、燕射在于君臣欢聚,侧重敬宾尽欢。

飨燕礼

飨燕礼,即飨礼和燕礼,这是古代贵族招待宾客的礼仪。飨礼是天子招待宾客的大宴,重在礼仪形式,并不真正食肉饮酒。

◆ 战国青铜器上的射礼图案

禘礼非常隆重，要在太庙举行，处处有音乐辅助。燕礼则是在国中无大事的情况下，天子、诸侯为了与群臣联络感情，便设宴共饮。燕礼主要是通过欢饮的轻松快乐场面，增进情谊，加强亲善友好的关系。

脤膰礼

脤膰，指宗庙的祭肉。古人认为祭祀仪式上供奉过的肉不同寻常，能够吃到是一种福分，所以要把祭肉分开，赐给周围的人吃，表示共同享有吉祥。王室宗庙如此，农村祠堂也是如此。

贺庆礼

贺庆礼，是指有婚姻甥舅关系的异姓国如果有了喜庆之事，国家要派使者前去致送礼物，以表示庆贺。

巡守礼

古代天子定期要到地方去巡守，观民俗而设教，即了解地方官情、民情。巡守之礼也因此被作为一种礼制规定了下来。

即位改元礼

我国古人把甲子年、甲子月、甲子日、子夜为冬至之时称为"初元"。政权发生更迭时，就要进行改元。即位改元是一件大事，要举行非常重大的仪式，以昭告天下。

除了以上几种很重要的礼仪外，嘉礼还包括正旦朝贺礼、冬至朝贺礼、圣节朝贺礼、皇后受贺礼、皇太子受贺礼、尊太上皇礼、学校礼、养老礼、职官礼、会盟礼，乃至观象授时、政区划分等。

延伸阅读

射礼衍生出的"投壶"游戏

投壶来源于射礼，是从先秦延续至清末的一种传统礼仪和宴饮游戏。

春秋战国时，射礼是诸侯宴请宾客时的必要礼仪之一。那时，成年男子不会射箭会被视为耻辱，主人请客人射箭，客人是不能推辞的。后来，有的客人确实不会射箭，就用箭投掷酒壶来代替。久而久之，投壶就代替了射箭，成为宴饮时的一种游戏。

投壶是一种从容安详、讲究礼节的活动，很符合古代儒者倾向内心修养、不事张扬的需要。由此，投壶不仅获得了进一步的发展，而且逐渐蔓延到民间。而且，投壶游戏在流传过程中难度增加了，不仅产生了许多新名目，还有人别出心裁地在壶外设置屏风盲投，或背坐反投等。宋代司马光曾著有《投壶新格》一书，详细记载了壶具的尺寸、投壶的名目和计分方法等。

厚待宾客的宾礼

> 宾礼是古代天子、诸侯接待宾客的礼仪。它作为五礼之一，是上古时代重要的政治制度和礼仪制度，与国家政治统治密切相关。

在宗法制社会中，天子与诸侯之间，大多有亲戚关系。为了联络感情，彼此亲附，需要有定期的礼节性会见。《周礼·春官·大宗伯》说："以宾礼亲邦国：春见曰朝，夏见曰宗，秋见曰觐，冬见曰遇，时见曰会，殷见曰同，时聘曰问，殷觐曰视。"据此看来，宾礼就是各个诸侯朝见天子、诸侯之间相互会见以及使臣往来的种种礼节，而且宾礼分为八种：春、夏、秋、冬四季的朝见；平时有事，天子随时召见诸侯；天子大会诸侯；天子派使者去询问诸侯；诸侯的使者一起去拜见天子。这八种宾礼并未持续很久，到春秋战国时期，礼崩乐坏，八种宾礼也就很混乱了。但是，周代的这种宾礼对后世也产生了很大的影响。秦汉以后，在朝廷礼制方面，它主要演变为群臣觐见皇帝时的礼仪、皇帝出巡的礼仪、王朝与周边国家使臣之间的交往礼仪等。

君臣议政之朝礼

朝礼，即朝廷议政的礼仪，其中包括君臣之位、服饰、仪仗、乐器，以及君臣出入、揖让、登降、听朝等礼节。西周时期，王每天都要上朝，与群臣议政。西汉宣帝时，改为五天一上朝。东汉时甚至减为一年只有六月朔和十月朔两次上朝，后来又以六月太热为缘由，改为一年仅十月朔上朝。魏晋南北朝时是每月朔日、望日临朝。朔日、望日的上午，公卿在朝堂议政；午后，天子与群臣共议。隋朝虽然短命，但是隋高祖却勤于政事，"每旦临朝，日昃忘倦"。唐代时规定九品以上的

◆ 万国来朝图　清代

◆ 汉代拜谒图

官员每月朔日、望日上朝；文官五品以上每日上朝，故称"常参官"；武官三品以上三日一朝，称"九参官"；五品以上五日一朝，称"六参官"。这些是针对京官而言的。唐代初年，各地都督、刺史等到京师等候朝见天子，都是各自租赁屋舍，这样往往会与商人相居一处。贞观十九年，唐太宗下诏，将京城内的闲坊建造了三百多处住所供来京官员居住。同时，对官员上朝的服装也有了严格的规定。这样，朝廷的礼仪规范也越来越细密。

士之间的相见礼

古代的宾礼并不仅限于天子与诸侯之间，在士与士之间也规定了相应的礼仪，《仪礼》中有《士相见礼》一篇，其中记载了上古时代士相见，以及士见大夫、大夫相见、大夫庶人见于君、燕见于君、侍坐于君、士大夫侍食于君等礼节。以后历代的相见礼在此基础上都有所变化和发展。

藩王来朝礼

藩，指的是古代的附属国，他们每逢元旦、天子寿诞等节日，都要派人来祝贺。这些藩国使者进入国境后，用什么样的礼节接待，到京城后住在什么地方，以及天子如何接见、如何回赠礼物等，都有相应的规定。

据《明集礼》记载，明洪武初年制定的藩王来朝礼中，藩王来朝，到达龙江驿后，驿令要禀报应天府，再上达中书省和礼部。应天知府奉命前往龙江驿迎接。藩王到达下榻的居处后，省部设宴款待。然后由司仪导引，到奉天殿朝见天子，到东宫拜见皇太子。朝见完毕，天子赐宴。接着，皇太子、省、府、台一一设宴。藩王要返回时，要先后向天子、皇太子辞行，然后由官员慰劳并远送出境。其间的每一个程序都有"仪注"加以规范。

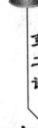

延伸阅读

明朝的朝贡礼仪

明朝在朝贡礼仪方面有很大贡献，因为是明朝将朝贡礼仪作为制度确立下来的。虽然这一朝贡礼仪制度也是在历代朝贡礼仪的基础上进一步修改完善而来，但其内容全面，程序清晰，繁琐而不混乱，是历代朝贡礼仪中最为完备的。

明朝与藩国进行交往的礼仪制度主要有：藩王来朝仪、藩国遣使进表仪、藩使朝贡仪、藩国迎诏仪、藩国受印物仪，以及圣节、正旦、冬至藩国望阙庆祝仪等。

威慑邦国士民的军礼

> 军礼是古代军旅操演、征伐之礼。军礼既包括作战时的规则，也包括军队的日常礼仪和纪律。春秋战国以后不再有完整的军礼，后来的军礼也逐渐演变成严密的军纪和严酷的军法了。

军礼，是指军队里的操练、征伐的行为规范。《周礼·春官·大宗伯》中提到了军礼的五个类别：大师之礼、大均之礼、大田之礼、大役之礼和大封之礼。军礼的作用是表现国家军队的威严，使下面的人不敢僭越。如果有哪个诸侯敢于抗上，天子就要调动军队，进行大规模的征伐、镇压。可以说，军礼虽名为"礼"，实际上是一种政治手段。这与后世所说的军队礼仪并不是一回事。

除了军礼的政治手段外，军队的组建、管理等也都离不开礼的规定。例如，军队的规模，天子为六军，根据礼有等差的原则，诸侯的军队不得超过六军，而必须与国力相称，大国三军，次国二军，小国一军。当时的军力往往用战车的多少来衡量，所以有天子万乘、诸侯千乘、大夫百乘的说法。军队也必须按照"礼"的原则来严格训练，严格管理。

大师之礼

大师之礼，是天子亲自出征的礼仪。大师之礼在三礼中记载得很少，只在《周礼》中有零星记载。

动用军队是国家的大事，不到万不得已的情况下天子是不会亲征的。如果是天子亲征，在军队出征前要举行祭天、祭地、告庙和祭军神等祭祀活动。出师前，还要誓师，由天子亲自宣讲誓师之辞。天子御驾亲征，威仪盛大，其本质目的就是为了调动国民为正义而战的热情。

大均之礼

据《周礼·地官·小司徒》记载，古代的军队建制，以五人为一伍，五伍(二十五人)为一两，四两(一百人)为一卒，五卒(五百人)为一旅，五旅(二千五百人)为一师，五师

◆ 古时候调兵用的铜虎符

◆ 乌什首领献城投降图

(一万二千五百人)为一军。国家根据这一建制来征兵。大均之礼的重点是校核户口,公平地分摊军赋,避免民众苦乐不均。唐宋以后,随着社会的变化,军礼中不再有这一条。

大田之礼

大田之礼,是指古代诸侯都亲自参加的四时田猎,分别称为春蒐、夏苗、秋弥、冬狩。《礼记·王制》中说,天子、诸侯在没有战争的时候,每年田猎四次。如果没有特殊情况而不举行田猎就是不敬。田猎的主要目的是检阅战车与士兵的数量、作战能力,训练未来战争中的协同配合。除此之外,田猎还是为祭祀准备祭品,为招待宾客准备菜肴,为充实天子、诸侯之用。

大役之礼

大役之礼,是指国家因修筑堤防、城郭等役使民众、考察民力的行为。在堤防、城郭开始修筑之前,国家先要通过均平土地来察看人民,以确知可以承担劳役任务的所有人数。大田之礼其实考虑到了有的百姓家里只有一个劳动力,而且上有老、下有小;而有的家里劳动力和男孩很多,这种情况差别很大,所以按照人性化的原则,根据民力强弱来分派任务。

大封之礼

上古时期,诸侯之间相互侵犯,争夺对方领土的事情非常多,当侵略一方受到征讨并将领土夺回之后,要确认原有的疆界,聚集失散的居民,于是举行仪式,这个仪式就是大封之礼。

除了以上五种军礼之外,军队中的车马、旌旗、兵器、军容、营阵、行列、校阅,乃至坐作、进退、击刺等,都要依照一定的仪节进行。军队的日常训练,包括校阅、车战、舟师、马政等,也都有严格的礼仪规定。在战场得胜后,班师回朝又有凯旋、告庙、献俘、献捷、受降、饮至等仪节。

延伸阅读

夏启亲征伐有扈

夏启亲征攻灭有扈氏的甘之战,是中国历史上具有决定性意义的一场战争,这场战争无情地粉碎了尧舜禹的"禅让制"体系,开始了皇权世袭的新的政治秩序。

夏启是大禹的儿子,他接替禹掌握了统治天下大权,一心想建立一个"家"的王朝,让王权始终控制在自己及子孙后代手中。但这一想法受到了不知道是夏启同姓氏族还是异姓部落的有扈氏的对抗。面对挑战,夏启决定发兵征讨有扈氏。有扈氏也积极应战。双方军队在甘(在今陕西户县西南,一说在今河南洛阳西南)这个地方相遇。

在决战前,夏启郑重其事地举行了军中誓师礼,他的战场誓师词就是著名的《甘誓》。其中说:诸位将领和士兵们,我现在向你们发布以下命令:有扈氏倒行逆施,一意孤行,作恶多端,罪不容死,上天因此要灭亡它。现在我奉行天意去惩罚这伙恶徒,杀一儆百……事实证明,夏启的战前动员起到了很好的振奋士气、提高战斗力的效果。

哀悯邦国忧患的凶礼

> 凶礼是中国礼制五礼的一种,是古人关于丧葬、天灾人祸等的一系列规章制度。从文化经典《礼记》到称为正史的"二十五史",其中对凶礼都有非常详细的记载。

当别人遭遇不幸的时候,表示同情、给予必要的帮助,或是吊唁哀悼,这就是古代的凶礼。凶礼包括丧礼、荒礼、吊礼、襘礼、恤礼五种。

表达哀悼的丧礼

丧礼是生者哀悼死者的活动,其核心是通过对死者遗体的处理,来表达对死者的敬爱之情。丧礼是古代礼仪中最为重要的礼仪之一,据《仪礼》记载,士丧其父母,从始死到既殡,包括的主要程序有43项之多。如某国诸侯新丧,则兄弟亲戚之国要依礼为之服丧,以志哀悼,还要派使者前往吊唁,赠送助丧用的钱物等,这些都有特定的礼仪。不仅如此,在丧礼上穿着的丧服以及服丧的时间,都因与死者的亲疏关系而有不同的规定。古代之所以会如此注重丧礼,是因为这是子孙尽孝的表现。

忧患百姓的荒礼

荒礼是我国古代社会礼文化的重要内容之一。"荒"是指年谷不熟,也就是通常说的荒年。《逸周书·籴匡》将农业丰歉分为成年、年俭、年饥、大荒四种情况。据史料记载,先秦荒礼大致有祷神、变礼、减缮减用,以及提供财物赒补等几种表现形式。如《礼记·曲礼》中说"岁凶,年谷不登,君膳不祭肺,马不食谷,驰道不除,祭事不县,大夫不食粱,士饮酒不乐",这是表示同忧、减膳减用。《国语·鲁语》中有"国有饥馑,卿出告籴,古之制也。"《左传》襄公二十九年,郑国发生饥荒,郑子皮"饩国人粟,户一钟"。《孟子》梁惠王说:"河内凶,则移其民于河东,移其粟于河内。河东凶亦然。"这都是给百姓提供

◆ 开仓济民

财物补助以及移民通财等。在灾荒之年举行荒礼，不仅可以起到安抚民心、维护社会安定的作用，同时也有效地节省了财物，有利于人民的生产生活。因此，先秦以后，荒礼仍被社会各阶层所重视。

此外，荒礼还包括疫病流行在内。当邻国出现灾荒或传染病，民众面临生存危机时，国家也要采取救灾礼仪措施。

表达慰问的吊礼

吊礼是对遭受水旱灾害、地震、日月蚀等灾害地区所表示的哀吊和慰问。如邻国遭遇水火之灾，应该派使者前往吊问。鲁庄公十一年秋，宋国发生大水，鲁君派人前往慰问，说："天作淫雨，害于粢盛，如何不吊？"《谷梁传》说："三日哭，哀也，其哀礼也。"《汉书·成帝本纪》，河平四年三月，对因"水所毁伤困乏不能自存者，财振贷。其为水所流压死，不能自葬，令郡国给槥椟葬埋。已葬者与钱，人二千"。除了国家给予补贴外，还会减省礼节和民众负担，有时还会加入祈禳的内容，以求祛祟除祸。

表达救助的禬礼

禬是"会合财货"的意思。如果别国发生祸难，造成重大物质损失，与之结盟的兄弟之国应该凑集钱财、物品来表示救助。如《春秋》记载，襄公三十一年冬，"会(禬)于澶渊，宋灾故"。《谷梁传》中说："更宋之所丧财也。"意思是说补充宋国因灾祸而丧失的财物，使之尽快恢复正常的社会生活。

表达分忧的恤礼

"恤"是忧的意思。邻国发生了内乱、

◆ 流民图

政变、恶斗或是受到外来侵略，虽然财产损失不大，但人心不安，这时友邦之国就应该派遣使者前往存问安否，表达分忧之意。

以上五种凶礼中，禬、恤是国家事务，只有国王和宰辅大臣才可实施这两种礼；丧礼、荒礼、吊礼则不仅国君可实行，各级贵族也可实行。凶礼沿袭至后世，百姓之间也有类似哀悯、抚恤、救助、慰问、分忧的礼俗，虽没有过于强的礼制，但包含的真情厚谊却是有增无减。

延伸阅读

孔子依礼埋葬看门家狗

在《孔子家语·子夏问》和《礼记》这专记周礼丧礼典型仪节和典型故事的书中都记载着这样一个故事：孔子家的一条看门狗死了，孔子让他的学生子贡帮他埋葬，并且叮嘱说："路马死则葬之以帷，狗则葬之以盖。汝往埋之。吾闻敝帷不弃，为埋马也；敝盖不弃，为埋狗也。今吾贫无盖，于其封也，与之席，无使其首陷于土也。"

孔子虽然曾为国相，但此时他的物质生活已经比较匮乏了，已经没有条件和以往一样遵循周礼，但对于自己家的看门之狗却也要罩上一个旧车盖，体面面地地埋葬它。

这件事被记载于叙述礼仪的名篇中，足见孔子葬狗在儒家礼仪中具有很强的示范意义。

第二讲 古代五礼篇

第三讲
礼器文化篇

礼器的产生及渊源

礼器是在礼仪活动中使用的器物，使用的目的是表明使用者的身份地位和等级权力，即"明贵贱、辨等列"。在礼仪中使用何种礼器，以及礼器如何组合，都传达着礼义的信息，所以古人说"藏礼于器"。

礼器，是中国古代贵族用于祭祀、朝聘、宴飨、丧葬、征伐等礼仪活动中的器物，又称"彝器"。

礼器并不是随着人类的出现就出现的。人类诞生后便摆脱了仅仅利用天然"工具"的出于动物本能的"劳动"形式，跃进到制造和使用工具的劳动阶段。人类最初制造的器物，首先是生产工具。当然，这些生产工具也兼为日常之用。后来，经过长期艰苦的劳动，生产有了发展，人类自身的体质、智力也有了提高。于是生活器用方面的某些需求日益迫切而且器物的制作也有了可能。可以说，日用器物的产生为礼器的出现做足了准备。

礼器是伴随着礼仪的出现而出现的。作为上层建筑一种构成部分的礼，是在生产发展到一定阶段后逐渐形成的。《礼记·礼运》说："夫礼之初，始诸饮食，其燔黍捭豚，汙尊而抔饮，蒉桴而土鼓，犹若可以致其敬于鬼神。"古代人类认为必须借助一定的活动来表达对鬼神的敬意。对他们来说，吃饭保命是最重要的，所以，他们认为食物对自己很重要，那么，对神来说也一定很重要，所以，礼仪就从饮食开始。饮食所用的器物也便成了礼器。当然，随着社会生活的复杂和器具的精工制作，礼仪和礼器也都发生了很大变化。

在礼器方面，种类丰富了很多。礼器最初用陶土烧制而成，上面有刻画或彩绘的图案，形、色简单，种类单一。后来出现了玉质的礼器，形大工精，种类也日益丰富起

◆ 商代的四羊方尊

◆ 烹煮食器——甗

来，玉璧、玉琮、玉斧、玉铲、玉刀等形制皆进入礼仪活动之中。进入西周，青铜器成为重要的行礼器物，类型繁多、数量巨大、造型庄重华丽、纹饰优美精湛、铭文内容丰富。此外，礼器在组合方面也逐渐礼制化了。《春秋公羊传·桓公二年》何休解诂说："礼祭：天子九鼎、诸侯七、卿大夫五、元士三也。"而且各级鼎的盛放物品也各有规定。如天子的第一鼎盛牛，以下盛羊、猪、鱼、肉脯、肠胃、肤、鲜鱼、鲜腊。诸侯的鼎内则去掉后两味。卿大夫的第一鼎盛羊，以下有猪、鱼、腊、肠等。士则仅有猪、鱼、腊。关于此，《孟子·梁惠王下》中记载了孟子做士的时候，父亲去世，用三鼎祭奠。后来孟子晋升为大夫，母亲去世了，就用五鼎祭奠。从中可见古代的等级、尊卑观念在礼仪上的表现是非常严格的。

礼器的主要作用是祭祀，但礼器对于维护各级奴隶主的统治地位，以及内部的统治秩序，也有着很重要的作用。从青铜礼器的纹饰看，经常使用的是各种变形的兽面，以及幻想的龙、凤等。这既保留着早期自然崇拜、鬼神崇拜或图腾崇拜的遗风，保留着礼的起源的某些迹象，同时又对那些遗风加以很大程度的改造与发展，使它们具有高贵、神圣、诡奇、神秘甚至令人恐怖的气氛，这一方面是奴隶主的自慰与自卫，另一方面则是对奴隶的震慑。从礼器的铭文看，字数较多的，大多在宣扬奴隶主的统治受命于天，或者宣扬祖先的功绩，或者记述自己受封、受赏的事迹，或者是他们对于奴隶、土地的所有权。祭祀是奴隶主阶级的头等大事。所以，他们希望通过这种宗教形式，为自己筑起一道保护的屏障，并希望对被压迫者的精神世界产生威慑力量。

礼器包括的器物很多，种类也很多，概括起来有玉器、食器、酒器、乐器、水器等几种。

延伸阅读

"问鼎"的由来

由于礼器在祭祀中具有特殊作用，所以，先秦时期的奴隶主贵族就把在祭祀中最常用而且特别重要、特别宝贵的礼器，视为祖宗和社稷的化身。夏禹就曾铸九鼎，用来象征九州。夏灭后，鼎归商所有；商灭后，鼎又归周所有，鼎就成了传国重器。据说，春秋时楚庄王路过周地，周定王派大夫王孙满前来表示慰劳，楚庄王乘机向王孙满询问九鼎的大小、轻重。暗示了觊觎周室政权的意思，王孙满当即驳斥他说："周德虽衰，天命未改，鼎之轻重，未可问也。"此后，"问鼎"便成为"企图夺取政权"的同义词。

第三讲 礼器文化篇

礼仪中的食器

> "食"字在甲骨文中的字形就好像食物盛放在容器中,与茹毛饮血的原始生活相比较,食器的发明就是饮食的进化,食器也就成为了饮食的符号。祭祀礼仪从饮食行为中发端,所以盛放饮食的食器就理所当然地成为了礼器。

从古人的生活可以推出"礼器"的起源,从"礼"字的成型也可溯源到食器,据王国维在《观堂集林·释礼》中考证:"盛玉以奉神人之器谓之丰,推之而奉神人之酒醴亦谓之醴,又推之而奉神人之事通谓之礼。"在食器中盛放玉,是"礼"字的原初形态,所以普通的日用品食器,在古代社会也就成为至尊至荣的礼器了。

用作礼器的食器包括烹煮食器和设食器,主要有鼎、鬲、甗、甑、簋、盟、敦、豆、铺、盂、俎、匕等器物。这里具体介绍以下几种。

烹煮食器鼎

鼎是进入奴隶社会后最重要的礼器。许慎在《说文解字》里说:"鼎,三足两耳,和五味之宝器也。"鼎有三部分,即鼎耳、鼎足、鼎身,从脚的数量看,有三足圆鼎,也有四足方鼎。从用途上又分镬鼎、设食鼎、羞鼎三类。镬鼎,用来煮牛、羊、豕、鱼等牲肉。设食鼎,又称"正鼎""升鼎"。镬鼎内煮熟的肉食用匕(一种头部尖锐的取食器)取出来,放入设食鼎,并对它们进行再次加工。羞鼎,又叫"陪鼎"。羞鼎内放有配以作料的滋味鲜美的肉羹,食用牲肉前须将其放入羞鼎内入味裹汁。作为礼器使用时,鼎与俎配套使用,数量相等。三种鼎作用不同,不同地位的贵族在鼎的使用上,又有不同的组合。如天子九鼎,配镬鼎七。

作为贵族专用的盛食器和礼器的鼎,原本应该非常典雅庄重,但奇怪的是,鼎上却往往铸有"有首无身"的饕餮。如1959年

◆ 召公鼎

出土于湖南宁乡的商代大禾方鼎,腹部四壁纹饰着四个大的人面像,高鼻阔嘴,面目凶恶,两额旁有小曲折角,腮边还有两个爪子。其像有脸无身,学者们认为,这就是饕餮。据说,饕餮原是黄帝时代夏官缙云氏的儿子,他非常贪吃,崇尚奢侈,搜刮聚敛,没有止境。学者猜测,鼎上雕铸饕餮形象或花纹,可能想告诫进食者,饮食不要放纵,要有所节制,勿蹈饕餮之覆辙。

烹煮食器甗

甗的造型分为上、下两部分。上部用以盛放食物,称为"甑"。甑底是一个有穿孔的箅,以利于蒸汽通过;下部是鬲,用以煮水,高足中间可烧火加热。商代甗多为圆形,直耳,侈口,束腰,袋状腹,腹下设锥足或柱形足,器体厚重。商早期花纹简单,晚期多用兽面纹装饰。除实用外,甗在西周末春秋初期作为礼器使用,与鼎、簋、豆、壶、盘等组成成套的随葬品。

设食器簋

簋,是盛放煮熟的黍、稷、稻、粱等饭食的器具。簋在商周时作为重要礼器使用,战国后就极少见到了。商代簋形体厚重,多为圆形,侈口,深腹,圈足,两耳或无耳。器身多装饰兽面纹,有的器耳做成兽面状。宴享和祭祀时,以偶数与列鼎配合使用。史书记载,天子用九鼎八簋,诸侯用七鼎六簋,上大夫用五鼎四簋,士用三鼎二簋,只有一鼎时则不配簋。

设食器豆

豆与簋同是盛放煮熟饭食以奉神的器物,为表虔敬必须整洁。所以,古人用"簋

◆ 青铜簋是古代盛放饭食的器具

簋不饬"来斥责为官不廉洁的人。豆,是盛放腌菜、肉酱等和味品的器皿。使用时,按尊卑长幼,也有数量规定。《仪礼·公食大夫礼》中明确规定"上大夫八豆、八簋、六铏、九俎,鱼腊皆二俎"。《礼记·乡饮酒义》中说:"六十者三豆,七十者四豆,八十者五豆,九十者六豆,所以明养老也"。可见,年龄越高,面前摆放的豆就越多,体现了对老人的尊重与关爱。

延伸阅读

青铜食器为什么有腿?

商周时代的贵族大都使用青铜制成的食器。他们的食器或者有三条长长的腿,如爵、鬲、鼎;或者有高高的圈足,如觚、豆;或者干脆接一个器座,如簋、簠。这是为什么呢?

其实这是因为商周时代吃饭时既没有桌子,又没有案,人们总是席地而坐,食器也就直接放在地上,所以必须用高高的腿把食器支撑起来。此外,鼎、鬲既是食器,又是煮肉、烧水、温酒的炊器,它们的三条高腿下的空当可以用来烧火。如司母戊鼎那样的大鼎就是放在庭院广场上烧煮牺牲祭祀用的。

第三讲 礼器文化篇

礼仪中的酒器

酒的发明,是中国古代的一大成就。有礼必有酒,可以说,礼器作为统治阶层身份地位的象征,其中最主要的可以说是酒器,尤其是青铜酒器。

在中国,酒的发明非常早。原始社会的古人类就已从谷物和剩余熟饭的自行发酵中认识了"酒"。后来陶器的发明与广泛应用,为酒的酿造提供了重要条件。据现有文献与考古资料表明,我国很可能最晚在夏代就已掌握了酿酒技术。《说文解字》中有"少康造酒"的说法。少康就是杜康,即夏朝第六代王。

在号称"礼仪之邦"的古代中国,不仅酒文化源远流长,礼文化也源远流长。"礼"字的本意就是以"醴(酒)"举行的仪式。所以,古代的礼仪活动中一定伴有饮酒礼。酒礼器是酒文化乃至它背后的礼仪制度的重要载体。夏、商两代的礼器,以酒器觚、爵为核心。周代鉴于商代酗酒误国的教训,就发布了禁酒令,所以它们的礼器组合也逐渐转为以食器鼎、簋为核心了。

青铜酒礼器主要有饮酒器爵、角、觚、觯、觥,以及盛酒器尊、卣、瓿、方彝和壶等。

饮酒器爵与角

爵,是古代饮酒必备之物。青铜爵的常见形制为深腹,圆底或平底,三锥状长足;前有流,即倾酒的流槽;后端则上翘,形成一个尖尾;一侧有把手;流与口之间还分立着两个蘑菇状的立柱。爵的整体造型如同凌空飞翔的麻雀。于是古人取雀的形状和鸣叫之义,将这种礼器取名为"爵"。角与爵相似,前后皆为尾,而无流,尾上无柱,较少见。

饮酒器觚

觚的形状像两个喇叭组合,中间细小。觚与爵的组合使用是夏、商两代的礼器共同点。在商王武丁64个妻子之一的妇好墓

◆ 饮酒礼器——铜爵

◆ 商代盛酒器——虎食人卣

中曾出土有亚其觥10件，形制高大，是将军亚其进献给妇好的礼物。妇好曾主持祭祀，并作为军事统帅征伐土方、羌方和夷人，是中国有史可考的首位女军事统帅。

饮酒器觥

觥出现于商代晚期，沿用至西周早期。前面有流，下面有圈足，上面有盖。山西石楼桃花者村出土过一件龙形觥，器身呈长条玉米状，头部为昂起的龙形头，有嘴，牙齿外露，龙头有双角突出，全器饰有龙纹和鼍纹，造型也十分奇特。龙形觥可能是用来罚酒的器具。

饮酒器觯

觯的形状是圆腹，侈口，圈足，像葫芦状小瓶，大多数有盖。山西灵石旌介村出土了一个商代晚期的铜觯，没有盖。

盛酒器尊

尊，在礼器中的地位仅次于食器鼎。尊有两种，一种是侈口，敛颈，圆腹，圈足，是从陶尊演化而来的，形状像现在的坛子，另一种是方腹，如湖南宁乡出土的四羊方尊就是方侈口，腹四面转角是羊头，突出器外，是商代最大的一件尊。

盛酒器卣

卣是专门用来盛香酒的，它上面有提手。最著名的卣是传说出自湖南安化的虎食人卣，属商代晚期器物，形状像一只蹲踞的老虎，两只前爪抱着一人，口大张，作吞食的样子，但是人脸上并无惧色，手抓虎肩，足踏虎爪，显得十分神奇，通体都装饰着虎纹、龙纹、兽面纹。

盛酒器壶

壶是青铜礼器的重要种类之一，主要盛行于春秋战国时期。壶的造型多种多样，有方壶、扁壶、圆壶、瓠形壶等。

总体看来，青铜酒器形制多样，纹饰奇异，充满了神秘感，体现着古人类丰富多彩的思想。

延伸阅读

赐爵引发了叛逆？

爵是中国青铜器中最具代表性的酒礼器，古代诸侯如果能得到天子赏赐的一尊青铜爵，那就是受到了莫大的恩宠。但有时候，天子如果赏赐不当就会引发不可预料的灾难。

2700多年前，西周末年周幽王"烽火戏诸侯"招来杀身之祸，郑国国君会同其他各路诸侯勤王救驾，保护周平王迁都洛阳，立下了汗马功劳。

100多年后，周惠王在位。郑国国君厉公设宴招待周惠王，惠王就将王后使用的鞶鉴（一种有带子的铜镜）赏赐给郑厉公。不久，另一个诸侯国虢国的国君向惠王要赏赐时，惠王竟然赏给虢公一件青铜爵。郑厉公听说后勃然大怒，怨恨惠王背恩负义。后来，郑国就开始不听从周王的命令，甚至敢于扣押周王派来的使者。由此看来，天子赏赐什么不是随心所欲的，要综合考虑的内容非常多。

第三讲　礼器文化篇

礼仪中的乐器

在中国古代，乐器的社会功能已经远远超出音乐演奏本身，自商周起，它就已经集奏乐、施法、行礼于一身，即兼备乐器、法器和礼器的功能。在各种礼仪活动中，以其使用种类、数量的不同来表达不同的礼仪。

"礼"和"乐"是构筑中国传统社会的两大柱石。《礼记》曰："礼者，天地之序也；乐者，天地之和也。"从公元前11世纪的西周时期，周王朝在"分邦建国"的基础上"制礼作乐"，经过总结、继承和完善，系统地建立了一整套有关"礼""乐"的完善制度。以"礼"来区别宗法远近等级秩序，同时又以"乐"来和同共融"礼"的等级秩序，两者相辅相成。这种等级秩序表现在礼乐制度上，则如《周礼》中说，王享用的钟磬分四面悬挂，诸侯、大夫、士享用的钟磬依次为三面、二面、一面悬挂。1978年在湖北随州发掘的曾侯乙墓中的编钟、编磬是分三面悬挂的，属于诸侯悬制，符合周礼规定。

除了将"乐"作为一种治国的辅助方式外，古代在举行礼仪活动时都要奏乐，以使"礼"显得更加隆重庄严，文质彬彬。于是，乐器也就具有了礼器的性质。作为礼器的乐器大概包括以下几种。

钟，是一种打击乐器，除用于军乐及"钟鸣鼎食"的宴乐之外，还用于祭祀、祈福等。钟一般呈扁圆形，上有柄，钟口两端尖角下垂。钟的正常放置状态为口朝下，凭借柄的环悬挂在钟架上。青铜钟有钮钟和甬钟两种形式，在祭祀或宴飨时成编悬挂，用木槌打击乐钟的鼓部和鼓右的鸟图案，就能产生两个音频。钟最早见于西周，最初是二、三枚一组，以后渐多起来，如曾侯乙编钟多达 64 枚。

铃，是一种似钟却比钟小的乐器，形

◆ 春秋时期乐器　虎纽人面纹錞于

◆ 曾侯乙编钟

体较小，器壁薄，顶部有半环形钮，是单翼铃。《周礼·春官·巾车》说："大祭祀，鸣铃以应鸡人"。可见铃也是重要礼器之一。

铙，是一种打击乐器，主要用于祭祀和宴乐。铙的形体似铃但是稍大，口部向上呈凹弧形，体部截面呈阔叶形，两侧角尖锐，底部置有一个中空圆管状的短柄，与体腔内相通，柄中可置木段。

钲，它的形体类似铙，但比铙高大和厚重，主要在南方一带非常流行。

铎，是撞击乐器，形制似铙但小一些，中间有舌，振舌发音，据文献记载，铎可用于军旅和田猎。

钩，是打击乐器，它的形制似铙而长，横截面呈椭圆形，纵向长度稍大于横向的尺度，器壁较厚，口向上，有很浅的凹弧口，底部置一柄，或作扁平，或为圆柱形。

錞于，是一种打击乐器，圆筒形，上大下小，头似椎，中空，顶部有纽，以便悬挂。除作军乐，也用于祭典。

鼓，是打击乐器，青铜鼓传世和出土的极为少见。它形如横置的筒形，上有一个枕形座，用以插杆饰，下为长方形圈足。古代的鼓有单面、双面之别，又有蟒皮、

鼍皮、牛皮等鼓面的不同。商代还有通体皆用铜铸的铜鼓，上面饰有鸟形，下面有四足。

《礼记·乐记》说："钟磬竽瑟以和之，干戚旄狄以舞之，此所以祭先王之庙也，所以献酬酳酢也，所以官序贵贱各得其宜也，所以示后世有尊卑长幼之序也。"显然，在祭祀中，各种乐器按一定的规制配合使用，可起到"序贵贱"，明尊卑长幼顺序的作用。同时，不同乐器所演奏出来的音乐又有不同的作用。"君子听钟声则思武臣""君子听磬声则思死封疆之臣""君子听琴瑟之声则思志义之臣""众君子听竽笙箫管之声则思畜聚之臣"等。

延伸阅读

乾隆年间的金编钟

在故宫博物院的珍宝馆中，陈列着一组由纯金铸成的金编钟。它雍容华贵，尽显帝王气象。自乾隆年间铸成后，每逢重大典仪，便被置于太和殿旁，与琴、瑟、鼓、钺共奏雅乐。

这组金编钟不但用金量世所罕见，铸造工艺也极为复杂。乾隆皇帝八十大寿之时，伴着金编钟古朴悠扬的乐声，他接受百官朝见，万国来贺，真是风光无限。此后，金编钟被藏于太庙，每逢重大庆典才被启用。在《光绪大婚图》中，还可看到放置在太和殿东檐下的这组金编钟的身影。在末代皇帝溥仪的大婚典礼上，这组编钟最后一次在故宫盛典中奏响。

第三讲　礼器文化篇

礼仪中的玉器

> 玉有着丰富的人文含义,所以古代贵族将它制成各种形状、大小用于礼仪活动中,它不仅区别着礼仪活动的规模,还区别着主人身份地位的贵贱高低。

许慎在《说文解字》中对玉解释说:"玉,石之美者。"接下来他提出了玉的五种美德:仁、义、智、勇、洁。可见,玉蕴涵着丰富的精神含义,这其实也就是古人认为玉之美的所在。不仅如此,许慎对"玉"字本身又解释说:"象三玉之连,其贯也。"其含义是"玉"是象形字,本义是三块美玉用一根丝绳从中间穿起来,"三玉之连"还隐含着天地人相融通。正因为玉被人们赋予如此丰富的内涵,所以玉器在中国古代礼仪中被广泛使用着。

但并非只要是玉就是礼仪中的玉器。礼仪玉器主要指璧、琮、圭、璋、琥、璜六种,被称之为"六器"。《周礼·春官·大宗伯》记载:"以玉作六器,以礼天地四方,以苍璧礼天,以黄琮礼地,以青圭礼东方,以赤璋礼南方,以白琥礼西方,以玄璜礼北方,皆有牲币,各放其器之色。"古人认为天圆地方,"以苍璧礼天",那是因为天是圆的,又是苍色(青色)的缘故;"以黄琮礼地",那是因为地是黄而方的。古人用玉的颜色和形制,来配合阴阳五行之说,就产生了祭祀天地四方的礼仪玉器。

璧,是一种有孔的圆形板状玉器,也有不是正圆而呈扁圆形的。在玉器中,璧是用于祭天的玉器。玉璧最早出现在新时期时代,考古发现最早的玉璧是在红山文化,良渚文化也有出土的玉璧。玉璧在商周时期比较兴盛,汉以后逐渐式微。玉璧

◆ 玉璧　战国

除了作为礼器，还是权力的象征，用作佩戴和墓葬。

琮，是一种内圆外方的筒形玉器，有的器型高大、有的比较矮小。琮在新石器时代非常流行，到了殷代也常出现，汉代已很少见。最早的玉琮见于安徽潜山薛家岗第三期文化，距今约5100年。琮既是礼器，也作为葬器而被贵族使用。

圭，是一种下端平直，上端尖锐或平整的长方形玉片，上端是平头，与石斧之形相近，称"平首圭"。上端尖锐呈三角形的叫"尖首圭"。在古代，圭作为礼器，一方面是天子和大臣身份地位的象征，同时也是朝会典礼时的必带之物。圭依其大小，来区别主人身份地位的尊与卑。

璋，把圭的上端斜着削去一道斜边，剩下的便是璋的形状，所以《说文解字》称："半圭为璋"。璋在古代朝聘、祭祀、丧葬、发兵中用来表示瑞信。它的形制大小、厚薄、长短，根据使用场合的不同而有大璋、中璋、边璋、牙璋等。瑞信用大璋，祭大山川用中璋，祭中山川用边璋，发兵用牙璋，首部似刀，而旁无刃。

琥，是一种刻有虎纹或雕成伏虎形状的玉器。与"六器"中的其他五种礼仪玉器相比，"琥"是最写实的，其他玉器都是抽象化了的几何图形，只有"琥"，即使经过图案化也依然能够看得出虎的造型。琥是以白虎的身份来礼西方；以虎符的身份来发兵。但目前的考古发掘中还没有出土琥的实物。

璜，是一种弧形的玉器。一般认为

◆ 玉琮形管

半璧为"璜"，但大多数璜只是璧的三分之一，有的甚至只是四分之一。璜虽为弧形，也呈现多种形制，有扇形、半环形、半月形、拱桥形等。一般说来，大型璜作礼仪玉器，中小型璜为佩玉。玉璜作为礼器开始使用，是在商周以后。

除了以上六种礼仪玉器之外，在重要场合中还有一些玉制的玉斧、玉戚、玉钺、玉戈、玉刀等，这被称为"仪仗器"，主要是用来保持统治者的威严，增强威仪的器具。挖掘出来的仪仗器都没有被使用的痕迹。

延伸阅读

标明身份地位的玉

古人在穿着礼服的同时也需要按照一定规制佩戴玉器，以标明自己的身份地位。《礼记·玉藻》中记载有天子要佩白玉、公侯佩山玄玉、大夫佩水苍玉、世子佩瑜玉、士佩玟。也就是说，玉的颜色、质地成了古代贵族明尊卑的凭借。另外，《周礼·春官·大宗伯》有"以玉作六瑞，以等邦国，王执镇圭，公执桓圭，侯执信圭，伯执躬圭，子执谷璧，男执蒲璧"的说法。镇圭，长一尺二寸；桓圭长九寸；信圭长七寸；躬圭长七寸。玉的形制也是辨别等级的凭借。

第四讲
礼典文化篇

于圜丘以祭天神

> 作为人类祈求神灵赐福禳灾的一种文化行为，祭天曾经是中国传统社会生活中的重要组成部分。从传说中的"三皇五帝"时代至清末，我国一直在举行祭天典礼，绵延约五千余年，可谓源远流长。

祭祀在古代是一件大事。对于不同类别的神灵，古人祭祀的时间、地点、方式以及所用歌舞、祭品种类与规格等都有不同，参祭者的身份也有区别。这和古人对自然界的认识及其等级观念有极大的关系。《礼记·王制》说："天子祭天地，诸侯祭社稷，大夫祭五祀。天子祭天下名山大川。五岳视三公，四渎视诸侯。"也就是说，只有天子才有祭祀天与地以及一切神灵的资格。显然，古人的祭祀礼仪有着很严格的规制。

祭祀在时间和地点上都有规定。就祭天而言，一定要在冬至日，在南郊举行祭祀仪式。这是因为古人认为天阳地阴。

▲ 天坛是古代皇帝祭天的场所

冬至日，天气转暖，阳气上升，所以选择这一天来与天神相交接。在方位上，南方也为阳，所以选择南郊。古人认为天圆地方，因此把祭祀天神的地方建造成天的形状——圆形，亦称之为"圜丘"。在祭祀时，要在圜丘之上堆积柴草，焚烧玉帛、祭牲等，使天神于烟气之中歆享到人们的敬奉，因此又称天神之祭为"燔柴之祭"。

祭天在历朝历代都有所不同，但究其根本，其祭天的仪式和程序都是以《周礼》为基本而制定的。以明、清两代为例，祭天仪式大致包括以下几个步骤：

祭天前的活动

卜日：由于祭天礼固定于每年冬至和正月的第一个辛日，所以后来不再卜日。

斋戒：斋戒期间，所有参加典礼仪式的帝王和文武侍臣必须沐浴更衣、解除嗜欲、不饮酒、不吃荤，更不能接近女色，用来表示对天的虔诚。

陈设：祭天时的陈设要求很严格，主要包括五个部分：待事的次序、即事的位置、门外的位置、牺牲器具的位置、席神的位置。陈设必须严格按照规章进行。

省牲器：即把各种礼器安放于各个规定位置，随后对其进行清洗、打扫等工作。天子与百官要对礼器和牺牲进行仔细的检查，还有监督宰杀、取毛盛血、烹煮等整个过程。

祭天当日的活动

迎帝神：皇帝从昭享门（南门）外东南侧具服台更换祭服后，便从左门进入圜丘坛，至中层平台拜位。此时奏"始平之章"，皇帝至上层天帝神牌主位前跪拜，上香，然后到列祖列宗配位前上香，叩拜。回拜位，对诸神行三跪九拜礼。

奠玉帛：皇帝到主位、配位前奠玉帛，此时奏"景平之章"，回拜位。

进俎：皇帝到主位、配位前进俎，此时奏"咸平之章"，回拜位。

行初献礼：皇帝到主位前跪献爵，回拜位，奏"奉平之章"，舞"干戚之舞"。然后司祝跪读祝文，乐暂止。读毕乐起，皇帝行三跪九拜礼，并到配位前献爵。

行亚献礼：皇帝为诸神位献爵，奏"嘉平之章"，舞"羽龠之舞"。回拜位。

行终献礼：皇帝为诸神位依次献爵，奏"永平之章"，舞"羽龠之舞"。光禄寺卿奉福胙，进至上帝位前拱举。皇帝至饮福受胙拜位，跪受福、受胙、三拜、回拜位，行三跪九拜礼。

撤馔：奏"熙平之章"。

送帝神：皇帝行三跪九拜礼，奏"清平之章"。祭品送燎炉焚烧，皇帝至望燎

◆ 黄帝像

位，奏"太平之章"。

望燎：皇帝观看焚烧祭品，奏"佑平之章"，然后起驾返宫，大典结束。

类似于这样的祭天典礼延续了约五千年，祭天如今已经成为我国古老文明的文化遗产，它展示着传统中国的祭天历史和祭天文化。

延伸阅读

王屋天坛和北京天坛

王屋山的主峰天坛山（又名琼林台）海拔1715米，是中华民族祖先轩辕黄帝设坛祭天的地方，被称为"太行之脊""擎天地柱"。自黄帝始，历代皇帝均来此祭天，直到明成祖朱棣碍于交通不便，才在地球同一轴线上的北京建起了北京天坛。

北京天坛始建于明永乐年间，是按照中国传统礼仪制度建立的国家祭坛。自1420年天坛建成起，皇室每年都在天坛举行盛大的祭天大礼以求上天的庇护和福佑，曾有23位皇帝举行过682次祭祀大礼，4000多亩的天坛是世界上最大的祭天场所，1914年天坛举行了最后一次"祭天大典"。辛亥革命爆发后，中华民国政府宣布废除祭天祀典，并于1918年改天坛为公园。

于方丘以祭地神

> 中国传统思想认为,天和地是一阳一阴、一乾一坤,构成了整个世界,是万物的本源。所以在崇拜天的同时也十分崇拜地,在祭祀活动中不但天地两者对称相配,而且它们在众多祭祀活动中均有着举足轻重的地位。

早在远古时期,中国就有"父天而母地"的说法,这是因为当时人们知道是大地养育了万物。所以,祭地便是人们对地母表达感谢的一种方式。

据记载,"圆丘大坛,祭天也;方泽大折,祭地也""祀天于南郊圜丘,祭地于北郊方泽"等。也就是说,祭祀大地,要在夏至日这一天在泽中方丘祭之,而且要在都城的北郊。这是因为,天气从夏至日这一天开始逐渐转凉,万物逐渐走向凋零、衰败,这是一个阳尽阴生的日子。地属阴,北郊也是阴象。这两点正好与祭天礼仪相反。天圆地方,选择方丘祭地,既体现了法地的思想,也表示了对地的敬重。

◆ 雍正皇帝祭祀先农的仪式

在祭祀仪式上,古人认为祭地与祭天应该"同服""同器""同牲",而且祭祀仪节基本相同,不过,祭法不同。例如祭天用燔柴升烟,祭地却是血祭,即将牺牲等祭品的血浇灌于地,使牲气下达于地,让地神歆享。祭祀用的牺牲,祭天为苍色,祭地为黝黑之色;在用玉方面,祭天为苍璧,祭地为黄琮,前者为青蓝色圆形玉,后者为黄色方形玉。

除了祭祀大地,在中国这样一个农业国度里,春、秋两次祭祀社稷神也是国家的重要典礼。春、秋两次社稷祭祀的时间,分别选用仲春月、仲秋月的吉日。在祭社之日,周天子要穿戴絺冕礼服,亲自主持祭礼,司农、司空帮助检查祭祀器具与祭品牺牲。在奉献的祭品中人血或牲血最重要,所以《周礼》说:"以血祭社稷"。血祭社稷的方式有三种:一是将血直接滴入土中;二是涂血于社稷神主之上;三是供血于神位之前。祭祀社稷时,要击鼓、舞蹈。社稷祭祀在古代时分时合，以社祭为主，各地均有自己的社祀活动。隋代国家分立社坛、稷坛，各以太牢致祭。明清二坛合一，立社稷坛，列为国家上祀。

此外，祭祀地神还有一种貍沈之祭，这是对五岳山川等的祭祀。"山无大小，皆有神灵，山大则神大，山小则神小"（《抱朴子·登涉》）。天子祭天下名山大川，其中五岳四渎的祭祀最为重要。祭五岳用血祭，祭山林川泽则用貍沈之祭。祭祀山林就是将牺牲、玉帛埋入土中，表示对土地、山林之神的祭奠。祭祀川泽就是将牺牲、玉帛沉入川泽，以表示对川泽之神的祭奠。

但是，由于五岳、四渎、四海、四镇分据天下四方，君王难以一一前去祭祀，这时就采取望祭的方式。即在京城南郊设名山大川、五岳四渎祭坛，远望山川而祭，祭品用牲要与各方之色相合。

从中国传统礼文化的发展与继承来看，明代达到一个高潮，帝王对于国家祭祀重典高度重视。对地的祭祀时间为夏至，其祭祀活动的隆重程度、规模之大、成本之高是历代所不及的。明代初期在南京钟山之北建方丘坛。据历史记载，洪武二年夏至，太祖朱元璋曾到此祭祀。洪武十年又改成在圜丘合祀天地。到了明世祖时期，明代迁都北京后，在天地坛和大祀殿共祀天地，其制度与洪武年间相同。从嘉靖时期开始，把天地合祭改为分祭，后在北京安定门外的东面修建方泽，通俗地说也就是地坛，每年夏至都要在那里举行

◆ 祭祀地神的玉琮

方丘祭地大典。清代时期的祭地仪式基本上沿用明制，也与祭天仪式大同小异，只是略有改动，只是方泽祭地仪式更加盛况空前。

延伸阅读

北京唯一幸存的帝王祭地坛

北京地坛是明、清两代皇帝"夏至"日祭祀地皇神祇的地方，也是明清北京五大坛之一。它始建于明嘉靖九年(1530年)，命名为方泽坛，嘉靖十三年(1534年)，改名为"地坛"。清代多次进行扩充和改建，乾隆年间曾改建了主体建筑方泽坛和皇祇室，形成现在的形制。

地坛的主体建筑是方泽坛，俗称"拜台"，盛大的皇家祭地礼仪就在这里举行。方泽坛平面为正方形，以水渠环绕象征"泽中方丘"，正方形平面象征"天圆地方"。坐南朝北的布局和按六八阴数铺成的墁石象征"地为阴"，黄琉璃砖象征"地谓之黄"。

地坛是我国规模最大、唯一幸存的帝王祭地之坛。明、清两朝共有14位皇帝连续381年在此祭地，直到1912年清皇朝被推翻而告终。1925年地坛被辟作京兆公园向市民开放。

第四讲　礼典文化篇

于宗庙以祀人神

> 古代社会是一个典型的宗法社会，尊祖、敬祖意识浓郁，人们对血亲祖先、人文祖先有着很强的追念与依赖心理，定期举行的各种祭祀仪式，就是与祖先神灵对话的机会。取得神灵的佑护，维持现实秩序是人神祭祀的主要目的。

"万物本乎天，人本乎祖"，宗庙祭祀源于上古人的祖先崇拜。所谓宗庙，据《释名》记载："宗，尊也；庙，貌也，先祖形貌所在也。"我国古人认为，宗庙是祖先亡灵的寄居之所。所以，祭祀祖先要在宗庙中进行。

宗庙祭祀在古代社会是非常重要的祭礼。对于祖先的祭祀有两个原则，一是将家族历史上有着特殊功绩的第一代祖先确定为世代祭祀的对象，称为"太祖"；二是祭祀近几代的祖先。在祭祀的方式上，采取"周祭"与"合祭"的方式。周祭，是一种施行于殷商以后的大型祭礼。这种祭礼是用多种祭祀形式轮番祭先王及直系先王的配偶。整个祭礼完成一次大约需要一年的时间，甲骨学上称为"周祭"或"周祀"。合祭，即祫祭。按周代礼制规定，王室七代以上的祖先神主平时收藏于太祖庙中，五年一次，出其神主合祭。

周代有严格的宗庙祭祀制度，《礼记·王制》中说："天子七庙，三昭三穆，与太祖之庙合而为七。诸侯五庙，二昭二穆，与太祖之庙合而为五。大夫三庙，一昭一穆，与太祖之庙合而为三。士一庙。庶人祭于寝。"昭、穆是指宗庙的排列次序，各个庙都向南，昭庙在左，穆庙在右，依次排列。自太祖以下，第二、四、六等偶数之祖为昭，第三、五、七等奇数为穆。周代宗庙中的神主一般用桑、栗等木制成，平时收藏，祭祀时取出。祭祀之日，要供上香酒、祭肉，还要奏乐、

◆ 清代黎明的《仿金廷标孝经图》，此图是其中古代帝王宗庙作乐祭祀的场景

◆ 孔庙大成殿

舞蹈。祭祀完毕，参加祭祀的宾客与同姓诸侯分食祖宗享用过的祭品。

古人考虑到祭祀之仪过于频繁，则人们会厌倦，因而祭祀也没有足够的敬意。如果次数太少，人们又会怠慢、遗忘。所以，按照天道运行的规律，对天子、诸侯的宗庙规定了四时之祭，这在先秦已经成为制度。四时之祭就是"春曰礿，夏曰禘，秋曰尝，冬曰烝"。礿与禘体现阳的意义，尝与烝体现阴的意义。而禘为阳气之极盛，尝为阴气之极盛，所以禘、尝两次祭祀极为重要。

人神之祭，除了祭祀祖先外，还包括对先代帝王以及先圣、先师的祭祀。秦汉以来，三皇五帝以及后世历代圣君贤王，都被列入国家祀典。对于什么样的人进入国家祭祀的范围，《礼记·曲礼》说："夫圣王之制礼也，法施于民则祀之，以勤死事则祀之，以劳定国则祀之，能御大灾则祀之，能捍大患则祀之。"古代的先王祭祀，基本上遵循了这一标准。

中国古代重视礼教，对于在伦理教化上有突出表现者，即所谓"礼乐读书"之官，国家将其纳入祭奠"先圣先师"的祀典。最初的祭奠没有特定的对象，至汉代，先圣定为周公，孔子定为先师。唐代，罢周公单立孔子，并以孔子的得意弟子颜回为先师而配享。配享先师的人，后来渐渐增加到四配、十哲。四配是颜回、曾参、子思、孟轲，十哲是颜回、闵子骞、冉伯牛、仲弓、宰予、子贡、冉有、季里、子游、子夏。他们都是孔门弟子中非常优秀的人。到清代，增加为十二哲。此外，在孔庙中还有一些受祭者，他们的级别低于四配、十二哲，被称为先贤（仍是孔门弟子）、先儒（历代儒家杰出学者）。祭祀这些先圣先师的地点在学宫孔庙，每年春、秋行祭祀大礼。

延伸阅读

曲阜孔庙

孔庙是祭祀孔子的本庙，是分布在中国、朝鲜、日本、越南、印度尼西亚、新加坡、美国等国家2000多座孔子庙的先河和范本。孔庙位于山东省曲阜市南门内，是第一座祭祀孔子的庙宇。

孔庙最初建于公元前478年，据说，孔子死后第二年，鲁哀公将其故宅改建为庙。此后历代帝王不断加封孔子，并扩建庙宇，到清代，雍正帝下令大修，扩建成现代的规模。

孔庙是以皇宫的规格而建的，是我国现存规模仅次于故宫的古建筑群，堪称中国古代大型祠庙建筑的典范，在世界建筑史上占有重要地位。庙内共有九进院落，有殿、堂、坛、阁460多间，门坊54座，"御碑亭"13座。孔庙内的圣迹殿、十三碑亭及大成殿东、西两庑，陈列着大量碑碣石刻，特别是这里保存的汉碑，在全国是数量最多的。

第四讲 礼典文化篇

以报天功的泰山封禅

封禅是古代的一种专门在泰山举行的天地合祭典礼，历代帝王中好大喜功者多将封禅作为一种盛典而给予特别重视。

"封禅"，专指在泰山举行的天地祭祀仪式。《史记·封禅书》说："此泰山上筑土为坛以祭天，报天之功，故曰封。此泰山下小山上除地，报地之功，故曰禅。"古人认为"天以高为尊，地以厚为德""天高不可及于泰山"，于是，凡是所谓"受命于天"的帝王，为答谢天帝之恩，便到接近天神的泰山祭祀。积土为坛意味着增泰山之高，表示对浩荡天恩的感激；到泰山附近的梁父、社首等小山丘堆积泥土增加地的广厚，以酬谢大地之神对万物苍生的恩赐。

封禅与祭天、祭地相同，也起源于原始崇拜。但它的来源却是基于邹衍"阴阳五德终始说"的理论基础。

从周朝最后一位君王周成王祭祀泰山后，泰山封禅沉寂了800年。在这一段时间里，中国发生了翻天覆地的变化。在激烈的冲突中，学者们预感到更高形态的大一统国家即将出现，于是，他们为这种新变化开始制造理论依据。其中有一位叫邹衍的思想家，他的理论为"阴阳五德终始说"。邹衍认为，江山不可能终属一姓，江山易姓是控制宇宙的五种力量"木、火、水、土、金"相克相生、循环运转的结果，朝代更替是"顺天而行、受命于天"。所以，为了新朝代取得"应运承天"的合法性，向天下昭告德运转移，应到泰山上举办一个仪式祭天祭地，即封禅泰山。之所以到泰山，一是因为泰山自古就是天子祭天的神

◆ 秦始皇像

坛，二是泰山居于东方，按"五行"理论，东方是阴阳交代、万物发生发育的地方。如今泰山近南天门的盘道东壁上，还刻有"峻极于天，发育万物"八个大字。

中国首位封禅泰山的皇帝是秦始皇。公元前219年，秦始皇巡行东方，依照"五德终始"理论举办了中国历史上第一次泰山封禅大典。封禅大典分两步进行，首先辟山修路，从泰山之阳登上山顶，"立石颂秦始皇帝德，明其得封也"，这是封礼。从泰山之阴下山，"禅于梁父，其礼颇采太祝之祀雍天帝所用，而封藏皆秘之，世不得而记也"，这是禅礼。由丞相李斯撰书的泰山刻石上镌刻着秦始皇功德铭和二世诏书，刻石原文222字，历经沧桑，现仅存十字。

然而，并不是任何一位帝王想封禅泰山就可以去的，需要具备一定的条件，即太平盛世或天降祥瑞。司马迁《史记·封禅书》中记载"每世之隆，则封禅答焉，及衰而息"，也就说，帝王当政期间要有一定的功绩，即要使天下太平，民生安康才可封禅、向天报功。至于天降祥瑞，则比较隐秘。汉代董仲舒提出"天人相应"的思想，后来成为谶纬之学。他们认为帝王贤明，就会出现太平盛世，如果是在太平盛世将来之时，天往往会降祥瑞以示征兆，即所谓的"国之将兴，必有征祥"。

汉武帝刘彻是西汉第六位皇帝，15岁登基，在位54年。他登基后采取了许多富国强兵的措施，慑服了匈奴，平定了内乱，开创了西汉自高祖以来的鼎盛局面。他对自己开创的天下一统的西汉王朝十分得意，认为

◆ 汉武帝像

自己符合封禅泰山的条件，所以在前后21年的时间里，封禅之礼便行了8次之多。

封禅作为一种祭祀天地的典礼，它在举行的过程中无疑能起到加强封建帝王统治地位的作用。因为一般封禅都会写封禅祷文，表达受天之命，祈求天帝保佑和赐恩降福，这无疑也在昭告天下"君权神授"，不可不尊。此外，封禅还起到粉饰太平、宣扬德政的作用。因为凡是举行封禅典礼的帝王都会借机宣扬本朝的太平、强大、富庶和繁盛，为自己和本朝歌功颂德。

延伸阅读

唐太宗未能封禅泰山

唐太宗李世民开创了历史上有名的"贞观之治"，可以说很有功绩了。贞观五年(631年)，群臣请求唐太宗封禅泰山，遭到了太宗的拒绝。贞观六年，公卿大臣们再次请求举行封禅大典，来炫耀功德和国家富强，但魏征表示反对。魏征引喻确切，言词诚恳，忠贞之情溢于言表，唐太宗无言反驳，便决定暂时不去泰山封禅。公元641年，唐太宗终于下诏要"有事于泰山"，但车行到洛阳时，一颗彗星划过天空，不久边境传来战事，唐太宗只好打道回府。终其一生，唐太宗也未了封禅之愿。

新皇即位的登基大典

> 古代天子在建国或继承王位时，通常都要举行十分庄严隆重的登基大典，用来表明自己的权力来源于天地祖宗之命，显示君主至高无上的尊严和威仪。

登基也称"登极"或"即位"，指获得或继承最高统治权力。登基大典是新皇即位后举行的最为盛大且最为繁冗复杂的礼仪活动，因为这一活动中包含的仪式繁多，场面庞大，涉及的人数也非常多。

登基大典还是古代社会政治生活中的头等大事。《文献通考》中说："事莫大于正位，礼莫盛于改元。"中国古代社会是家国不分的，所以，无论谁登上最高的统治地位，就享有了对全体臣民的统治权，也获得了对全国土地的支配权。因此，历代的最高统治者无论是经浴血奋战夺得皇位，还是依靠血缘关系世袭了皇位的继承权，他们都要隆重热烈地举行登极礼仪，通过这一仪式中的祭天、告祖活动，表明自己获得的皇位是合理合法且神圣不可侵犯的。皇帝成为了名正言顺的最高统治者，他的发号施令也才是"代天行令"。

在我国历史文献中，周成王死后，康王告殡宫而即位的典礼是关于皇帝登基最早的记载。自秦始皇六合天下，一统全国，确立皇位之尊后，几乎历代统治者在开国之初或新天子即位时，都要举行一定的仪式，借以显示皇权的合法性，并宣布新的统治时期的开始。秦及西汉，这一仪式还处于草创阶段，到了光武帝即位时，登基大典才有一些仪式的记载。此后历代有变革发展，到了明、清两朝，登极典礼最为完备。无论是规模的浩大，还是制度的严格，都远远超过了此前的各代。

从宏观的角度看历代的登基仪式，其主要内容大致都包括以下几个方面：

第一，由皇帝亲自或派遣专门官吏去祭

◆ 乾隆皇帝朝服像

飨天、地、宗社，抵告受命于上天和祖宗。

第二，皇帝亲御正殿，穿戴衮冕礼服端坐在御座之上，接受文武百官的拜贺行礼，以及称臣上表，确立君臣之分。

第三，在国家内外颁发即位诏书，同时宣布改元、大赦。

一般而言，开国君主的登基典礼比较隆重，有奏乐、舞蹈、赐宴、鸣钟鼓等喜庆仪式。但是，在某一朝中如果旧天子驾崩，新皇帝即位，那么会由于受丧事的影响，登基典礼显得比较简单，赐宴、奏乐等各种仪式都不举行。比如清代的乾隆皇帝即位就是如此。

雍正十三年八月二十三日，雍正皇帝在圆明园内突然去世，当天将灵柩运回紫禁城，安放乾清宫内。继位皇帝弘历守灵。九月初三，登基大典的准备工作就绪后，礼部尚书上奏请求即位。乾清宫的正门要垂帘，表示丧事暂停。弘历到保和殿降舆，先到中和殿升座，各级官员行礼。礼毕，官员各就位，礼部尚书再奏请即皇帝位。翊卫人等随弘历御太和殿。弘历升宝座即皇帝位，这时如果按规定，应该由中和韶乐乐队演奏，但由于处在先皇帝的丧期，所以音乐是设而不作，只在午门上鸣钟鼓。

乾隆皇帝即位后，阶下响三下静鞭，群臣在鸣赞官的口令下，向乾隆行三跪九叩大礼。典礼中，百官行礼原也应该奏丹陛大乐，此时同样设而不作，群臣庆贺的表文也进而不宣。

最后要颁布诏书，以表示皇帝是"真命天子"，仪式庄严而隆重。首先，大学士将诏书捧出，交礼部尚书捧着到阶下，交给礼部司官放在云盘，即装饰有云纹的木托盘内，由銮仪卫的人擎执黄盖共同由中道出太和门，再响静鞭，乾隆帝还宫。文武百官则分别从太和门两旁的昭德门、贞度门跟随诏书出至午门，将诏书放在龙亭内，抬至天安门城楼上颁布。乾隆帝返回端凝殿后，再换上孝服。大学士等将"皇帝之宝"交回，贮存在大内。

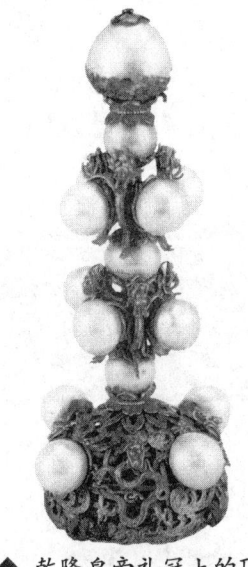

◆ 乾隆皇帝礼冠上的顶珠

延伸阅读

改朝换代的标志——改年号与改元

年号，是中国封建政治制度的一大"发明"，是古代皇帝用于纪年的专有名号，所以，被认为是帝王正统的标志。不同的皇帝要有不同的年号，否则会有自认藩属或臣服的嫌疑。但是，一个年号也可以在不同时期重复使用，如"建元"就被使用过5次。一个皇帝也可以有几个年号，如汉武帝在位54年（公元前140年至前87年）就有11个年号。

改元，就是新皇帝即位时或者某位皇帝在位期间更换年号，这是改朝换代的标志之一。如弘历即位后就将雍正年号改为"乾隆"，每个年号开始的一年称元年，如乾隆元年。除此之外，改元还可以体现当政皇帝的心愿。如南朝宋泰豫元年（472年），因明帝久病不愈，于是改元，把它当成消灾治病的药方。

君尊臣肃的常朝仪

常朝仪是帝王处理国家政务的重要活动之一，其形式也是多种多样的，但是都遵循着尊君肃臣这一基本精神。常朝仪显现了皇帝的至高无上，皇权的无所不能和封建等级的森严无比。

上朝礼仪简称"朝仪""朝礼"。朝，指的是在清晨入宫廷理事。《孟子·公孙丑》中说："朝（早晨）将视朝。"《诗经·齐风·鸡鸣》也说："鸡既鸣矣，朝既盈矣。"这些都描写的是我国古代君臣要在鸡鸣天亮的时候入朝，文武百官天不亮就要起身去参加朝会的情形。

在我国古代，无论是明君还是昏君，只要临朝理政，都要举办朝仪。古代朝仪分为两种：常朝仪和大朝仪。

常朝仪是皇帝与大臣在朝堂上办理政务的礼仪，主要涉及听朝的场所、听朝的时间，以及与听朝相关的仪式和特殊规定，文献史籍中所谓"朝仪""朝礼"，如无特殊说明，大多数都是指常朝礼仪。

常朝仪有很多种类。如因皇帝登朝时间的不同，而有早朝、午朝、晚朝的区分；因觐见人员身份的不同，而有皇太子朝、诸王朝、诸司朝藩属来朝等的区别。

朝仪的产生根源于朝会。早在成汤建立商朝时就有了朝会。《史记·殷本纪》曰："汤改正朔，易服色，尚白，朝会以昼。"据记载，当时的朝会五年举行一次，举行朝会时各地的诸侯齐会于某地，一般来看应该是商的都城，觐见商王。

西汉高祖刘邦时期，儒士叔孙通制定了朝仪，使刘邦品尝到了做皇帝的尊贵味道，这一故事是我国历史上关于朝礼的最早记载。

隋代时期的隋文帝是个很勤勉的天子，他每天清晨都要临朝视事，而且经常由清晨一直工作到太阳偏西。唐代初期，皇帝每月的朔、望日在太极殿坐而视朝，两仪殿

◆ 勤勉的隋文帝

◆ 顺治皇帝朝服像

则为日常听朝视事的场所。据《新唐书·职官志》记载，按品级高下有不同的上朝规定，如文武官职事九品以上朔、望入朝；文官五品以及监察御史、员外郎、太常博士每日朝参，称为"常参官"等。

明代洪武年间制定了朔望朝仪，即遇到朔日、望日，皇帝穿着皮弁服亲临奉天殿，百官穿朝服，按秩序站好后行拜礼，有事要奏者由西阶升殿，奏完后走下西阶。此外，明代还出现了一些新规定，如创建牙牌制度、规定朝班次序牌制度、百官正月节日放假制度以及忌日朝仪、辍朝制度等。

清代，顺治皇帝用"逢五视朝制"（即逢初五、十五、二十五视朝）。康熙皇帝则将朝参文武官员按次列为九班，以击鼓为号，起立听统一指挥，引入殿内行跪拜礼。到了雍正时期，规定了奏事次序，户、礼、兵、工四部轮班上奏等。

常朝仪因次数频繁且有例行公事的意思，所以，具体礼仪相对简单一些。仪仗、护卫的陈设比较实用，参见的官员都身穿朝服按时、按班各就各位。皇帝出宫时，乐队奏乐。皇帝御殿，升座，乐队停止奏乐。文武各官行一拜礼参见皇帝，有关官员按部出班奏事。皇帝听取各官及宰辅汇报和意见后，或当场裁决，或交给某部门或某几个部门就某事提出建议或处理意见。

此外，在常朝仪中，最重要的是体现君贵臣贱、君重臣轻，以及"礼贵尊尊"的尊卑等级秩序思想。所以，历朝历代在订立朝仪时，都非常强调官员上朝时的班序、位次问题。通常情况下，在文武官员不分职设班时，朝仪班序一般按爵次的高低分别：爵位尊崇的在前，爵位低微的在后；职务重要的在前，职务较轻的在后。

常朝仪不仅是皇帝享受皇权的时候，常朝仪的次数也体现了皇帝是勤政还是荒政。如唐玄宗自从"三千宠爱"于杨贵妃一身后，就无心理政，白居易的"春宵苦短日高起，从此君王不早朝"就是例证。

延伸阅读

汲黯不满朝仪班次

汲黯是西汉初年的名臣，他出身于名门，也很有能力。可是汲黯为人傲慢，经常当面顶撞人，即使对皇帝也如此。就因为此，他虽然政绩显著，也得不到汉武帝的青睐，得不到提拔。以致公孙弘、张汤等这些他曾经的属下也日渐比他显贵。这些人上朝时往往站在他前面，他却只能尾随其后，这使他很难堪，就难免有了一些怨言。在上朝朝见汉武帝时，汲黯对汉武帝说："陛下使用群臣就像堆柴垛一样，后来的堆在上面。"汉武帝听了很不高兴，后来汲黯险遭不测。由此看来，常朝仪中，班序、位次在群臣心目中的地位是很重要的。

第四讲 礼典文化篇

吉庆之日的大朝仪

> 历代封建帝王常朝礼仪之外的大朝仪,是继承和糅合了上古嘉礼和宾礼中的许多成分而形成的,它是朝会庆贺中最为隆重的仪式。

大朝,也称"大朝会",顾名思义,是指比常朝规模更盛大的朝会。在大朝仪时,皇帝大会文武百官,有时还包括外国使臣。大朝仪是一种十分庄重的典礼,也是一种十分隆重的仪式,但是,大朝仪这种朝会皇帝一般不处理国家政事。

在我国古代,举行大朝仪的时间多是在元旦、冬至及大庆之日(如皇帝寿诞)。

元旦,是一年开始的第一天,人们要辞旧迎新,所以,历代统治者都认为这是一个值得庆贺的节日。在这一天,皇帝要与文武百官及地方朝集使、藩属、各国使者或君长欢聚一堂,共贺佳节。据唐代《开元礼》记载,元旦这一天,皇帝、皇后首先要接受以太子为代表的宗室皇亲的朝贺,然后要接受文武百官的朝贺,最后要接受少数民族首领、外国使者的朝贺,每一次朝贺之后都要举行规模盛大的宴会以示庆贺。

冬至,是一年中白昼最短的一天,但是,从这一天起白天逐渐加长,阳气逐渐生于阴气,自然界中万物潜动。历代统治者也认为这一天是"阳气始,君道长",也非常值得庆贺。

皇帝是天之骄子,皇帝的生日也就是万民尊长的诞生之日,隆重庆贺也是理所当然的事情了。

此外,如久旱遇甘露降生,或开疆拓土、四夷朝贺、宝鼎出现等喜庆之事,历代统治者也要举行大朝会进行庆贺。

据记载,汉代就有了元旦大朝会的通例。在这一天,夜漏未尽七刻,钟鸣,贺

◆ 汉殿论功图

礼开始。百官群臣依次要奉献贺礼，礼物根据职位、爵禄的大小多少而有所不同。这一制度为历代所沿袭。

魏晋南北朝时期，大朝仪的举行与两汉时期大致相同，但是在晋代却更具体了。即将正月元旦的朝会称为"元会"或"正会"，冬至的朝会称为"小会"或"冬会"。前者是国家最隆重的庆典，后者的规模相对要小一些。但与一般的宫廷庆典相比，这两次大朝仪还是最主要且隆重的活动。到了唐代，将元旦、冬至两大朝会合称为"正至"。大致仪节如前所述。

辽金时期的大朝仪基本与汉代相同，只是朝仪时使用的音乐与舞蹈有着比较浓厚的民族气息。

宋代初期，每年的大朝仪有元旦、五月朔日、冬至，共三次，后来金兵袭击时，掳走了宋徽宗和宋钦宗，宋代就不再举行朝贺了。绍兴十五年时虽然开始恢复，但是规模已经大大缩小了。

到了明朝，大朝仪在建国之初就已经制定好了，具体仪式与登基仪式比较相似，可见其重视程度以及奢华盛大的程度。

在清代，元旦、冬至和皇帝诞辰日被称为"三大节"，都要举行盛大的大朝贺仪。清朝的大朝仪与登基仪基本一致，只是乐队不再是摆设，而要演奏。与明朝相比，其间的场景布置与人员站位的差别还是比较明显的。不过最大的变化在于清朝大朝仪后没有山呼万岁的习惯。

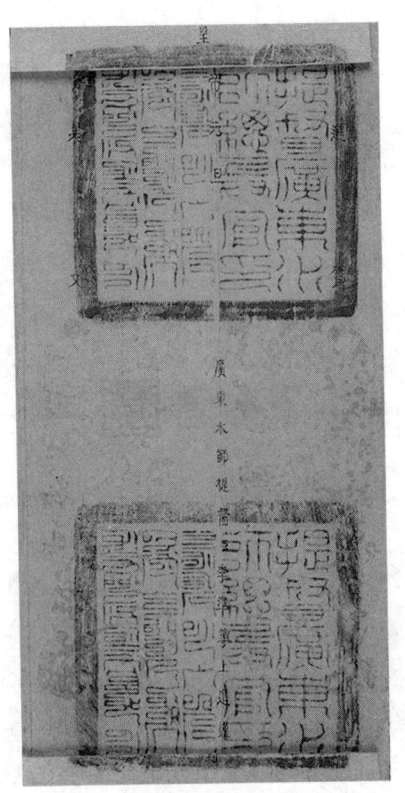

◆ 清代广东水师提督李准等上进皇帝元旦进贺表文黄绫封套

延伸阅读

大朝仪中的三跪九叩礼

"三跪九叩"礼，是古代最重的礼仪。最初，古代以拜两次作为大朝仪的常礼。但到了清代初年，改为朝会大典要三跪九叩首。按照清王朝的规定，皇帝在举行大朝仪时，乘舆行至保和殿，降舆后先到中和殿升座暂息，接受在典礼中的侍班、导从、纠仪、执事各官行三跪九叩礼。到太和殿升座之后，在丹陛大乐声中，再接受文武百官行的三跪九叩礼。辛亥革命以后，随着清王朝的灭亡，三跪九叩礼也被废除了。

清朝男子行跪拜大礼的具体情形是：行礼者肃立，按先左后右的顺序"啪、啪"两下，放下马蹄袖，跪在地上，上身挺直，臀部放在脚后跟上，磕三次头，起立；同样的动作做三遍，一气呵成。

后继有人的册封太子礼

> 太子是一个国家的继承人,决定着国家的未来,所以,册立太子的仪式是中国宫廷中较为重要而隆重的几大仪式之一,也是中国宫廷独具特色的文化现象,有着浓厚的帝王生活色彩。

在古代长达两千多年的专制主义中央集权制下,国家变成了皇帝的私有财产,皇帝成为国家的根本。为了保证皇权始终掌握在一家一姓手中,也为了自己的亲属能够和自己共同享受、并保护自己的私有财产——国家,历代皇帝都非常重视册命分封太子、同姓王、公主、皇后及妃嫔们。因此,中国古代就形成了一套特殊的册命分封制度。为了使这种制度合理合法化,人们又给它披上一套礼仪的外衣。

在所有的册封礼仪中,最为重要的是册封太子的礼仪。因为作为皇室至亲的太子,他将是国家的储君,皇位的继承人。所以,历朝历代都把册立皇太子视为关系国家生死存亡的大事。也正因此,帝王们虽然厌烦繁冗的礼仪,但在册立太子礼仪上却都十分认真而隆重。

历代册立太子的礼仪都不相同,如汉代在册立皇太子的这一天,文武百官要身穿朝服,齐集在宫中大殿。专司宫中礼仪引导的使者要郑重地引领皇太子到皇帝的御座前,面向北对着御座。三公之一、相当于宰相的司空则站在太子的西北,向东侍立,宣读皇帝册立太子的策书。策书宣读完毕后,皇帝近侍官中常侍手持太子印玺、绶带,神情庄重地交给太子,太子再拜三稽首,接受太子印玺、绶带。使者高声喊道:皇太子臣某(太子名字)。另一位赞礼官应声说:可。这时册立太子的仪式进入高潮。三公正步上

◆ 唐太宗像

◆ 尉迟敬德像，尉迟敬德是"玄武门之变"的参加者

阶，到殿恭贺，齐呼皇帝万岁，皇帝宣布大赦天下。册立太子的仪式到此结束。汉代以后，册立太子的仪式根据不同的年代处于不断的丰富完善中，到了明代，册立太子的仪式达到最为繁琐的程度。清代，接受前代太子之争的教训，康熙帝下诏废掉太子制度，改由皇帝生前秘密确定皇储，写下遗诏，在皇帝驾崩后由大臣当众宣诏，被立为皇储者即刻登基。但是，这也不能避免皇位之争。

总之，无论是哪一个朝代的册立太子仪式，大都包括以下几个程序：

祭祀：册立之前的某天，由皇室成员或皇帝指派某位官员主持祭告天地、社稷、宗庙，通过这种方式来诏告天地、社稷、祖宗，获得他们的同意与许可，使被册立的太子成为敬天应命的合法储君。

仪仗准备：册立当天，相关的部门在指定的宫殿设立皇帝、太子以及文武百官的位次，布置好仪仗、宫卫等。日出之前二刻，皇太子头戴远游冠，身穿绛纱袍，在三师、三傅等太子属官的护从下，乘辂提前到达册立宫殿。日出时，皇帝身穿衮冕礼服，在仪仗、侍卫、鼓乐的导从下，乘御舆到达册立太子的宫殿，朝南坐在御座上。皇太子及百官参见皇帝。

宣读诏书：皇帝传旨，宣布册立某王为太子，宰相代为宣读诏书，而太子行礼谢恩，上前接受册命诏书，返回原位交给太子的从官保管。接着宰相又向太子授玺印、绶带，太子行礼谢恩，上前接受玺、绶后，再次退回原位。

谢礼：皇太子先独自向皇帝行三跪九叩大礼，再率领太子官属与文武百官向皇帝行礼。皇帝向太子讲一些教训、勉励的话，然后起驾还宫。

受礼：文武百官向太子行拜见礼，并上表致贺。

拜庙：太子得到册封后要拜谒太庙，并到后宫朝拜皇后，同时百官向皇后致贺。

延伸阅读

唐代太子之争——玄武门之变

公元617年，李渊在太原起兵反隋并很快占领了长安。618年，隋炀帝被杀之后，李渊建立了唐朝，并立世子李建成为太子。据说，太原起兵是李世民的谋略，李渊曾答应他，事成之后立他为太子。但是，天下平定后，李世民功名日盛，李渊却开始犹豫不决。李建成随即联合齐王李元吉排挤李世民。李渊的优柔寡断，也使朝中政令相互冲突，加速了诸子的兵戎相见。

626年7月2日，当时的秦王李世民在唐朝都城长安（即今陕西西安）大内皇宫的北宫门——玄武门附近发动了一次流血政变，即玄武门之变。在这次政变中，李世民杀死了自己的长兄（当时的皇太子李建成）和四弟（齐王李元吉），使自己能够被立为新任皇太子，并继承皇位，年号"贞观"。

明清时的金凤颁诏仪

> 在古代，皇帝发布重大命令要形成诏书，并举行一套隆重繁琐的仪式，才能向全国各地颁发。这种仪式既庄严而又隆重，以表现皇朝"敬天畏民"和"承天佑民"的意旨。

诏，也称"诏书"。《汉书·高帝纪》注："如淳曰：'诏'，告也。自秦汉以下，惟天子独称之。"也就是说诏书是秦汉以来皇帝下达使命与法令时，布告天下的文书。帝王诏书的种类非常多，主要有传位诏、即位诏、改元诏、加冠诏、出阁诏、巡幸诏、南郊诏、北郊诏、封禅诏、谒庙诏、附庙诏、附葬诏、籍田诏、贬责诏、废黜诏、降黜诏、遗诏、上尊号诏、皇太子纳妃诏、命皇太子监国诏、皇长子降生诏、罪己诏、复辟诏、退位诏等。各种诏令均有自己特定的内容，如"传位诏"就是皇位继承性质的诏书，是指皇帝在生前将皇位传给新君时所颁布的诏书；"即位诏"则是皇王即位时向天下臣民颁布的文书等。

当诏书形成后，必须举行一定的仪式让军民百姓得知，这种仪式称之为"颁诏仪"。中国古代各朝的颁诏仪不尽相同，其中以乾隆四十九年（1784年）以后的礼仪最为完备，被称之"金凤颁诏"。其具体仪式如下：

颁诏仪式从太和殿开始。清晨，礼部、鸿胪寺的官员预先在太和殿内的东边摆一个放诏书的黄案，在丹陛（太和殿前的台阶）上正中也放一个黄案。銮仪卫把黄盖、云盘等仪仗、卤簿陈设在丹陛内。礼部官员在午门外各设龙亭、香亭一个。工部在天安门城楼垛口正中预设一个金凤，在城楼上东属第一间房内搭一个宣诏台。

以上是准备工作，这些工作完成后，王公百官就要身穿朝服齐集午门，内阁学士也捧着诏书放到太和殿内的黄案上，

◆ 午门，中间的门洞是皇帝专用的御道

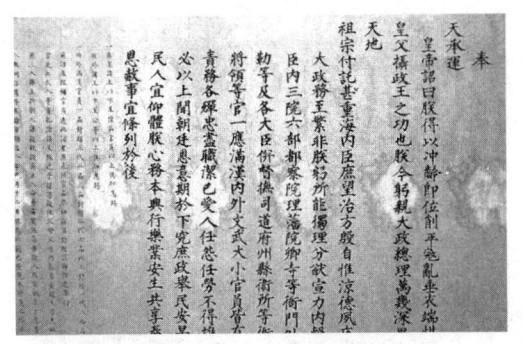
◆ 顺治皇帝亲政诏书

皇帝同时御驾太和殿。王公百官行礼后，大学士捧着诏书走到太和殿廊檐下交给礼部堂官。礼部堂官跪着接过诏书，安放在台阶上的黄案上，行一跪三叩礼，然后跪着捧着诏书站起来，由中部的台阶下来，礼部司官捧着云盘跪着接诏。诏书安置好后，礼部司官举起云盘，銮仪卫张开黄盖，导引诏书由中路出太和门，文武百官随出。

诏书送到午门后，放进预设在这里的龙亭里，行一跪三叩礼。銮仪卫、校尉抬着龙亭、香亭，在乐部和声署导引的伴奏下，随仪仗出午门，穿过端门，来到天安门后，由天安门城楼东边的台阶登上城楼。然后由礼部司官把诏书从龙亭中捧到宣诏台的黄案上，龙亭、香亭被抬下楼放到天安门前备用。在礼部官员上城楼恭奉诏书时，文武百官在金水桥南分班面北站立。

一切安排就绪后，宣诏官登上宣诏台，面西站立。鸿胪寺官员宣布颁诏开始时，文武百官跪下聆听。由于清代诏书由满、蒙、汉三种文字组成，所以宣诏官先读满文、再读汉文。宣诏结束后，把诏书放到案上，宣诏官退下。鸿胪寺官率百官行三跪九叩礼。

然后，奉诏官把诏书放到"朵云"内，"朵云"是一种四周雕刻云状的圆木盘。奉诏官来到预设在城楼雉口正中的"金凤"前，把诏书用彩绳悬系起来，金凤口衔诏书徐徐而下，待金凤降至城墙下时，礼部官员把诏书接入云盘，再放到龙亭中，然后由专人将龙亭、香亭一并抬到礼部。至此，"金凤颁诏"的仪式也就结束了。此后，礼部官员用黄纸把诏书刊印若干份，派专使颁发全国各地。

自古皇帝便自称为"天子"，他们也希望通过"金凤颁诏"这种庄严隆重的仪式来容纳并体现"天书"的旨意，同时也有着"敬天畏民"的含义，如同其诏书的开端总是"奉天承运，皇帝诏曰"一样。

延伸阅读

天安门的最后一次颁诏

在古代，天安门被视为皇朝承天命和敬天意的重地。据记载，天安门最初建于明代1417年，因完全仿建南京的承天门，所以它在当时也命名为"承天门"，取"承天启运""受命于天"的含义。清代时，顺治皇帝下令重修承天门，改建后被命名为"天安门"，取"受命于天""安邦治民"之意，并一直沿用至今。

明清时期，凡是重要诏书都在天安门通过"金凤颁诏"的礼仪进行颁发。在天安门进行的最后一次"颁诏"是1912年2月12日的宣统帝退位诏。"宣统帝退位诏书"的颁布，标志着清王朝的覆亡，也标志着在中国历史上延续了两千多年的封建帝制从此宣告结束。作为历史见证的《清帝退位诏书》现在国家博物馆收藏。

访民情察官政的巡幸礼

> 巡幸礼仪是古代帝王离京到地方视察民情的一项重要礼仪。在巡幸礼仪活动中，皇帝既能了解民情，也能考核地方官员的为政状况。

所谓"巡"，是往来视察；所谓"幸"，是指天子驾临某地。天子出行，巡幸地方，这种礼仪活动和巡幸制度是自古就有的。《拾遗记》中就记载了周穆王的巡幸活动："周穆王即位，巡幸天下，驭八龙之骏，名曰绝地、翻羽、奔霄、越影、逾晖、超光、腾雾、挟翼。"秦始皇从公元前221年统一中国后，在短短的12年内，就进行了五次大规模的巡幸活动，著名的琅琊石刻就是他巡幸活动留下的痕迹。到了清代，皇帝的巡幸活动更加频繁，而且声势浩大，如康熙、乾隆皇帝多次南巡苏杭、东巡盛京、西巡五台山、热河避暑及木兰秋弥等。

根据儒家所阐述的古代礼制来看，巡狩四方本来是天子的职责。《尚书·尧典》《孟子》《礼记》《史记》中都有巡幸的记载，《孟子·梁惠王》中明确记载说："天子适诸侯曰'巡狩'，巡狩者，巡所守也。"在巡幸中，可以显示王朝的强大，歌颂自己的功德；可以祭奠神灵；可以观察各地民风，了解民情；可以考核地方官员的为政情况，基于以上原因，历代统治者巡幸时都要举行一系列典礼或礼仪活动，使自己的活动合于礼法。

《礼记·王制》中记载的巡幸礼仪是：天子每五年巡守诸侯国一次。天子准备出巡前，先举行祭告天地和宗庙的礼仪。然后在巡守年的二月份出发，向东到

◆ 明皇幸蜀图

◆ 康熙帝朝服像

达泰山，焚柴祭天，四望以祭祀名山大川，接见诸侯，考察民间风俗。五月份，向南巡守到达南岳，举行与向东巡守相同的礼仪。八月，向西巡守到达西岳，举行与之前相同的礼仪。十一月，向北巡守到达北岳，举行与之前相同的礼仪。巡守结束后，用牺牲祭告于祖、父之庙。

虽然后代的巡幸礼仪和巡幸目的在周礼的基础上都有所变更，但一些礼仪始终是不会发生变化的。历代皇帝在巡幸前都要命令有关部门依据干支计年，按历法推算出起驾的黄道吉日，或根据旧制，在固定的出巡吉日出巡。同时，诏书通知有关部门准备相关事宜，如修好御道、布置关防等。此外，历代皇帝巡幸地方时要有各种祭祀典礼，不仅起驾时要祭祀昊天上帝、宗庙社稷，还要对沿途路径的著名帝王陵墓和孔庙进行亲自祭祀等，以求诸神保佑，国泰民安，风调雨顺。巡幸途中，还要对沿途经过地区的官员与百姓进行大规模的恩赏。此外，还有阅武活动，即在一些具有重要军事意义的军事要塞进行军事演习，以便耀武扬威，向民众显示朝廷的武装实力，以起到安定民心，震慑不安定因素的作用。

总之，古代的巡幸制度和巡幸礼仪的本质目的是良好的，但是，其中也不难避免一些皇帝借巡幸名义游山玩水，甚至临阵脱逃。

延伸阅读

《康熙南巡图》

在清代皇帝中，康熙和乾隆在位都超过六十年，他们创造了中国历史上的康乾盛世。康熙帝和乾隆帝在位期间都有过大规模的南巡活动。《康熙南巡图》就是以康熙第二次南巡（1689年）为题材的大型宫廷绘画，它绘制于1691年，历时三年，作者是王翚、杨晋等。

《康熙南巡图》是绢本，重设色，共12卷，每卷纵67.8厘米、横1555～2612.5厘米不等。图中描绘了康熙皇帝从离开京师到沿途所经过的山川城池、名胜古迹等，每卷均有康熙出现。此外，图中还真实、细致地描绘了当时的一些风土人情、地方风貌及经济文化景象，从侧面反映了当时的社会生活和人民生产劳动，既具史料价值，还具备艺术价值。

《康熙南巡图》原本储藏在清宫里，后来在混乱中散佚，目前只有第1、9、10、11、12卷藏在故宫博物院。

明君臣之义的燕礼

> 古代国君举行燕礼，目的是通过欢饮的轻松快乐场面，敦睦亲友、增进情谊，加强亲善友好的关系，这也是统治者治理国家的一种手段。

燕礼，属于古代嘉礼中的一种，是在闲暇时为与下属进行感情沟通而举行宴饮的礼仪。《周礼·春官·大宗伯》说："以飨燕之礼，亲四方之宾客。"关于"燕礼"，在《仪礼》中有《燕礼》一篇记载燕礼的礼法，《礼记》中有《燕义》一篇记载燕礼的礼义。

燕礼的对象及举行场所

燕礼的对象有时是荣归的臣僚、新建功勋的属官，有时无任何目的，只是帝王简单地宴请群臣。

古代天子有六寝，路寝一，小寝五。诸侯有三寝：路寝一、小寝一、侧室一。其中路寝是正寝，是天子、诸侯听政、处理事务的地方；小寝则是休息的地方。燕礼便在路寝举行。

燕礼前的准备

燕礼开始之前，有司们要把各种器物按规定的位置放好，如膳宰将肴馔陈设在路寝的东侧，而编钟、编磬、钟、镈、鼓等乐器陈设在堂下的东、西两阶之间。

在燕礼中，帝王用的酒尊称为"膳尊"，卿大夫用的是两只方壶。此外，还有参加燕礼的许多尚未得到爵命的士，称为"士旅食者"，他们用的是两把圆壶。

古人在庄严肃穆的场合用牛、羊、豕，在相对随意的场合则用犬。所以，燕礼中吃的主要食物是狗肉，狗肉不仅香气浓郁，对身体也大有裨益。

参加燕礼的人由于身份与地位的差别，席位的安排也要体现出尊卑与等差。国君一人在堂上，体现国君作为一国至尊的威严。宾的席位在堂上的户、牖之间；上卿的

◆ 清代紫光阁赐宴图

席位在宾席的东侧，上卿中的尊者席位在东首。大小卿的席位在宾席的西侧，其尊者的席位在西首，靠近宾席；大夫的席位接着小卿的席位往西排，如果排不下，可以在西序之前折而往南坐。席位安排的原则是，地位越尊，离国君的距离越近。士没有资格在堂上就座，席位安排在庭中的东方。

既然是国君宴请宾客，那么燕礼的主人就是国君，宾则是卿中的尊者。但是，这样不仅不能显示君臣之别，而且君臣会陷于繁杂的礼仪中，对此，《燕义》燕礼中让主管膳食的宰夫担任主人，另选一位大夫担任宾。这样，国君与群臣既有了君臣之别也能欢聚宴饮了。

燕礼的过程

燕礼从宾主行一献之礼开始。正常礼节由主人向宾献酒开始，接着是宾斟酒回敬主人，即所谓"酬"，仪节与"献"相同，只是宾、主的角色发生了转换。之后，再由主人酬宾，一献、一酢、一酬，一献之礼才算完成。这是大多数一献之礼的仪节，但是，由于燕礼的真正主人是国君，所以，这中间插入了主人向国君献酒的特殊仪节。

主宾的献酬礼完成后，要进行"旅酬"仪式，即国君自上而下地为臣下进酒劝饮。由于燕礼的人数很多，身份等级彼此不同，而且每人都要被轮到，所以，其程序很漫长而且繁复。其大致过程是：主人向宾献酒后，向国君献酒，国君饮尽后，往爵中斟满酒，高高举起，向在座者酬酒劝饮；接着，主人向卿献酒，卿饮尽后斟酒高举，向大家酬酒劝饮；这样的过程再重复在大夫、士、

◆ 清代避暑山庄万树园的赐宴图

庶子之间进行。整个过程都有不同等级的音乐在伴奏，直至正式仪式结束。然后燕礼进入"无算爵"阶段，即随意酌饮、相劝。

其实，燕礼并非一场简单的宴请，其中富含深义。如君王宴请群臣，臣子必定勤勉于国事以感谢国君。这不能不看作是国君的治国之道。

延伸阅读

古代名宴——曲江宴

曲江宴是唐代朝廷赐予新科进士的一种欢宴庆贺活动，始于唐中宗神龙年间，延续了大约170年左右。

唐代的科举取士虽然设有秀才、明经、进士等十几科，但由于唐代宰相多是进士出身，而且每次录取的最多三四十人，有时甚至只有几个人，所以，进士科最受人羡慕，也最难考。考中进士也成为士子平生的最大幸事之一，朝廷也特恩赐新科进士在三月三上巳日游宴曲江，一方面对他们表示祝贺，另一方面也含有让他们感受皇恩浩荡，从而效忠朝廷之意。在宴饮中，新进士要感谢国君，还要拜谢主考官，攀识权贵并结交同年。撤宴后，新进士还要泛舟游览池光山色，举行各种娱乐活动，最后前往慈恩寺大雁塔题名留念。

最早的外交礼仪聘礼

> 聘礼是古代诸侯派使者问候天子以及诸侯之间派使者互相问候的礼节，诸侯之间举行聘礼，其主要目的是结交盟友、巩固邦国之间的友好关系，避免侵犯欺凌等事情的发生。

中国古代非常讲究国与国之间、地区与地区之间的交际礼仪，因此，从周代开始，中国的统治者就制定了一系列"外交礼仪"，希望通过礼仪的勉励与制约，而不至于出现相互侵犯或者相互欺凌的事情。这种礼仪便是"聘礼"，所谓"聘"就是问候之意。

先秦时期，诸侯之间就已经形成了诸侯朝聘天子、诸侯相互聘问的定制，《礼记·王制》中说："比年一小聘，三年一大聘，五年一朝。"前二者的仪节基本相同，只是使者的身份、礼物的多少等有所不同。《仪礼·聘礼》记载了大聘的仪节，《礼记·聘义》则阐述了聘礼的礼义。

根据《周礼》规定，行聘礼之前，出使国要确定使者与聘礼及出使路线。使者由国君和诸卿商定，并选择一位卿担任正使，称为"宾"；一位大夫担任副使，称为"上介"；随行的其他正式成员由士担任，称为"众介"，由司马任命。此外，因使者国军的爵等不同，所带人数也有差异。《聘义》中说："上公七介，侯伯五介，子男三介。"然后使者受命拜别国君。使者沿途经过各国时，要行"过邦假道"礼，"假"就是"借"的意思。经过其他诸侯国如果不假道而径行，就是侵犯别国的主权。如《左传·宣公十四年》记载，楚子自恃强大，在派遣申舟出使齐国时，明确地指示他"无假道于宋"，结果遭到宋人的阻拦。宋国大臣华元义正词严地指出："过我而不假道，

◆《步辇图》局部。唐代阎立本绘制，描绘了唐太宗会见吐蕃赞普派来迎娶文成公主使者的情景

鄙我也。鄙我，亡也。杀其使者，必伐我。伐我，亦亡也。亡一也。"于是杀了申舟。如果是天子出行，就不需要假道，因为"普天之下，莫非王土"。

◆ 敦煌壁画张骞出使西域图

以上属于聘礼的准备阶段，聘礼的主要仪节有六个。第一是郊劳。当使者到了主国的近郊（离国都约三十里的地方）时，主国国君要派遣卿前往迎接，并以束帛慰劳。之后，便将使者安排到宾馆，并设宴款待。第二是聘礼中最主要的仪节聘享。即使者代本国国君致辞并进献圭、璋，这一仪节又可分为聘与享两个部分，都在宗庙举行。此外，使者还要向国君夫人行聘享礼。第三是私觌，又称"私面"，是指使者以私人的身份面见主国国君及公卿，并赠币。公卿在受币后，按礼应设宴招待，并回致币帛，否则就是不以贵宾之礼相待。第四是飨宾。指国君设宴酬谢使者。在宴会进行过程中，主宾往往赋诗酬酢。第五是馆宾。使者即将启程回国，主国国君派卿把圭、璋送还使者。古代以玉比德，将玉送还，有德不可取之于人之意。之后，国君还要亲临馆舍，以拜谢聘君与使者的修好之谊。第六是馈赠。使者始发，宿于近郊。主国国君派卿馈赠给使者与觌币相当的礼品，以表示礼尚往来。

以上是聘问正礼阶段。使者回国要向国君汇报，即复命。如果在出使过程中遇到受聘国有丧事，那还要行一些特殊礼仪。

除了诸侯国朝见天子之外，先秦诸侯国之间的交往基本上是平等的，"聘礼"可以说是我国最早的外交礼仪活动了。

延伸阅读

古代优秀的外交家晏婴

晏婴（前578年至前500年），字仲，谥平，习惯上称之"晏子""晏婴"。著名的政治家、思想家、外交家。晏婴生活于"礼崩乐坏"的春秋末期。他先后辅佐齐灵公、齐庄公、齐景公，直到齐景公时才获重用，从而使齐国进入一段较长时间的稳定发展期。

晏婴以有政治远见和在外交活动中机智善辩而著称。有一次，他奉命出使楚国。可是当晏子来到楚国时，守门者竟关闭大门，让晏子从旁边打开的小门进入。晏子说："出使狗国才从狗门入，我现在是出使楚国，不应该从这个门进去。"楚国傧相只好请他从大门进入。拜见楚王后，楚王设宴招待晏婴，其间两名小吏绑着一个人来见楚王。楚王问："绑着的是什么人呀？"小吏说："是齐国人，犯了偷盗罪。"楚王看看晏子说："齐国人本来就善于偷盗吗？"晏子回答说："我听说，橘子生长在淮南就是橘子，生长在淮北就变成枳子，仅仅是叶子相似，果实的味道是不同的。为什么呢？水土不同呀！现在这个人生活在齐国时不偷盗，到了楚国就偷盗，莫非是楚国的水土使老百姓善于偷盗吗？"楚王最终自讨没趣。

尊老敬老的养老礼

中国传统文化中历来推崇尊老的美德，这一原则作为中国传统道德的最基本信条之一，不仅被社会各阶层的人们遵循着，更重要的是，古代帝王也将它作为一种文治的主要象征，以及实行伦理道德教育的主要方式。

我国很早就有养老、优老的传统，这可以一直追溯到大舜时代，那时就有按期宴飨老年贤人的礼制。《礼记·王制》中也说："五十养于乡，六十养于国，七十养于学，达于诸侯，八十拜君命，一坐再坐……九十使人受。"这虽然是儒家的理想观点，但对历代都有很大的影响。

尊老敬老的原因

我国古代社会是以农业生产为主的，而农业文化非常注重世代承继的知识传递方式。也就是说，生产经验和生活经验以及其他的社会文化知识，都是经由祖、父、子、孙这样的顺序代代相传的。前代通常因其知识而具有了权威感，其尊严也必然得到更多尊重。从另一个角度看，农业社会决定了家庭以及家族在社会生活中有着无与伦比的地位与作用。而在家庭关系中，长、幼、尊、卑的伦常关系日益严格，在此基础上便形成了孝亲养老的强大社会力量。统治者如果顺应并利用这种力量，便能达到"以孝治天下"的目的。所以，历代帝王为了维护自己的统治地位，都非常重视优老、养老活动，并形成了一种礼仪制度。

养老的礼仪

在古代，国家要养的老人有三种：一种是贵族中的老人，称为"国老"；第二种是平民中的老人，称为"庶老"；第三种是为国捐躯者的老人，称为"死政者之老"。

作为一种礼仪活动，养老的主要

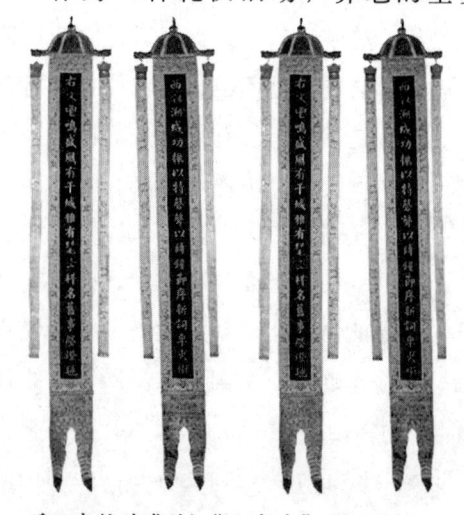

◆ 清乾隆御制"千叟宴"宫绣灯联

◆《商山四皓》 清 黄慎

形式是天子在太学中宴飨三老、五更与众老。其中"更"指阅世深久。"三"与"五",据说取象于三辰(日、月、星)、五行(金、木、水、火、土)。三老、五更一般由曾担任高级官吏但由于年老而致仕者充当。宴飨三老、五更时,要为他们专设宾客席,天子亲自到陈列酒馔处省视酒礼及珍馐佳肴,到门外迎接三老、五更。入门奏乐,天子袒露上身亲自为老人切割肉块,手捧肉酱送上,等老人吃完后,再递上盛满酒的爵。然后,天子戴上冕,手持干盾,亲自参加舞蹈。这种养老礼制直到汉代还十分流行。

古代的优老政策

中国古代除了举行盛大的敬老典礼,还有优老礼,即实行一系列对老人的特殊优惠政策,以示对老人的敬养。如几乎历朝历代的皇帝都要在各种节日举行特殊典礼,或者在必要时赏赐老人一些布帛、米粟、酒肉等,以表示普天同庆或对老人的特殊照顾。再如,为了体现对老人的尊重和优待,还经常赐给老人爵位、官职、科举功名等荣誉称号;手杖是辅助老人行走的重要工具,也是老人年龄与身份的象征,所以,有些帝王针对退休的老年官员赐予手杖,这也是一种很高的荣誉。此外,还有减免赋役和减免刑罚。

除了以上的活动之外,古代的封建统治者还常常举行一些特殊的敬老庆典活动,其中比较著名的如唐代的千秋节宴和清代的千叟宴,这些庆典也是异常的盛大和隆重。

延伸阅读

千叟宴

千叟宴是清朝宫廷的大宴之一。在清朝一代,共举办过4次,举办宴会的主人分别是康熙皇帝、乾隆皇帝。

康熙登基六十年时,为博取民心,在康熙六十一年正月二日,召八旗、满洲、蒙古、汉军文武大臣、官员及致仕退斥人员65岁以上者680人于乾清宫前,命诸王、贝勒、贝子、公及闲散宗室等授爵劝饮,分颁食品。四日,又召340人宴于乾清宫前,授爵劝饮,分颁食品如前。席间,康熙御制七言律诗一首,又命马齐、张令璜与宴会满汉大臣官员各作诗纪其盛名。乾隆年间将这些诗修订为《御制千叟宴诗》四卷,卷首为御制诗,次为内廷诸臣工和诗一首,卷一收录大学士马齐、御史张令璜等人诗70首,卷二至卷四不列名,每卷320首,"千叟宴"因此而得名。

千叟宴可以说是官办宴席中规模最大的宴请活动,为了炫耀帝王的恩德和国家的富足,它的场面极其豪华。

皇帝籍田重农耕

> 籍田礼是古代吉礼的一种。中国是几千年的农业国家,古代人上自皇帝下至庶民都非常重视农业生产,这种重农思想在外在形式上的反映便是籍田礼仪。

籍田,又叫"亲耕",是在每年的春耕之前,天子率领诸侯亲自耕田的典礼。它起源于原始社会,那时,部落首长在春初都会带头耕种,然后才开始大规模春耕生产。

中国古代社会是一个以农业生产为主的社会。在我国历史上,无论是帝王将相,还是诸子百家,对"禹稷躬稼而有天下"这一点都是极为推崇的。而且,夏、商、周三朝也都是由农业部族发展而来的。此外,我国由于特殊的地理条件和自然资源条件,人们主要"靠天吃饭",任何人不耕地、不劳作都会带来衣食的短缺,所以,古代百姓也非常重视农业生产。不仅如此,农业生产的好坏也是古代对官员政绩的评价标准。

正因为古代从统治者到百姓都非常重视农业生产,才有了籍田礼,反之,籍田礼也就成了重视农业的标志。

籍田礼在周代已经比较完备了,以后各代大都举行,具体仪式虽各有不同,但大体如下:

择日:每年春天正月时,皇帝让相关部门选择一个吉日作为"籍田"日。

备具:"籍田"日选好后,相关部门开始准备举行"籍田"礼仪的工具、种子等,选择籍田地点,并设立行宫、御帐、亲耕台、观耕台等,准备好祭祀的相关事宜。

祭祀:举行"籍田"礼的前一天,皇

◆ 炎帝神农氏,中国农耕文化之祖

帝与陪耕及陪同祭礼先农的诸侯、王公大臣斋戒一天。籍田礼的当日清晨，皇帝身穿礼服，在仪仗、卤簿的导从护卫下，到社稷坛、先农坛进行祭祀，祈求天、地、祖宗诸神能保佑他治下的国土"风调雨顺"。祭祀结束后，皇帝和随从王侯、公臣、百官回宫换上常服，然后到籍田所在地。

籍田礼：皇帝面向南站立在耕籍的位置，随从的王公大臣也各自站立在自己的耕籍位置上，有一些王和文武大臣在观耕台站立。一切就绪后，赞礼官高唱"进耒耜"，户部尚书或者司农面向北跪着把耒耜进献给皇帝。皇帝接过后，赞礼官又高唱"进鞭"，顺天府尹或籍田令面向北跪着把鞭子进献给皇帝。皇帝接过鞭子后，乐队奏乐，皇帝挥鞭，三推耒耜。皇帝停止推耒耜，乐队停止奏乐。有关人员手捧装有五谷、豆种的青箱播撒种子，覆土埋种子。户部尚书或司农面向北跪着接受耒耜，顺天府尹或籍田令面向北跪着接受鞭子。然后皇帝登上亲耕台训话，说明农业生产的重要性，以及自己亲耕的目的。参加礼仪的文武百官、黎民百姓都欢呼祝贺。

观耕：赞礼官向皇帝请求准许其他王公大臣籍田，皇帝准奏后移驾观耕台面向南而坐。王公大臣各执耒耜、鞭子推五次停下。有关人员同样撒种、覆土埋种。王公大臣籍田后退回原位站立，上百庶人，身穿青衣，手执耒耜、鞭子开始籍田。这时皇帝起驾到御帐休息。耕种结束后，庶

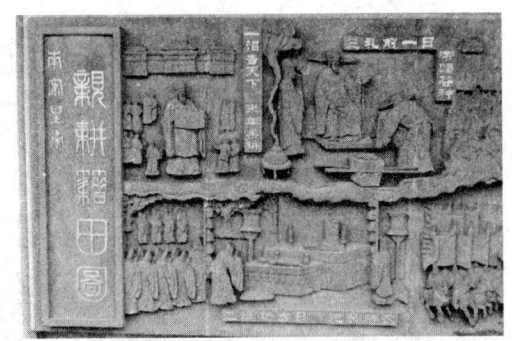

◆ 浮雕"南宋皇帝亲耕图"

民及百官行三跪九叩大礼拜见皇上。皇上还礼后，起驾回宫。

受贺：皇上在皇宫接受文武百官的恭贺，并赏赐从耕的庶人每人一匹布，至此，籍田礼宣告结束。

皇帝籍田虽然是出于仪式需要，只是象征性的行为，但对普通百姓还是有激励意义和影响的。

延伸阅读

皇后亲蚕礼

自周朝开始，在国家祭祀规定中，就已经有了"天子亲耕南郊，皇后亲蚕北郊"的祭祀制度。之所以要"亲蚕北郊"，是因为蚕桑与农耕一样是中国古代社会赖以生存和发展的主要生产活动，蚕桑关乎国计民生，所以，历代帝王想要统治稳定，都会关注养蚕缫丝业。

"亲蚕礼"中祭祀的神灵是传说中发明养蚕缫丝的西陵氏嫘祖，她被尊称为"先蚕"。根据男耕女织的社会分工原则，"亲蚕礼"的主角是皇后。仪式同"籍田礼"类似，只是由皇后率领着妃嫔们到北郊去，皇后手持金钩与筐篮，到蚕坛内采三片桑叶，然后众妃嫔宫女采桑，最后，由蚕母将所采的桑叶送至蚕室喂蚕，至此，整个祭礼结束。

娱乐军事相融的田猎礼

> 田猎是古代一种具有军事意义的射猎、献获礼仪，最高统治者借助田猎，既可演习军队，显示自己的最高军事指挥权，又可表明自己重视对宗庙、社稷、神灵的祭祀，重视保护庄稼，勤政爱民的态度，还可借机满足自己射猎、出游的嗜好。

田猎，是古代的一种军礼。在农隙无事的时候，天子、诸侯行围射猎，这既是一种娱乐体育活动，也可以借此演习军事，所以，历朝历代都非常重视田猎礼仪。

田猎在我国历史上很早就有了。据记载，夏代的太康率众到济水之北田猎过程中，后羿乘机篡夺了王位。商代的田猎活动非常频繁，在卜辞中有多处记载。田猎之礼在西周时形成了制度，通常是天子六军，诸侯国三军、二军或一军，每年举行四次田猎活动，分别称为"春蒐""夏苗""秋狝""冬狩"。田猎时也有一定的礼规，如果不按礼法田猎就是暴殄天物，要受军法处置。礼法的规定是，田猎不捕幼兽，不采鸟卵，不杀有孕之兽，不伤害没长成的小兽，不破坏鸟巢。此外，围猎捕杀要围而不合，留有余地，不能一网打尽。这些礼法对于保护野生动物资源，维持自然界生态平衡是有积极意义的。田猎之礼作为一种制度流传下来，历史上的魏文帝、明帝、唐太宗、后唐庄宗、辽圣宗、金元诸帝、清圣祖（康熙）、清高宗（乾隆）等都非常喜好田猎。

之所以天子、诸侯要进行田猎之礼，是因为它有着诸多的好处，如可以为田除害，保护农作物不受禽兽的糟蹋；如捕猎所得猎物可以供给宗庙祭祀；如在这场田猎之礼中可以驱驰车马，弯弓射箭，进行和检阅军事训练；再如，田猎所获山珍野味也能用于宴飨宾客及补充天子、诸侯的家用。

春蒐

这是帝王在春天举行的田猎礼仪。

◆ 乾隆威弧射鹿图

◆ 弘历戎装骑马图

执鼓、铙、铎、镯驱赶禽兽。天子率先射猎，王公百官依次射猎。射猎结束，同样用猎物做祭品祭祀社稷。

秋狝

这是帝王在秋季时行围捕猎物、整兵讲武的活动。在中国历史上，清朝的秋狝制度最为完备。康熙二十二年（1683年）六月，清圣祖赴古北口外行围射猎，确定了木兰秋狝的制度。此后，清代大部分皇帝都要在每年秋天到木兰围猎。木兰位于承德以北四百里，此地方圆一千多里，林木郁郁葱葱，水草茂盛，各种飞禽、走兽聚集成群，是非常理想的田猎场所。

之前，负责管理疆界的虞人在猎场内要按百步三表，或五十步一表，竖立各种标志。田猎之日，大司马按标志竖起旗帜，召集、组织平民排列成形同实战的捕猎阵势。誓师结束，天子、诸侯、军将等各执形制不同的战鼓发布、传递命令，卒长执铙、两司马执铎、公司马执镯来协调参与春蒐各成员的行动。在鼓、铙、铎、镯此起彼伏的响声中，各人或急速驱赶禽兽或隐蔽向禽兽射箭。田猎结束后，各人献上猎物，祭祀四方神灵，天子主祭社稷，并犒赏有功者。

夏苗

这是指帝王在夏季时，为保护禾苗不受禽兽损害而率兵乘车射猎禽兽的活动。根据周朝制度，夏苗之前，大司马要召集参加夏苗的人员驾车列好阵势，严禁践踏麦苗。田猎开始后，不同等级的人各

冬狩

这是古代帝王趁冬季农闲时，演习军队、行围打猎的活动。周代天子的冬狩规模最大。具体仪式则与春蒐、夏苗雷同。

延伸阅读

讽谏田猎的《上林赋》和《羽猎赋》

田猎本是古代一种礼仪，其本质目的是演习军事，可是，后代很多统治者都借田猎之名而行游嬉玩乐之实，并因此而荒废政务、伤害百姓。汉武帝和汉成帝时在田猎活动中就大肆扩建园囿，当时的两位辞赋家司马相如和扬雄为了劝谏他们，在不同时期写下了《上林赋》和《羽猎赋》。虽然目的相同，但却从不同角度去写。《上林赋》借"子虚先生""乌有先生""亡是公"之口，对君王热衷于田猎造成的不良影响进行了剖析，进行委婉的讽谏。而《羽猎赋》则仔细描摹古代帝王田猎场面的壮观、声势的浩大，说明古代备受推崇的、有仁德的君主举行田猎之礼，要以不损害百姓利益，能检阅、弘扬国家的强大武备为前提，在此进行了正面的暗示。

第四讲 礼典文化篇

鸾鸣凤和的皇帝大婚礼

> 婚礼是传统社会的人生大礼，皇帝婚礼自然也是皇宫庆典中最隆重盛大的活动之一。从本质上说，皇帝婚礼是在沿袭古代礼制经典的基础上再与皇家地位相结合而形成的一种特殊礼仪。

在古代，婚礼是人生大礼，只有结婚才能"上以事祖庙，下以继后世"，因此结婚不是个人行为，是"合两姓之好"，以及繁衍后代的家族大事。古代婚姻制度是"周公六礼"，即《仪礼·士婚礼》中记载的六道仪式：纳采、问名、纳吉、纳征、请期、亲迎，这是古代士阶层的婚仪。作为一国之主的皇帝，其婚礼则更是国家大典。它不仅有"六礼"，还多了与皇家地位相关的一些礼仪。下面以清代皇帝的婚礼为例介绍皇帝婚礼与官民婚礼的不同之处。

由于皇后是从记名秀女中挑选而出的，所以，清代皇帝的婚前礼中不再行"问名"与"纳吉"礼，同时改"纳征"为"大征"，来表明婚礼的规模宏大。皇帝的婚期都由钦天监来推定良辰吉日，所以也就没有了"请期"这个仪节。此外，皇帝贵为天子，所以不可能在大婚时进行"亲迎"礼，只派遣使节先到皇后府邸对皇后进行册立，然后再把皇后迎入宫中，因而称"奉迎礼"。因此，清代皇帝大婚包括"纳采"和"大征"的婚前礼，以及"册立""奉迎""合卺""祭神"的成婚礼，"庙见""朝见""庆贺""颁诏""筵宴"的婚后礼。

皇帝大婚非常铺张，这从其"纳采"和"大征"礼中就可以看出。清代皇帝大婚的纳采礼物为配有鞍辔的文马四匹、甲胄十副、缎百匹、布二百匹，顺治朝还包括金茶筒（喝奶茶用的茶壶，民间也称为"多穆壶"）1个、银盆2个。清朝统治者以骑射与尚武为立国根本，所以在纳采礼物中把马匹、甲胄列入其中，并且占有首要的位置。赐皇后父母的金银、布匹等物

◆ 玉如意　清代

内容。"颁诏礼"是最明显的区别于官民的婚礼，即在皇帝成婚之后，昭告天下，使天下皆知，这是从国家的角度设定的一个礼仪。这之后还有一个"筵宴礼"，筵宴结束，皇帝大婚礼仪的帷幕才终于落下。

其实，这种豪华铺张、阵容庞大的婚礼并非一个朝代的每个皇帝都会举行，只有幼年即位的皇帝才能享此殊荣，而成年后才坐上宝座的皇帝，往往只是象征性地补行一个仪式而已。

◆ 光绪帝大婚图

还不在其中。

皇帝大婚与官民婚礼的另一个不同是，迎娶皇后所用的凤舆并非是与百姓一样的红色喜轿，而是帝王专用的明黄色轿，并且上面没有"喜"字。皇后乘坐凤舆入宫时，要提前在凤舆内放置御笔"龙"字。皇后头遮绣龙凤同合纹的红缎盖头，坐在凤舆内向宫中行进时，一手持金质双喜"如意"，一手持苹果，以表示平安如意。到了乾清门，皇后下轿，交出手中的如意和苹果，还要再怀抱一个金宝瓶跨过火盆，才能进到殿内，等到了洞房坤宁宫时，还要跨过马鞍，才能行真正代表男女成为夫妇的合卺礼，即喝交杯酒，表示夫妻二人同饮共食，结为一体。

洞房各礼行过之后的第二天，皇后要与皇帝一起去皇家的宗庙祭祀，这就是"庙见"，目的是求得祖先神灵的接纳。"朝见"是选择吉日到慈宁宫拜见皇太后的礼仪。由于皇帝大婚是国家的重大庆典，所以王公大臣都要叩拜在丹陛之下进献贺表，"庆贺礼"就以宣读贺表为主要

延伸阅读

清代选秀女制度和后宫制度

清代皇后的确立通常有两种形式，一种是从某一满蒙贵族家的女儿中直接指定，如顺治、康熙皇帝都是如此；另一种是在八旗家的女儿中选择秀女后再通过复选指立。据《大清会典》记载，清宫每三年从八旗子弟中挑选一次秀女，各旗13~17岁的女孩都要造册上报，并送到顺贞门待选。初选通过的秀女，称为"记名秀女"。等到皇帝预计举行大婚典礼的当年，再对"记名秀女"进行复选，其中一人被指立为皇后，其他人被指为妃、嫔等。这些被指定的秀女在指认当天回到娘家府邸，等待举行仪式时再被迎入宫中。

中国历代帝王的后宫中都有很多佳丽，清朝也不例外。到康熙皇帝之后，后宫制度完备。皇帝的正妻称皇后，统辖六宫。以下是皇贵妃1人，贵妃2人，妃4人，嫔6人，分居东西12宫，辅佐皇后主内治。嫔以下还有贵人、常在、答应3级，都无定额，随居东、西各宫，勤修内职。尽管制度非常严格，但是各朝妃嫔数目的多少实际上并未完全按照规定执行。

天子万年的生日礼

> 皇帝的生日自唐代开始逐渐演变成为一个全国性的节日,并在不同时代形成了不同的庆贺方式,这似乎也在表明,皇权领域内的"自我"意识日渐增强。

在我国,皇帝的生日作为节日有了庆贺活动开始于唐代。唐代之前,皇宫中并没有皇帝生日的大庆典礼。

贞观二十年十二月的一天,唐太宗对长孙皇后的哥哥长孙无忌说:"今日吾生日。世俗皆为乐,在朕翻成感伤。诗云:哀哀父母,生我劬劳。何以劬劳之日,更为燕乐乎?"但是,在80多年之后,唐玄宗却志得意满地接受了宰相源乾曜和张说的奏请,以他的生日为节令。张说等在给玄宗的表上说:"臣闻圣人出,则日月记其初;王泽深,则风俗传其后。故少昊著流虹之感,商汤本玄鸟之命……伏惟开元神武皇帝陛下二气合神,九龙浴圣。月惟中秋,日在端午。常星不见之夜,祥光照室之朝,请以为千秋节。"玄宗愉快地提笔作诏,应张说等人的请求,将自己的生日定为千秋节。八月五日千秋节那天,唐玄宗在花萼楼下宴请了百官,大陈歌乐。天下各州也都休假三天进行宴乐活动,并将此编入律令。

第二年的千秋节,唐玄宗再登花萼楼,百官献贺。在欢庆宴会上,玄宗赐四品以上官员金镜珠囊、缣彩,五品以下官员束帛。为庆贺千秋节,唐玄宗还创作了大曲《千秋乐》和《千秋子》。

实际上,皇帝的生日名称有很多,唐玄宗时叫"千秋节""天长节",后来肃宗生日就又名"地平节",此外还有"成节""嘉会节"之名;后晋名"启圣节";后汉名"嘉庆节";后周名"天清节";宋代名"长春节""乾明节""寿宁节""承

◆ 古代寿礼中的寿屏

◆ 康熙御赏万寿图

天节""乾元节""寿圣节""同天节""兴龙节""天宁节""乾龙节";辽代名"千龄节";金代名"天寿节";元代"名圣节",清代名"万寿节"。可以说,大多数皇帝的寿节名称都不相同。不仅名称不同,庆祝的礼仪活动也因时代的不同而有所变化。

唐代时道教盛行,所以普遍采用宗教活动来庆祝生日。皇帝生日时,当天在三殿设置座席,让和尚和道士前来讲法论道,在座的还有内官和翰林学士以及驸马等人。论道结束后,皇帝还要给和尚、道士一些赏赐,文武百官要齐集紫宸殿向皇帝致贺。

到了宋代,皇帝的生日庆典已经制定了十分细致的仪式。宋徽宗时,皇帝先在垂拱殿接受亲王为首的群臣们进寿酒,然后又到紫宸殿接受百官上寿。百官面对皇帝行三十三拜礼,而正旦朝贺十九拜,冬至朝贺十二拜,均低于皇帝寿节之拜数。宰相代表群臣上殿,捧觞祝皇帝万寿。皇帝赐百官茶汤。同时还有繁琐的教坊艺人绵绵不绝的歌舞。

元代、明代也各有自己的庆典,但是,在众多的皇帝生日庆典中,清代皇帝寿典的繁盛超过了任何朝代,尤其以康熙六十寿典与乾隆八十寿典最为盛大。

在清代,皇帝生日前后不能处决犯人,生日当天还禁止屠宰。当日五鼓后文武百官到太和殿左右朝贺,皇帝在中和韶乐中身着礼服升太和殿,随后按顺序分别进行奏乐、拜位等活动,最后王公大臣要进献寿礼。"寿礼"通常都很讲究,多为如意、盆景、钟表、插屏、漆器、织绣等精美的工艺品,内容以福、寿、吉祥为主题。献完寿礼后,皇帝要赐宴群臣。其"寿宴"共有热菜二十品,冷菜二十品,汤菜四品,小菜四品,鲜果四品,瓜果、蜜饯果二十八品,点心、糕、饼等面食二十九品,共计一百零九品。寿宴长达四个小时。

皇帝个人庆典的节日化以及隆重铺张化,都显示了掌握皇权的封建统治者更多的自我意识。

延伸阅读

《崇庆皇太后万寿盛典图》

崇庆皇太后是乾隆皇帝的母亲,在她60岁(1751年)、70岁(1761年)、80岁(1771年)时,乾隆皇帝都为她举行了隆重、盛大的祝寿典礼。其中在60大寿时,乾隆皇帝还特地命供奉内廷的画家绘制了《崇庆皇太后万寿盛典图》,以记载当时的盛况。原画正图应当有四卷,画的是皇太后车驾一行从清漪园(即后来的颐和园)出发,顺长河经海淀,过西直门外的高梁桥,然后进入京城西北的西直门,经新街口、至西四牌楼,过西安门、北海金鳌玉栋桥,进入北长安街,穿过紫禁城的西华门,最后抵达皇太后居住的慈宁宫的沿途热闹场面。画面都是繁华异常的街景,人物众多,画中可以看到沿街所搭的许多戏台、彩楼,以及仿西洋式的建筑。

第四讲 礼典文化篇

精致豪奢的御膳礼仪

> 御膳礼仪是宫廷礼仪中比较重要的一种，它虽然具有个人色彩，却受专门的管理机构掌控，虽然是一种日常化的举动，但是却有一套精致而豪奢的礼仪。

御膳，顾名思义，就是帝王世族所享用的饮食。虽然历代宫廷中的御膳风味不尽相同，但是，有一点是公认的，那就是中国历代帝王对口腹之欲都非常重视。他们凭借着皇位这至高无上的地位和皇权这有无比威力的权势，不仅役使世上各地各派名厨，聚敛天下四方美食美饮，形成了精致豪奢的御膳风味特色，而且，还形成了一套同样精致豪奢的御膳礼仪。

关于御膳，早在周代就已经受到了重视，并有了礼制上的规定。周代统治阶层非常重视饮食与政治之间的关系，他们希望通过宴饮，强化礼乐精神，维系统治秩序。《诗经·小雅·鹿鸣》就描写了周王与群臣嘉宾欢宴场面。

场面豪奢

在古代，无论是天子宴请宾客还是天子独自进膳，其场面都非常豪奢。在周代，御膳的种类与规格就已经比较复杂了。御膳席分为私席和官席。私席是亲友故旧之间的聚宴，通常设在天子或国君的宫室内。官席是指天子、国君招待朝臣或异国使臣而设的筵席，这种筵席规模通常是非常盛大的。

不仅天子宴请宾客时场面豪奢，皇帝个人御膳的豪奢场面也一点不逊色，比如乾隆十二年十月初一晚膳的单子上写着如下内容："万岁爷重华宫正谊明道东暖阁进晚膳，用洋漆花膳桌摆。燕窝鸡丝、香蕈丝、白菜丝、镶平安果一品，红潮水碗；续八鲜一品，燕窝鸭子、火熏片馅子、白菜、鸡翅、肚子、香蕈；合此二品，张安官做。肥鸡、白菜一品，此二品五福大珐琅碗；肫吊子一品，苏脍一品，饭房托场澜鸭子一品，

◆ 皇帝用膳时的餐桌摆设

◆ 慈禧太后油画像

野鸡丝酸醒菜丝一品，此四品铜珐琅碗；后送芽韭炒鹿脯丝，四号黄碗，鹿脯丝太庙供献；烧麢肉、锅溻鸡丝、晾羊肉攒盘一品，祭祀猪羊肉一品，此二品银盘。糗饵粉一品，象眼棋饼、小馒首一品，黄盘；折叠奶皮一品，银碗。烤祭神糕一品，银盘；酥油豆面一品，银碗；蜂蜜一品，紫龙碟；拉拉一品，二号金碗，内有豆泥，珐琅葵花盒；小菜一品，南小菜一品，菠菜一品，桂花萝卜一品，此四品五福捧寿铜珐琅碟。匙箸、手布安毕进呈。随送粳米膳进一碗，照常珐琅碗、金碗盖；羊肉卧蛋粉汤一品，萝卜汤一品，野鸡汤一品。"皇帝御膳的豪奢由此单子也可见一斑了。

严格精致的礼仪

皇帝吃饭，有专门的叫法，或叫"传膳"，或叫"进膳"，或叫"用膳"等，这是因地位高贵而特定的一种礼仪。

每到吃饭的时候，皇帝命御前侍卫开始"传膳"。负责御膳的大小官员，就立即命令有关的大大小小太监在用膳的场所布置膳桌，将预备好的饭菜迅速从御膳房抬来，按照传膳的规定布菜。每道菜盘上都会摆着一块小银牌，据说只要饭菜中有毒药，银牌就会变黑。看了银牌后，皇帝还会叫随侍太监先把每样饭菜尝一点，这叫"尝膳"。皇帝的近臣和太监对此都非常熟悉，往往会主动"尝膳"，以求皇帝放心。

不仅用膳之前的礼仪非常严格细致，御膳在选料上也有严格的规定，如《礼记·内则》中说周天子"不食雏鳖。狼去肠，狗去肾。狸去正脊，兔去尻，狐去首，猪去脑，鱼去乙，鳖去丑"（《礼记·内则》）的要求。再如，清代御膳房煮饭做菜用的水，都是从北京西郊玉泉山专门运来的泉水。

总之，皇宫中的御膳无论在质量上、数量上，还是在礼仪上都是异于常人的、既奢华又精致。

延伸阅读

慈禧太后的御膳

慈禧太后是中国历史上执政时间最久的"女皇帝"，她也是有名的"奢侈太后"，在她看来，用膳不仅是享受美味，更是权贵的显示。

慈禧太后当政时期，每日两顿正餐，根据规定要上100种不同的菜肴。传膳前，厨房将菜肴装入膳食盒，放在廊下几案上。盛菜的用具是木制淡黄色膳盒，下面附有锡座，座内有热水，外包棉垫，能保温一段时间。传旨进膳，小太监们各将膳盒搭在右肩上，依次入内，由内侍太监接膳盒，将菜肴摆上膳桌。总管李莲英先用银筷试尝。用膳时，慈禧的眼光看向哪里，服侍的太监就将那道菜端至跟前。慈禧每餐尝过的菜至多也不过三四品，剩下便在她用膳结束后全部撤下，或者当即扔掉，或赏赐女官、宫女、高级太监等。

第四讲 礼典文化篇

居处建筑的礼仪性

礼仪作为一种意识形态，它制约着人们的生活方式、伦理道德、生活行为、思想情操等，可以说，"礼"影响着古人生活的方方面面，即使居处建筑上也有着深深的礼制烙印。

居处建筑原本就是人们求得遮风挡雨的地方，但是，随着文明的发展，它逐渐有了思想的印痕，成为人类文明创造的成果。当人类社会分出尊卑贵贱后，居住的处所也成为体现这种尊卑贵贱思想的标志，最终形成了礼制下的建筑。从此，无论建筑的规格式样发生怎样的变化，在帝王与臣民、贵族与庶人之间始终存在着一条明确的界限。模糊或者超过了这条界限，就是"越礼逾制"。

礼仪制度在居处建筑方面不仅体现在住宅名称、方位、间架、高度、屋顶、彩饰上，即使是室内陈设、家具、帐幔、被褥等，也有等级的限制。

住宅名称：在古代，只有皇帝的住宅才能称宫，其他人按等级可分别称为府邸、公馆、第、宅、家。如果违背这一礼制规定，就会受到处罚。据说，宋朝有个赵舜辅，他与皇帝有些远亲。此人生平最崇拜苏东坡，家里楼阁轩台都从苏东坡诗文中选取词句命名。有一年，他在自家花园里造了一座亭子，因为亭子周围都种满了芍药，就借用苏东坡一首诗中"芍药殿余春"的句意，给这座亭子取了一个"殿春亭"的名，并制了一块横匾挂在亭子上面。有个同僚曾与他有宿怨，就将这块匾从左向右倒读成"亭春殿"，借机诬告他违礼僭越。结果赵舜辅受到了降职处分。

建筑方位：中国传统方位观念认为，居中面南为尊，面东、西者次之，面北者最低。所以，皇宫殿宇不但位置方向有规矩，所谓背阴向阳以面南为尊，而且高低形制和图案色彩等都各有差别，并按宫门、殿门

◆ 汉代长安城南郊礼制建筑复原图

南北相应在同一个轴线上，以突出中央尊贵的地位。在家庭住宅中，尊位是长辈、家长所在的正房或上房；两侧是晚辈子媳所在的厢房或偏房。

◆ 顺治帝孝陵石牌坊

建筑式样：古人住宅的大小、高低和间数也因人的尊卑贵贱而各有不同。《礼记·礼器》中规定房屋"以高为贵"，具体是"天子之堂九尺，诸侯七尺，大夫五尺，士三尺"。此后历代相沿，民居不能高于皇居。在房屋数量上，唐、明两朝的相关规定最为详细。如明代规定了天子居住的故宫有宫殿"凡为屋九千九百九十余楹"，而亲王府邸可以有八百余间，郡王室屋仅数十间。

装饰造型及色彩：周朝的礼制规定，修建天子的居室时，椽子应该削平，先粗磨，再细磨，使其光滑发亮；诸侯可以粗磨，大夫只能将椽削平，士则只能削削椽头罢了。起源于汉代的藻井是一种位于殿堂天花中央的正方形、圆形或多边形，凹面上有各种花纹、雕刻和彩画的木制装饰物。最初用于装饰皇室宫殿。南北朝时开始延及寺院殿堂的装饰中。唐代的《营缮令》规定："王公以下，凡有舍屋不得施重栱、藻井。"除此之外，内外檐装修、屋顶瓦兽、梁枋彩绘都有严格的限定。甚至门环，也硬性规定了铜环、锡环、铁环三级，人们按身份等级采用。就颜色而言，总的来说是黄色为尊，其下依次为：赤、绿、青、蓝、黑、灰。宫殿用金、黄、赤色调，而民居却只能用黑、灰、白为墙面及屋顶色调。因此，"朱门"就成了贵族豪门的标志。

在世界建筑体系中，基于礼的需要而形成建筑等级制度，可以说是中国古代建筑的独特现象，它对中国古代建筑体系产生了极为重大的影响。

延伸阅读

礼制性的建筑小品——阙、华表、牌坊

阙、华表、牌坊是古代建筑中装饰性的小品，但它们也体现着礼的规定性。

阙，是古代用于标志建筑群入口的建筑物，多建于城池、宫殿、第宅、祠庙和陵墓之前。它最初是用来显示威严，并供守望用的建筑，后来逐渐演变为显示门第、区别尊卑、崇尚礼仪的装饰性建筑。

华表，是成对的立柱，起标志或纪念性作用。起源于原始社会部落的图腾竿子，以后演变为立于亭隅、桥头、墓前起标志作用的东西，是一种建筑化的仪仗，有效地起到表崇遵规、显示隆重和强化威仪的作用。两汉时称为"桓表"。

牌坊，又称"牌楼"，它由具有防范功能的实用性牌门脱胎演变成了具有标志性、精神表彰性的牌坊，既用于离宫、苑囿、寺观、祠庙、陵墓等大型建筑组群的入口前导，起到显示尊贵身份，丰富建筑组群层次，强化隆重气氛等作用；也用于街市的起点、十字路口、桥梁端头，起标志位置、丰富街景、突出界域的作用。

阵容庞大的卤簿仪仗

卤簿是使用于祭祀、朝会、外出和行幸等过程中的仪仗。它在我国起源很早,并在历史的发展中不断完善。卤簿仪仗保护着皇族和达官贵人的安全,也是他们威仪的体现。

元代有一个著名的散曲作家叫睢景臣,他写的《般涉调·哨遍·高祖还乡》中描写了汉高祖刘邦衣锦还乡时的情景,其中有下面几段文字:

见一彪人马到庄门,匹头里几面旗舒:一面旗,白胡阑套住个迎霜兔;一面旗,红曲连打着个毕月乌;一面旗,鸡学舞;一面旗,狗生双翅;一面旗,蛇缠葫芦。

红漆了叉,银铮了斧。甜瓜苦瓜黄金镀。明晃晃马镫枪尖上挑,白雪雪鹅毛扇上铺。这几个乔人物,拿着这些不曾见的器仗,穿着些大作怪衣服。

▲ 北宋皇室大驾卤簿图

这几段文字其实描写的是刘邦的卤簿仪仗,虽然经一个见少识浅的农夫之口调侃得很谐趣,但是,还能看到当时卤簿的一些情况。

卤簿,即现在所说的仪仗队。"卤",本义是外蒙皮革用来御敌的大盾牌,后来引申为铠甲兵器。君王出行,前后左右都有卫士按照一定的次序手持兵器保护,而这一切都要按顺序记在簿册上,所以,这些就被称为"卤簿"。

卤簿仪仗是我国封建社会帝王制度的重要组成部分,它起源于先秦,形成于秦汉,完备于唐宋,鼎盛于明清。

卤簿仪仗包括不同形式的车舆、服饰、礼仪用旌旗、器物、武器等,历代王朝都制定了一套繁缛的卤簿仪仗制度。如清代的卤簿分为大驾卤簿、法驾卤簿、銮驾卤簿和骑驾卤簿四种。其中大驾卤簿用于祭天等国之大典,等级最高。法驾卤簿,用于朝会和太庙祭祖;銮驾卤簿,用于平时出入;骑驾卤簿,用于行幸。

皇帝卤簿的阵容非常大,我们可从唐

代皇帝出行卤簿仪仗中管窥一豹。

唐代天子大驾出行时，侍中、中书令以下各官夹侍路前，万年县令为先导，其次为京兆牧、太常卿等官，皆带和自己品级相配的卤簿；其次是由左右金吾卫大将军各一人，带弓箭横刀率领的清游豫；其次是朱雀队，带指南车、记里鼓车、白鹭车、鸾旗车、辟恶车、皮轩车等，皆由四匹马载行；其次是鼓吹，包括太史监、书令史等若干人；其次是持极前队，有御马二十四匹，每马由二人驾驭；其次是由数人骑马护持的左青龙、右白虎旗队；其次为左右卫果毅都尉，各率卫士若干人；其次为左右卫将军，各率兵若干；其次是左右厢，由中郎将统率兵士若干；其次是玉辂，驾六马，由太仆卿驭之，此外有驾士三十二人；其次是卫门旗，由二人执，四人挟护，另有卫士数十人；其次是大伞二，难尾障扇四；其次是殿中少监及诸司供奉官以及御马；其次是后持极队、玄武幢；其次是后黄麾，殿中侍御史、太角、方辇、左右武卫五牛旗舆；其次是黄门令、门下、中书、秘书、殿中等省局官员；其次是左右威卫折冲都尉各一人，各统率兵士数百人；其次是诸卫马队；最后是玄武队，有卫士若干。凡是御驾到达某地，将军立在路的右边，侍中奏"请降辂"，天子出，伞、扇、华盖、侍卫等随行。这样的仪仗往往逶迤数里，前后互相看不见，规模非常庞大。因此，除非有重大典礼，一般不用大驾。

在古代，不仅皇帝、皇后、太后、皇

◆ 贵族出行仪仗图　西晋

太子、诸王、公主等有卤簿，公卿以下的文武百官出行时也都有规模、形制大小不等、式样各不相同的卤簿仪仗。各代根据具体情况也略有不同。卤簿仪仗除了谨慎、戒备以防不测之外，因其威仪煊赫，能令人生畏，所以也能使这些达官贵人安全、顺利地通过街衢到达目的地。

延伸阅读

闯入仪仗队里的苦吟先生

古代官员出行需要预先"清道"，老百姓看见仪仗队来了，就必须回避。不仅普通百姓要回避官员，职位低的官员也要让着职位高的官员，即贱避贵，卑让尊。如果有人挡路或者冲犯了仪仗队伍，是要被治罪的。

唐代有一位著名的诗人贾岛，人们称他"苦吟先生"。他有两次都因为在路上专心作诗而误闯进了官员的仪仗，但两次的待遇却是不同的。第一次，他骑在驴上做诗，得了一句"僧推月下门"，但又想把"推"字改成"敲"字，就一边走一边比划着琢磨。结果不觉之间冲进了当时的京兆尹（都城市长）府尹、大诗人韩愈的仪仗里，当场被韩愈的左右拿下，押至韩愈面前。韩愈问明情况后，想了想说："'敲'字好。"二人从此结为诗友。但是，贾岛第二次误闯仪仗队就没有如此的幸运了。他也是在作诗过程中，闯入了好讲排场的官员刘栖楚的仪仗队中，当时他就被抓起来投入狱中。

尚左避尊的乘车礼仪

中国是最早使用车的国家之一。当车成为一些人的专属用品时，车便具有了因人而带来的身份地位标志，讲究乘车礼仪也就成为一种必要。

车、轿等原本只是人们为了生活方便而发明的交通工具，但是，在等级森严的古代社会，它们却逐渐附带上了尊卑贵贱的标志，从此，什么身份的人可以同乘一辆车，在什么样的场合应该乘坐什么类型的车，拉车的牛马是几匹，抬轿的人数是几个，车身轿身该装饰何等样的花纹……这些问题随着产生而被规定下来，这些规定就是后来的乘车礼仪。

乘车姿势

上古时期，人们都是站着乘车的。《礼记·曲礼上》记载："妇人不立乘。"可见男子大都是立乘。乘车的位置是舆的前部、轼木之后。站在车上，眼睛要看车前十六步半的地方。凭轼时，目光只看到马尾。回头看时，目光不超过车轮中心。据说，孔子就很讲究乘车姿势。乘车过程中，如果遇到尊者，要行轼礼，即用手扶轼（车厢前栏板上的横木），躬身低头看着马尾，来表示敬意。

不可僭越

由于车已经成为等级制度的一个部分，所以历代都对车服品级制度作出了规定，任何人不得僭越，因为僭越即是违礼。据说，汉文帝曾乘车去拜见母亲，让宦官赵谈参乘。郎中官袁盎看到后，伏在车前进谏说："我听说天子只能同天下的英雄豪杰同车共乘，现在我们汉朝虽然缺乏人才，您也不能同宦官同车共乘啊！"于是汉文帝就让赵谈下车了。

不可降低标准

乘车时不可僭越身份地位，这本无可非议。但在古代，如果该乘车而不乘也是

◆ 战车复原图　春秋

◆ 东汉铜轺车

违背礼制并要受到惩处的。东汉时，巨鹿太守谢夷吾曾经只带了两名随从，乘坐简陋的柴车，到所属小县督促春耕，他原本想要俭省，没想到竟然以"仪序失中，有损国令"的缘由遭到弹劾，进而受到了降职处分。由此看来，朝廷更看重的是统治阶层的威仪。

乘车位次

古人乘车尚左。《历代社会风俗事物考》卷八中说："古人尚右，独乘车尚左，所以然者，古乘车横长，而立乘，故尊者须人护持，而御者立于当中，尊者居左，骖乘从右扶持之，其势顺，易置则不顺也。若兵车则御者居左，元帅居中。兵车法，将居鼓下，故御者在左。"这段话很详细地解说了古代乘车礼仪中的位次问题。也就是说，古代一车三人，其中尊者在左，御者在中，车右在右。如果车中尊者是国君或主帅，则居于当中，御者在左。车右又叫"骖乘"，他的任务是或者执戈御敌，或者在车遇险阻时下车排除障碍、推车。车右通常都是勇武而有力的人，如《鸿门宴》中沛公的骖乘樊哙，因其勇武甚至得到了项羽的惺惺相惜。

遇尊下车

《礼记·曲礼上》规定君子乘车，如果经过卿的朝位就要下车，这是一种礼仪。春秋时，卫灵公与夫人夜坐闲谈，听到有辚辚的车声自远而近，到宫门阁柱下就停了，过了阁柱却又响了起来，且车声渐渐远去。卫灵公夫人说这一定是蘧瑗，卫灵公很奇怪，问她怎么知道。卫灵公夫人说，礼制规定，过国君的门要下车，见国君的马要扶轼，蘧瑗是卫国有名的懂礼的贤才，绝不会因为黑夜中别人看不见，就不行这个礼的。灵公派人出去打听，果然刚才是蘧瑗。

唐宋以后，轿子逐渐成为一种新的交通工具，于是有了乘轿礼仪，并因为车轿的丰富、人员等级关系的复杂而礼仪也更加繁冗。但最基本的还是脱不开以上几种。

延伸阅读

奚仲造车

我国在很早就发明了车。《荀子·解蔽篇》中记载："奚仲作车乘"。后人注解说："黄帝时已有车服，故谓之轩辕。此云奚仲者，亦改制也。"这就是说，车的产生并非一朝一夕之功，它有一个相当漫长的过程。最初可能是用徒手搬运重物，后来发展至用圆木棍垫在下面拖拉重物，从而导致车轮和车的发明。最初的车轮由一块整木制成，称为"轮"。以后逐渐发展成有辐条的轮子。据说，黄帝时期就已经有了车的雏形，奚仲只是对它进行了改良，并安排专门的官吏监督制造，所以，人们就传说"奚仲造车"。无论如何，车的发明都是人类文明前进的标志。

第五讲
生活礼仪篇

早生贵子的求子礼

> 古代婚姻本身就蕴含着繁衍生殖的自然思想，随着社会的进展，儒家更将婚姻后传宗接代上升到伦理道德的阶段，因此，古人有婚后求子的礼俗便也顺理成章。

诞生礼仪的主角是母亲和婴儿。就母亲而言，早在婚礼中就已经洋溢着人们对新娘早生贵子的祈求和祝福，这是美好的期待。从另一个角度看，儒家非常看重子女之"孝"，认为"不孝有三，无后为大"，这就把已婚女子无子的问题提升到伦理道德的高度，没有人愿意承担"不孝"的罪名。而且，在《仪礼》中就有了关于女子"七出"的说法，也就是说如果婚后无子，夫家便可以此为由休掉妻子。

◆ 送子观音菩萨像

在男权社会中，没有女性能够承受这种精神压力。所以，无论主观还是客观，无论新婚妻子还是夫家、娘家都对已婚女子的怀孕怀着急切的期待心理，并由此产生了很多求子的礼俗。

拜神求子

古代，女子婚后往往由年长女眷带领前往寺庙参拜"送子娘娘"，希冀早赐子嗣。参拜娘娘的具体时间没有规定，但一定要虔诚恭敬。寺庙中"送子娘娘"安详端坐，怀抱娃娃塑像。求子的妇女摆上香果供品，拈香跪拜祷告，请求送子娘娘赐子。然后掷"信杯"，若是"吉卦"，表示送子娘娘已经愿赐子于她，即将事先准备好的小衣裳给送子娘娘怀中的娃娃穿上，然后再拜。日后确实怀孕了，还要来拜谢。除了向送子娘娘求子外，山东一带则崇拜碧霞元君，又称"泰山奶奶""子孙娘娘"；广东一带崇拜金花夫人；东北地区崇拜张仙，俗称"张仙送子"；闽浙一带则又崇拜陈靖姑……这些都是百姓心目中的生育神。人们希望通过祈神,达到怀孕的目的。

在拜神求子的仪式中往往还夹杂着一些巫术行为,如在神案上拿一个泥娃娃,称为"偷子";还有的则在泥娃娃的生殖器上抚摸一番,或是刮下、掐下一些泥巴带回家冲水服用等。泥娃娃可能发端于女娲抟黄土造人的传说,后人就用泥娃娃来象征真娃娃。

食瓜求子

清末民初徐珂编撰的《清稗类钞·迷信类·食瓜求子》一条记载:"中秋夕,徽州有送瓜之俗,凡娶妇而数年不育者,则亲友必有送瓜之举。先数日,在菜园中窃冬瓜一个,须不使园主知,以彩色绘人之面目,衣服裹其上,举年长者抱之。鸣金放炮,送至其家。年长者置冬瓜于床,以被覆之,口中念道:'种瓜得瓜,种豆得豆。'"受瓜者设盛宴款之,"若喜事然,妇得瓜则剖食之"。之所以认为送瓜、食瓜可以生子,这大概与原始人类不了解生育的科学道理,于是就产生了——与生殖器官相类似的动植物都会给女性带来生育的希望。

灯节求子

灯节求子可以说是一种集体求子的风俗了。通常在正月十五月圆之夜,平时难得一见的新妇都穿上新衣,打扮得花枝招展,由家中姑嫂陪同到寺庙观灯。大多数人都是抬头欣赏灯,她们却是在一盏盏花灯下挤来钻去。有些顽皮的孩子们会喊:"钻灯脚,生男芭!钻灯脚,生男芭!"观者听了大笑,新妇和姑嫂听了也会内心充满喜悦。为什么会有灯节求子的礼俗呢?这是因为中国民俗语言讲究谐音,按照中国人的民俗观念,"灯"与"丁"谐,因此灯就含括了"子"的寓意。

在我国古代,求子的礼俗因地域的不同而有了不同的形式,比如说麒麟送子、比如说佩戴"男钱"、佩戴萱草、佩戴产妇的红腰带等装饰可以得子。无论何种礼俗,都是人们内心传宗接代这一传统思想的真实体现。

◆ 麒麟送子

延伸阅读

麒麟送子

"麒麟送子"是我国古代的一种求子礼俗,后来形成了一种文化。之所以会有"麒麟送子"这一礼俗,在古代有两个相关的传说。第一个与我国伟大的思想家、教育家孔子有着一定的渊源。据说,孔子降临人世时,有一麒麟在他家的庭院里,口中吐出一本玉书。另一个传说是,有一位很善良但年纪挺大仍无子的画家,非常善画麒麟。有一天晚上,他做梦自己正沉醉于对麒麟的描画时,突然看见麒麟背上大放金光,并驮着一小孩向他走来。梦醒之后,果然得子。

由于这种传说,再加上在中国文化里,麒麟为仁兽,是"吉祥"的象征,是神圣的动物。《论衡》记载:"麒麟,兽之圣也。"《礼记·乡饮酒义》也说:"产万物者,圣也。"圣者是可以产万物的,当然也可以产人了。

在我国,"麒麟送子"也成了一种文化,不仅有《麒麟送子》图,而且其图案也成为民间艺术品如刺绣、陶瓷器、年画、漆器等常见的主题之一。

第五讲 生活礼仪篇

喜忧相伴的妊娠礼

> 当新妇终于如愿以偿地怀孕后,她在心理和生理上都会发生一些变化,为了保证胎儿安全降生,人们为妊娠期间的孕妇规定了很多礼俗,显示了人们对生育之事的重视。

在形形色色的求子活动中,新妇终于怀孕了。这是两性结合的结果,也是一个新生命的开始。从知道怀孕的那一刻起,孕妇和家人心中就充满着种种谜团:在重男轻女的社会里,胎儿是男还是女呢?在医学不发达的当时,分娩是一件重大的事,很有可能伤及两条生命,那分娩时会是顺产还是难产呢?这个新生命日后是否会成大器?是光宗耀祖还是败坏门楣?……这些问题都出现在孕妇的思想中,再加上怀孕后,家人对她的态度有所变化,所以,孕妇的心理会发生一些变化,为了不致造成对新生命的不良影响,人们就有了以下一些礼俗来安慰孕妇及其家人。

礼敬胎神

古人不知道胎儿是如何孕育而成的,也不知道为什么有些胎儿能顺利产出,有些胎儿却可能中途流产或死胎等,就把这些想象成是超人的神灵作用的结果。经过历史的演变,这种超人的神灵就被想象成为一个具体有形的"胎神"了。"胎神"是专管胎儿的神灵,通常活动于孕妇的周围,具有保佑胎儿和伤损胎儿的双重作用,如果触犯胎神,胎神就会通过伤害胎儿来报复人类,所以胎神又被称之为"胎煞"。古人还认为,胎神能与胎儿的魂魄交感,它按一定时刻有规律地出现在孕妇周围的固定方位,或者附着于某些物体上。如四月和十月,胎神的位置就在厨房,这期间,孕妇就不能在厨房淋水,以免触犯胎神。

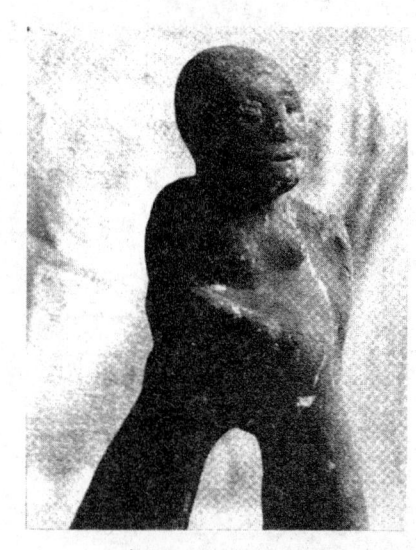

◆ 北魏石雕孕妇

◆ 百子图

有些地方的人，甚至根据"五行"相生相克的原理，认为中方戊巳土最为庄重朴实，并能制、能生、能助万物，所以就想象出以"土"来镇"胎神"。这就是有些孕妇睡眠的床下会有一块"土结"（建筑用的土制坯块）的作用。

饮食滋养与禁忌

在古代，婆媳关系通常都比较紧张，但是，一旦媳妇怀孕，做婆婆的往往会看在未来孙儿面上，对媳妇多加照顾。在饮食上有两方面的关照。一面是特地给孕妇吃鲫鱼汤、鸡蛋、白煮蹄膀、小米粥等滋补的食物，另一方面，也有许多饮食禁忌。如不吃兔肉，因为东汉王充《论衡·命义》中说"妊妇食兔，子生缺唇"，认为兔唇与吃兔肉有关系，再比如说忌吃狗肉，否则孩子爱咬人；忌吃驴肉，否则孩子有"驴性"，脾气倔不听话；忌吃螃蟹，否则会难产；忌吃葡萄，否则会生葡萄胎，等等。

日常起居礼俗

古人把胎神看得很神圣，所以对孕妇的日常起居进行了很多礼俗的规定。如孕妇是不能在野外守夜的，因为夜晚野外多鬼祟，恐鬼煞的邪气伤害胎儿。孕妇也不能采摘瓜果，因为这会预示胎儿早产。孕妇不能参加丧葬，因为丧葬是凶事，"凶冲喜"会对胎儿不利。有的甚至还认为死人的阴魂可能会扑到孕妇身上，从而使母婴受害。孕妇不能参与婚娶，因为古人认为孕妇是不洁净的，而且还有"喜冲喜"的忌讳。孕妇不能接触神事，因为人们认为妇人的不洁会亵渎神明，孕妇更是如此，因此孕妇不能靠近神龛巫祝，不能参与祭祀，否则会污染神地，冒犯神祇。类似的礼俗还有很多。

以上看似纷繁复杂的礼俗，在客观上都起到了一个作用，那就是给孕妇提供一个清静悠闲的生理、心理环境，顺利孕育新生命。

延伸阅读

古代胎教文化

我国胎教文化起源很早，殷周时期就有有关胎教的记载。相传周文王的母亲在怀文王时由于她做到了目不视恶色、耳不听淫声、口不出拙言、坐立端正、以身胎教，因此文王生而贤明，深得人心。

不仅一些统治者重视胎教，很多思想家、教育家、医学家也都很重视胎教。如孟子的母亲曾说："吾怀妊是子，席不正不坐，割不正不食，胎教之也。"明代一位医生也认为"妊娠以后，则需行坐端严，性情和悦，常处静室、多听美言，令人诵读诗书，陈说礼乐，耳不闻非言、目不观恶事，如此则生男女福寿敦厚、忠孝贤明，不然则生男女鄙贱不寿而愚顽"。

虽然不同时期有不同的胎教思想，但是，其中的大多数都在强调孕妇的精神品德修养对胎儿的影响。

第五讲　生活礼仪篇

预祝吉祥的催生礼

> 分娩之前的"催生礼"在宋代就已经产生了。清朝末年,在有些地方仍然可以看到这种礼俗。"催生礼"体现的是孕妇家人对孕妇平安顺利生子的期盼。

在清末民初有意识且自觉反映社会变迁风貌的小说李涵秋的《广陵潮》中有这样一段话:

忽然红珠笑嘻嘻走进来向他说道:"姐姐家里着人催生来了,你何不往里面看一看热闹呢?"云麟听见这信,当下便携红珠匆匆入内。果真桌上摆了两个朱红漆描金的托盘:一个盘内盛着小孩子的鞋帽和十几套衣服;一个盘内盛着小孩子的几件装饰品,什么金锁金镯呀,金帽子金帽索呀,黄铮铮地在那里放彩。

……

◆ 红蛋催生

云麟见柳氏痛得这样,未免吃了一吓,当下坐又不是,站又不是。还是陆姥姥说道:"少爷可往前面去烧烧香,祷祝催生娘娘、送生娘娘保佑少奶奶快生快养。"

以上记叙的就是当时扬州地方人家在小孩生养之前进行的"催生礼"。

所谓"催生礼",就是在孕妇临产前一个月内,娘家父母携带礼物去女婿家中慰问孕妇,促其顺利分娩并祝吉祥的礼仪。这一礼仪在宋代就已经有所记载。如宋代吴自牧的《梦粱录》卷二十"育子"中说:"杭城人家育子,如孕妇入月,期将届,外舅姑家以银盆或彩盆,盛粟秆一束,上以锦或纸盖之,上簇花朵、通草、贴套、五男二女意思,及眠羊卧鹿,并以彩画鸭蛋一百二十枚、膳食、羊、生枣、栗果及孩儿绣棚彩衣,送至婿家,名'催生礼'。"

古代的"催生礼"因民风乡情的不同而各地有各地的特色。

江苏高邮是有名的麻鸭之乡,所以当地礼物多为鸭,在"催生礼"上就送的是膘

◆ 民间有关催生娘娘的画像

肥不生蛋的鸭子，表示女儿生养顺利。

福建泉州的"催生礼"通常是鸡蛋、线面、鸡等食品，祈望外孙降生顺遂。

浙江温州在女儿临产时，母亲要送肉给女儿。肉约一寸见方，切得端正，不偏不倚，烧熟送去，当地叫"快便肉"，以为产妇吃了，临产快捷。

在广东饶平，娘家要在女儿临产前一天，将准备好的数套新生儿的衣服、鞋、帽等以及各种点心食品（如麦包、粽子、红鸡蛋等）送到婆家。婆家收下服装和大部分点心食品，退回小部分，并将收下的点心食品，分赠给其他亲友、邻居。

在安徽徽州，娘家也是在产妇临盆前将准备好的新生婴儿软帽（俗称"被窝帽"）、和尚衣（无领，无纽扣，以绳带连系的小人衣）、包裙、口涎围、小鞋袜、尿布、红枣、红糖、鸡蛋等物，于当月初一或十五送到女婿家中。最重要的是，送"催生礼"的路上还要戴伞遮天，并且不能说一句话。这是因为他们认为"催生"衣物有神灵护送，预兆日后平安，所以不能让天色人语惊扰了神灵。

不仅如此，民间还有产前甚至生产过程中祭拜"催生娘娘"的礼俗，也是希望通过家人对神灵的祈祷而使产妇顺利生产。

如此众多的"催生礼"俗，都表明生产在古代是极为重要的一件事。由于医学的不发达，以及医护人员的缺失，生产往往危及生命，于是，人们通过各种各样的方式来表达自己期盼孕妇平安生产的殷切心情。

延伸阅读

"催生娘娘"的由来

在很多庙里都供奉着送子观音、催生娘娘，关于"催生娘娘"的来历，还有一个曲折感人的故事呢。

很久以前，有一个年轻人姓崔，人们叫他"崔生"，因为他的妻子没有姓名，人们叫她"崔生娘子"。"崔生娘子"结婚后三年才怀孕，可是，生产的时候却因难产死了。她虽然已经变成了鬼魂，但她心有不甘，极为留恋人间平淡幸福的生活，所以，经常想着要重返人间。有一个老鬼卒知道她的心事后，就给她出了个主意："到天黑你就出去，看哪家妇人生孩子，只要不让她生出来，难产死了，你就可以取替身超生。""崔生娘子"由于极想回到人间，就决定试试。有一天，她看到了一个难产的产妇。但是，产妇痛苦的样子又激发了她的怜悯和同情心，她反倒想千方百计使产妇快点产出孩子。她总是说"下一次我再超生"，于是，每次她都是善良地帮忙。后来，她干脆打消了自己的那个念头，一心帮助产妇了。终于有一天，阎王爷知道了这件事，认为她挽救了阴阳不少的生命，就晋封她为"催生娘娘"。人间也为她塑像并且常常祭拜。

婴儿初生的报喜礼

> 经过求子、妊娠、催生以及痛苦的分娩过程，产妇家中终于迎来一个新生命，这种喜悦之情要与亲友、邻居分享，所以，民间又有了形形色色的"报喜礼"。

无论是在古代还是在现代，新生命的降生对一个家庭来说都是一件大喜事。这时，最重要的就是将这一喜讯传递给产妇的娘家以及其他亲朋好友，让他们一起分享这份快乐。传递喜讯的过程就被称为"报喜"礼。

在《礼记·内则》中说："子生，男子设弧于门左，女生设帨于门右。"其含义是，孩子生下来，如果是男孩，就在门的左边挂一张木弓；如果是女孩，就在门口挂一副佩巾（手帕），向人们报喜。这就是最早的报喜礼形式。

◆ 《三国演义》故事年画——东吴招亲

在古代，实行"报喜礼"的人根据各地的习俗而有不同，通常是由产妇的丈夫、新生儿的父亲亲自去报喜，随身携带的礼品也各有不同特点。

如山东的"报喜礼"包含两个内容：一个是在自家门口"挂红子"，向街坊邻居宣告自家添丁；另一个是给姥姥家送红鸡蛋，报告母子平安的喜讯。"挂红子"在各地的具体方式不同。山东郯城用红线穿上栗子、枣、染红的白果和花生，与一块一尺见方的红布一起挂在大门上。山东临沂一些地方，如果生女孩就在大门上挂一块红布，红布的下角各缀上一枚铜钱。如果是男孩，就另外再挂一张弓和三支箭。"挂红子"除了向邻里传达喜讯外，还有避邪的含义。因为婴儿刚出生，母子都十分虚弱，很容易遭到外界的伤害，红色在这里就是各种妖邪鬼怪的警戒色，也是母子二人的保护色。这两种含义形象地说明了家中最初得子时的那种又喜又怕的心情。亲朋好友前来贺喜时，也用红色来表示喜庆。赠送的小米、红糖、挂面

◆ 根雕"榴生百子"摆件

等礼品也通常用红纸包装或以红布覆盖。

在安徽徽州，婴儿顺利产出后，男家要准备水酒、红蛋送到外婆家报喜。黄酒装满壶，壶嘴朝前为男，壶柄朝前为女。外婆家的人一看便知。

在湖南，"报喜"的习俗是由婴儿的父亲带着一只大雄鸡、一壶酒和一篮鸡蛋到岳母家。如果生的是男孩，就在壶嘴插一朵红花；如果生的是女孩，就在壶身贴一"喜"字。岳母家人看后立即备宴，招待女婿和乡邻。湖南长沙的习俗则是生男孩带公鸡，生女孩带母鸡。

广东客家地区，报喜时如果生男就送黄酒两瓶，大公鸡一只；如果是女孩就送红鸡蛋7个，母鸡一只，外婆舅妗见到礼物便知所生孩子的性别。回赠的礼物称为"开生"。

在福建漳州，婴儿一出生，孩子的爷爷就去摘回一只石榴，切开，供在祖宗牌位前。这可能是因为石榴多子，而自己家又新添人丁，故在向祖宗"报喜"。

有些地方的"报喜"比较独特。如浙江余杭一带，每有一个孩子出生，就要在院头地角上种一棵枇杷树，称为"同龄树"。对于这种树必须精心培育，因为它们象征着孩子的茁壮成长。在浙江丽水，也有类似风俗，就是为新生儿造"落地林"，儿女长大后，就用这片树林的木材为他们制作婚嫁用的家具。

其实，无论何种"报喜礼"，都暗示着人们在新生命到来时的喜悦心情。从这些礼俗中也可以看出，人们对婴儿性别的关注是尤为突出的，用各种方式来向岳母家人暗示。

延伸阅读

为何报喜要用红蛋？

各地报喜风俗虽然不尽相同，但大多数地方都有分红蛋这一内容。之所以将红蛋作为喜庆的表达方式，民间传说与"刘备招亲"相关。

相传，魏、蜀、吴三国鼎立时期，东吴的都督周瑜想用假招亲、真扣留的计策，控制刘备，索回荆州。但是，他的这个计谋被聪明的诸葛亮识破了。诸葛亮就命赵云带上大量染红的鸡蛋，护送刘备去江东成亲。迎亲的人到了东吴后，见人就送上，并解释说是刘备与贵国公主孙尚香喜结良缘，与大家分享红蛋，同喜同喜，还可让吴国太明年抱上小外孙。东吴本来没有这种送红蛋的风俗，所以人们备感新鲜，结果一传十，十传百，孙刘联姻的消息很快便家喻户晓了。消息传进东吴深宫，吴国太也大喜，命令孙权立即为刘备和孙尚香举办婚事。孙权无奈，只好假戏真做，周瑜也得到一个"赔了夫人又折兵"的结局。此后，江南一带开始流行结婚分食红蛋的习俗，并且将这种风俗延伸到了其他喜庆活动中。

第五讲　生活礼仪篇

除秽消灾贺三朝

"贺三朝"是婴儿诞生礼之一，它包含射天地四方、洗三、开奶、汤饼宴等多种礼俗，蕴涵着成年人对婴儿的真诚祝福。

婴儿出生三天后，古人要给孩子举行"贺三朝"礼。之所以在出生三天时举行，根据中国人的数字观念来看，"三"是一个虚数，可以意味着很多；"三"还是一个吉祥的数字，如三星高照、三元及第、连升三级等，"贺三朝"中明显包含着人们对这个新生命的祝福。

"贺三朝"中包含的礼俗比较多，大概有"射天地四方""接子""洗三""开奶""拜床母""汤饼宴"等。

射天地四方

这是在先秦时举行的"贺三朝"礼。如果家里生的是男孩，就在三天时举行这一仪式。那天，让射箭手用桑弧（桑木制成的弓）和蓬矢（蓬蒿制成的箭）射天地四方，象征着男孩将来抱负远大，以天地四方为己任的意思。如果生的是女孩，就不行此礼。

洗三

"洗三"，又称"洗三朝""洗儿"等。这是"贺三朝"中最主要的仪式，即在婴儿诞生的第三天为他进行洗浴，含有清除污秽、消灾免祸的用意。

"洗三"礼的起源很早，大概不晚于唐代。据说，武后时有一位大臣叫张德，其妻生子三日，皇上宴请群臣以表庆祝。"洗三"礼在宋代已经很流行了。苏轼有诗云："况闻万里孙，已报三日浴。"

"洗三"与日常洗澡不同，它用的水非常讲究。一种是添加各种药。如有的地方是采集一些槐枝、艾叶，用温开水浸泡后加入花椒、草药等；有的地方加入八角。唐代"洗三"是用虎骨汤，认为以此沐浴，可以不生各种疾病等。

◆ 乾隆皇帝的"洗三"礼

在洗浴时，请有经验的接生婆边洗边唱祝词。比如，满族"洗三"时要唱："洗洗头，做王侯；洗洗腰，一辈倒比一辈高；洗脸蛋，做知县；洗陡沟，做知州。"前来祝贺的亲友拿银钱、喜果之类的东西，往洗澡盆里搁，叫作"添盆"。洗婆根据亲友所投物品不同，口念不同的吉祥话。若搁枣儿、栗子，就说"早立子儿"；若搁莲子，就说"连生贵子"，等等。

洗浴结束后，还有一项重要的仪式，即"落脐灸囟"，也就是去掉新生儿的脐带残余，并敷以明矾，熏灸婴儿的囟顶，表示新生儿就此脱离了孕期，正式进入婴儿阶段。宋代吴自牧的《梦粱录》卷二十"育子"中记载："三朝，与儿落脐灸囟。"说明宋代杭州在三朝时就有处理婴儿脐带和囟门的仪式。

开奶

在一些地方，还有"贺三朝"时为婴儿开奶的仪式。通常是用棉花蘸一点黄连水在婴儿嘴唇上抹一下，接着先请一位正在哺乳的妇女为婴儿喂奶，称为"开口奶"，寓意"先苦后甜"，然后才可以由婴儿的亲生母亲为其喂奶。

拜床母

据说，床神也分男女，床母比较贪杯，而床公好茶，所以，人们就用酒祭祀床母，以茶祭祀床公。民间在婚礼、生育、三朝、满月时都有拜床母的习俗。《阳县志》记载"贺三朝"时，在房内设祭台，由产婆奠酒焚香，感谢床母带来子子孙孙。

◆ 古人给孩子额头点雄黄酒以驱邪

汤饼宴

《永宁县志》中说："生子洗三、亦设汤饼会，受贺宴客。"即在"贺三朝"时，用酒席或面条招待亲戚邻居，亲戚邻居则拿糖、蛋、面条等来祝贺并看望婴儿，并说些吉祥的话加以祝愿。

这些礼俗像一种无声的语言，表达着人们对趋邪免灾，以及孩子有个美好未来的希冀。

延伸阅读

宫廷中的"洗三"

"贺三朝"中"洗三"的习俗不仅在民间广为流传，在宫廷里也很盛行。司马光在《资治通鉴》中描述过唐代宫廷中的"洗三"，"上闻后宫欢笑，问其故，左右以贵妃三日洗禄儿对。上自往观之，喜，赐贵妃洗儿金银钱。"此外，在北京雍和宫里有一个洗三盆，是清代的皇太子"洗三"时使用的。盆边的图案为鱼身、鱼尾、龙头。因为中国的民间剪纸中有鱼龙变化的图案，龙源于鱼，鱼可以跳跃为龙。这样的图案蕴涵着望子成龙的期盼。

添丁之喜贺满月

> 满月礼是诞生礼中最为隆重的礼仪，也是我国传统礼仪中很重要的一部分，它对婴儿和产妇来说都有特殊意义。

满月礼，又叫"弥月礼"，在婴儿出生整整一个月时举行。我国民间自唐代就有给新生儿做满月的传统习俗，这种传统习俗对后代的影响非常深远、广泛。

满月礼可以说是诞生礼仪中最为重要的仪式，大多数的家庭都会为孩子举行郑重热闹的满月礼。

虽然各个朝代、各地的满月礼都非常隆重浩大，但是，满月礼还是有地域区别的。满月礼主要有如下几项：

◆ 满月剃头（剪纸）

满月酒

喝满月酒是民间普遍流行的满月礼风俗。这一天，婴儿的女性长辈会带着小儿衣物这样的礼物前来道贺，山西俗谣说："姑姑家的帽子，姨姨家的鞋，老娘家的铺盖拿将来。"旧时北京也讲究"姨家的布，姑家的活儿"，即衣物等由小孩姨家出布料，姑家缝制。对带着礼物前来庆祝的客人，主人要设丰盛宴席来款待，称为"满月酒"，以庆祝"家有后人""添丁之喜""足月之喜"。

剃胎发

剃胎发是满月礼中的又一个重要礼俗。剃胎发也叫"铰头""落胎发"，因为这是孩子一生中第一次理发，所以特别隆重、严肃。

剃胎发也有一定的讲究。如在许多地区，满月剃头的礼仪一定要由婴儿的舅舅来主持，或必须要有舅舅参加；假如舅舅没有来，还要捏一个蒜白，以表示舅舅在场。之所以会有这种礼俗，有人推测着可

◆ 胎毛绣

能是母系社会人际关系的反映。

此外，婴儿的头发是从娘胎里带来的，不能全部剃光，一般要在额顶留一沓"聪明发"，脑后留一绺"撑根发"；剃下来的胎发也要好好收藏。如有的地区会将胎发用红布包好，缝在小孩枕头上；有的地方，如浙江嘉兴的农村，会举行一个"头发圆"的仪式。即将剃下的胎发与从小狗、小猫身上拔下的毛混在一起，喷上茶叶水，搓成头发圆，挂在床头，认为可以起到镇邪的作用。

有些人家还用孩子的胎发制作成毛笔，以留作纪念，这就是胎毛笔，也称为"状元笔"。我国在唐代就有了制作胎毛笔的历史，唐朝齐卫的《送胎发笔寄仁公诗》中有"内为胎发外秋毫，绿玉新裁管束牢"的诗句。

移窠

移窠，又叫"移巢""满月游走""挪窝"等。关于这一礼俗，它的起源很早，《东京梦华录》中就说："满月抱牙儿入他人房，谓之移窠。"

婴儿刚出生时是不能随便走动的，到了满月后就可以了。这一天，母亲抱着婴儿到别人的房间里去，四处游走，这便是移窠。有些地方会在这一天抱着婴儿上街，让他出门去见见世面，到各处去兜一圈，称为"兜喜神圈"。这样做的缘由是以为这样一兜，孩子长大之后就不会害怕陌生人了，将来就会有出息、就会能干。这个仪式似乎象征着孩子终将离开母亲的怀抱，走出家门，闯进外面的世界。此外，有些地方会在这一天让舅母将小姑子和外甥接回姥姥家小住一段时间。

不论是哪一种礼俗，都体现了人们对新生命的尊重，每一个新生命也都是在父母及亲友的祝福与期待中慢慢成长的。

延伸阅读

"胎毛绣"与"胎毛画"

古人认为胎毛是婴儿从母体带来的，它带着先天之气，所以，除了继承古代人制作胎毛笔以作纪念的传统，今人还开发了"胎毛绣"和"胎毛画"。

胎毛绣，是一种很独特的珍藏婴儿胎毛的方法，即把婴儿的胎发借助特种工艺衔接起来，制成绣线，然后用苏绣的方式纯手工刺绣婴儿的肖像或生肖。

胎毛画，它的制作工艺精细而且繁复。是在充分保持胎发本质和完整的基础上，对胎发进行整理、清洗、脱脂、防腐等多道工序，然后由技艺精湛的高级技师一丝一丝粘贴形成一幅画面。同时会将婴儿的名字、生辰、出生时的体重、体长，父母赠言等印刻在画面上。这样不仅保留了婴儿的胎毛，而且更具观赏性和珍藏价值。

圆圆满满庆百日

> 孩子诞生后满了一百天，人们要举行庆贺祝福的"百日礼"，穿百家衣、戴长命锁的习俗，体现了人们对孩子健康成长的祈愿。

百日礼，是介于满月礼与周岁礼之间的一个礼仪，是孩子出生一百天时举行的庆贺仪式。百日礼也叫"百晬"，宋代孟元老的《东京梦华录》就说："生子百日置会，谓之百晬。"又称"百岁"，明代沈榜的《宛署杂记》说："一百日，曰婴儿百岁。"此外，百日礼还叫"百禄"。之所以举行"百日礼"，是因为"百"是一个重要的数目，含有"圆满""完全"的象征意义。

在庆贺百日礼时，亲友们会携带礼物前来庆贺，而主人也要设宴进行款待。在亲友们送的贺礼中，不仅有白糖、红糖、鸡蛋等食品，还有婴儿鞋帽衣服之类的小儿衣饰。

因为是百日礼，所以这一天的活动都是在"百"字上大做文章，其中最有特色的是穿百家衣、挂百家锁。

穿"百家衣"

婴儿百天时，民间的礼俗是给他穿百家衣。所谓百家衣，是从许多人家里讨来各种颜色的布头，拼凑连缀成一件小孩的衣服。衣服五颜六色，别具风采。在各种颜色的布条中，紫色布条最贵重，也最难找到，因为"紫"与"子"谐音，人们一般不愿把"子"送给别人家。

在"百日礼"时穿百家衣，是因为父母期望孩子健康成长，这就需要借大家的福。借大家的福就要吃百家饭、穿百家衣。穿上百家衣，就可保佑孩子顺利长大，长命百岁，此外，穿百家衣还象征着先苦后甜。

挂百家锁

百家锁，也叫"长命锁"（索）"百

◆ 长命锁

家索"等,是挂在婴儿脖子上的一种装饰物。挂百家锁,与传统信仰心理有关,人们都认为小孩容易受到惊吓甚至因此丢失魂魄,如果用锁就能辟灾去邪,就能把孩子的魂魄锁住,进而"锁"住生命。

长命锁有着一段比较悠久的历史。它的前身是"长命缕"。据《荆楚岁时记》《风俗通》等书的记载,最早在汉代时,每逢端午佳节,家家户户都在门楣上悬挂五色丝绳,以避不祥。到了魏晋南北朝时期,战争频繁,再加上瘟疫、灾荒不断,人民渴望平和安定的幸福生活,就用这种五色丝绳编成绳索,缠绕在妇女和儿童手臂,以祈求能为他们辟邪去灾、祛病延年。这种彩色丝绳,就被称之为"长命缕"。宋代将这种五彩丝绳编结的吉祥物称为"珠儿结""彩线结",不仅妇女儿童佩戴之外,男子也可以佩戴,其形制已经比较复杂了。除了丝绳、彩线外,还穿有珍珠等物。到了明代,风俗发生了变化,成年男女已经很少使用,通常用于孩子,也成为孩子的一种项饰。

百家锁有各种各样的形式,其中最常见的是用红线将铜钱编串起来,挂在小孩脖子上。豪门大户的百岁锁则比较讲究,有镶金的,有银质镀金的,甚至纯金的。百家锁一般都有文字或图案,文字多为"长命富贵""长命百岁"等吉祥祝语,图案主要是象征福寿绵延不断的景物。

百家锁的来源也有很多说法,在江南地区,流行孩子的外婆送长命锁;在黄河、长江中下游一带,流行孩子的干爹、

◆ 百家衣

干妈送长命锁;此外,还有一种凑份子得来的长命锁。所谓凑份子,是将白米、茶叶、枣、栗子少许,包在红纸包里,包百包左右,分送至亲朋好友家。他们接受后,再随意在红纸里放上若干钱返还。用凑起来的钱再到金银匠那里铸制"长命锁"。据说这样的锁最吉祥。

关于百日礼,不同的地域有不同的庆贺方法,无论是哪一种,都是父母亲友希望孩子平安健康成长心理的体现。

延伸阅读

寄名锁

寄名锁,是一种和长命锁同物不同名且不同义的儿童项饰。有的父母在孩子出生后,担心孩子会夭折,就特意寻找子女比较多的人作为孩子的寄名父母,以求得到庇护。寄名之后,就将锁型的饰物挂在孩子的项间。除了寄名于普通人外,还有一些父母会寄名于诸神及僧尼,目的是借助神灵的力量来驱除妖魔。如曹雪芹的《红楼梦》第3回写宝玉出场:"身上穿着银红撒花半旧大袄,仍旧带着项圈、宝玉、寄名锁、护身符等物"。《红楼梦》中戴寄名锁的不止贾宝玉一个人,薛宝钗的父母也曾为她认了一个癞头和尚做寄父,薛宝钗也由此而得到一把小金锁,上面写着"不弃不离、芳龄永继"等祝福长命之类的吉祥语。

源远流长周岁礼

> 三朝、满月、百日礼可以被视为纯粹的诞生礼仪,而周岁礼则具有比较独特的地方,因为它是诞生礼仪的总结,也是寿礼系列的开始。

百日礼过后,新生儿在牙牙学语中很快长到了一周岁,这时,家人便又为他举行周岁礼。这一天,亲戚朋友们纷纷前来道贺并给孩子以真诚的祝福。古代举行周岁礼时的主要礼俗有"试鞋"和"抓周"。

试鞋

一岁以内小儿基本上是抱着成长,很少下地。周岁以后,开始蹒跚学步。所以,"试鞋"就成了周岁的一种礼俗。

"试鞋"并非指试任何鞋,而是指试"虎头鞋"。"虎头鞋"用黄布精心制作,并以彩色布剪贴缝制成虎的眉、眼、耳、鼻,形象均采用图案的夸张手法:粗眉、大眼、短鼻、大口、双耳斜竖,长长的虎须分列左右,整个虎要用白线做成,在虎眉头的正中绣一个"王"字。虎势十足。之所以要试"虎头鞋",是因为民间认为,虎是百兽之王,小孩子穿上虎头鞋可以为他壮胆、避邪,此外还有祝愿孩子长命百岁的意思。穿"虎头鞋"在我国已经有上千年的历史了。

抓周

"抓周"是周岁礼中最为普遍的风俗了。"抓周"又叫"拈周""试周""试儿"或者"试晬"。历史上关于抓周的最早记载,是北齐颜之推的《颜氏家训·风操》:"江南风俗,儿生一期,为制新衣,盥浴装饰。男则用弓、矢、纸、笔,女则用刀、尺、针、缕,并加饮食之物及珍宝服玩,置之儿前,观其发意所取,以验贪廉愚智,名之为'试儿'。"这说明,至少在南北朝时"抓周"礼俗已经普遍流行于江南地区。

清末民初之际,北京的"抓周"仪式通

◆ 虎头鞋

常都在中午吃"长寿面"之前进行。如果是富户，都会在炕前陈设大案，上面摆着印章，儒、释、道三教的经书，笔、墨、纸、砚、算盘、钱币、账册、首饰、花朵、胭脂、吃食、玩具，如是女孩"抓周"还要加摆：铲子、勺子（炊具）、剪子、尺子（缝纫用具）、绣线、花样子（刺绣用具）等。如果是普通人家，则限于经济条件，大多都简化了，仅用一个铜茶盘，内放私塾启蒙课本《三字经》或《千字文》，此外毛笔一支、算盘一个、烧饼油果一套。女孩加摆：铲子、剪子、尺子各一把。摆好后，由大人将小孩抱来，令其端坐，不予任何诱导，任其挑选，看他先抓什么，后抓什么。据此推断孩子的志趣、前途和将要从事的职业。

无论抓什么，人们大都会从好的角度去理解。如先抓了印章，则认为他长大以后必定官运亨通；先抓了文具，则认为长大以后好学，必定能写一笔锦绣文章；先抓算盘，则认为他将来善于理财等，即使先抓了吃食、玩具，也要被说成"孩子长大之后，必有口道福儿，善于'及时行乐'"等。

"抓周"礼在各个朝代都是十分盛行的礼仪。如《宋史·曹彬传》中就记载有曹彬（武惠王）抓周："曹武惠王始生周日，父母以百玩之具罗席，观其所取。武惠王左手提干戈，右手取俎豆，斯须取一印，余无所视。"这是很难得的抓周之结果与事实的发展一致。此外，《红楼梦》中也有关于贾宝玉抓周的描述，说宝玉在许多物品中专抓胭脂、钗环，贾政十分不悦，认为贾宝玉"将来不过酒色之徒"。

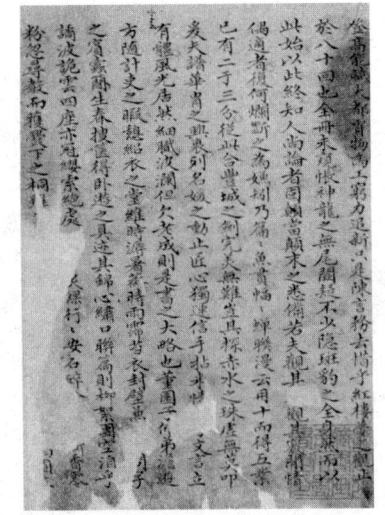

◆ 乾隆年间刊印的《红楼梦》残本

其实，"抓周"只是人的第一个生日纪念日的庆祝方式，通过一种游戏来图个吉利，反映了父母对子女的舐犊深情，其核心仍然是对生命延续、顺利和兴旺的祝吉。

延伸阅读

推断"抓周"起源的故事

对于"抓周"究竟起源于何时，因何而产生，目前还没有定论。有人认为，其源头可能在先秦。《左传·昭公十三年》记载，楚共王没有嫡子，就想在五个受宠爱的庶子中选继承人，于是遍祭名山大川，祈祷说："请神择于五人者，使主社稷。"又将一块玉璧展示在名山大川之前，说："当璧而拜者，神所立也，谁敢违之？"然后将此璧悄悄埋在祖庙的庭院里，让五庶子依长幼次第进庙拜祭祖先，谁正好压在埋玉璧的位置上，他就是神灵所确立的王嗣。结果年龄最小的楚平王被抱进祖庙后，两次下拜，都压了玉璧上。但楚共王最终却把下跪时两足各跨玉璧一边的长子（即楚康王）立为太子。一位大臣私下认为此举违背了天命，所以让他儿子辅佐楚平王。楚平王最终也的确在楚国内争中坐上了王位。

我之为我命名礼

> 传统的命名礼为了使新生儿得到家庭、邻里、社会的承认而显得非常庄重、严肃，同时也蕴涵着人们对新生命的美好祝愿，体现了家庭、家族、亲族乃至社会对新生命的关怀和重视。

取名也是人生礼仪之一。古人说："名以正体"，一个人的名字是他本人必不可缺少的外在符号，是用来作标志、正名份的。这关乎社会交往，自然带有礼仪的性质。

在古代社会，取名也要符合礼仪规范。如《左传·桓公二年》记载，晋穆侯的夫人姜氏生了两个儿子，名字取得有些奇怪，就有人大发议论，认为取这样的名字不合礼制，国家要乱了。可见，取名字是一件非常慎重的事。早在2000年前，我国传统典籍《礼记·内则》中就详尽记载了西周、东周时期的命名制度，奠定了汉民族命名礼仪的基本模式。

先秦的命名礼是庄重、严肃的。为孩子命名的礼仪一般定在孩子出生三个月之后的某个吉日，具体仪式大致包括三个步骤：首先，照顾婴儿的人抱着孩子同孩子的母亲一起去见孩子的父亲，讯问应答以后，由父亲握着孩子的右手，另一只手托着孩子的下巴，严肃地为孩子取名。其次，孩子的母亲记下丈夫所说的名字，并返回将婴儿交给师傅，师傅将婴儿的名字告诉家中所有的女客与家中妇女。最后，孩子的父亲把婴儿的名字报告给宰，宰则遍告诸男，并记下婴儿的出生年、月、日，并收藏起来，同时又通告闾史，闾史记录，一式二份，其一上报更高一级的行政长官州史，州史再上报给州伯，州伯便让手下的人把"户口"收藏在"档案柜"里。

后来，命名礼仪虽然不再那么严格、繁琐，但命名的习俗仍然十分重要。

《礼记·檀弓上》云："幼名，冠字，五十以'伯''仲'，死谥，周道也。"也就是说，周代的人一般要有四种名字。这四种名字是在不同的阶段来完成的。幼年完成乳名，成年取"字"，老年以论排行，去世则完成谥号。对普通人来说，最重要的是乳名的命名。

在民间，命乳名十分郑重，且方式千奇百怪。如有的地方由父亲携带着饼、糖之类的东西请村中年长的人、族中有威望

◆ 取名"灶拴"，希望灶王爷拴住孩子

的人给孩子取名，名字要与长辈亲属的名字避讳。再如江浙一带有"上篮秤"取乳名的仪式。即将婴儿加上一些吉祥物，放入篮子里称重，根据所得斤两来取乳名，如"八斤""九斤"等。

在民间，还有以难听的字眼来取名的。在古代，由于生活贫困、婴儿死亡率极高，做父母的希望自己的孩子能够像猫、狗、牛、羊、驴等牲口一样容易成长，就给孩子起一些贱名，如"狗娃""猫蛋"等。

此外，古代人们认为妖魔鬼怪喜欢好听的名字，他们就起一些连鬼都不叫的名字来躲避鬼怪。如"灶拴"，意思是由灶王爷拴住孩子，取名时还要到灶王爷那里拉一根红头绳拴在孩子的腿上，以防鬼怪夺走孩子。

还有一些人在给孩子取名时，会找来算命先生，根据孩子的生辰八字算出五行里缺什么，名字里就补进什么，如"闰土""小奎""铁柱"就是这种命名仪式的结果。

古代取名不仅有一些表面上的"贱名"，还有一些直接表达了祖辈、父辈的理想与愿望的名字，如"有福""来福""满仓"等。

无论贫穷还是富贵，无论是文化人还是白丁，给孩子的取名都体现了父母亲人对孩子的期望、祝福与重视。

延伸阅读

古代取名中的避讳

公元前706年，鲁桓公的一个儿子出生了，即后来的鲁庄公。鲁桓公想给这个孩子起一个好名字，就专门向鲁国大夫申繻请教。申繻说了许多取名时应该忌讳的地方：给孩子起名不能用本国国名；不能用本国官名；不能用本国的山川名；不能用疾病名，因为人人会得疾病，别人在称呼时不容易避讳；不能用畜牲名，因为古代的马、牛、羊、豕、狗、鸡等，都是祭祀时供宴飨使用的；不能用礼器之名，如俎、豆、罍、彝、钟、磬之类。

由此，先秦的取名之难可见一斑。不仅如此，《礼记》中还提到，为孩子取名不能用日月之名，不能与世子（即太子）同名。

先秦时期的命名礼对后世有很大影响。尤其是命名忌讳与风俗习惯。虽然随时代变迁而有不同，如"日""月"等字眼都可以出现在名字里了，但在任何一个朝代，皇帝和太子的名字，普通人在取名时一定是要避讳的；在一个家庭中，祖父和父亲的名字也是不能随便重复的。

第五讲　生活礼仪篇

男子冠礼示成年

> 冠礼也称为"成年礼",是我国古代时期跨入成年人行列男子的加冠礼仪。从我国的礼仪发展历史来看,古代冠礼的发展史就是一部成年礼的发展史。

冠礼是为男子进入成年所举行的加冠仪式,它由远古氏族社会的成丁礼发展而来。

在氏族社会,男女青年发育成熟之前,都要经过一定程序的训练与学习,等到身体成熟后,便要参加成丁礼,从而正式成为氏族成员,开始参加氏族各种活动。成丁礼在周代则演变为男子的冠礼、女子的笄礼,并作为制度确定下来。冠礼在汉代很受重视,到了唐代已经渐趋衰落。宋、元、明三代虽然仍旧实行冠礼,但已经不被特别重视。到了清代,冠礼已被废止。

举行冠礼的年龄和意义

古代男子在20岁举行冠礼。之所以是20岁,是因为古代的孩子满6岁开始接受基础教育,10岁开始离家去拜师学习。到20岁的时候,他的知识结构大体完备,身体也已经发育成熟,可以独立面对社会了,就要适时举行冠礼。

古代的未成年儿童是不戴冠的,冠就成了成年男子身份的象征,这也是为什么要以加冠的方式作为成年礼的主体了。

举行冠礼的意义就是告诉孩子要树立成年意识,从此不要再有依赖家庭和社会的行为,而是要成为一名对家庭和社会负责任的成年人,要懂得怎样为人子、为人兄弟、为人臣,担当各种社会角色。

冠礼的仪式

古代的冠礼,是在自家宗庙中完成的。首先,通过占卜选择举行冠礼的最佳日子。由德高望重的长者担任冠礼的正宾,还要邀请一些同僚、朋友来观礼。

◆ 古代男子要到成年以后才开始戴冠

举行冠礼当日清晨，家里要准备加冠礼用的三个帽子——缁布冠、皮弁、爵弁，分别放在三个竹编的盘里，由三位有司分别捧着，在台阶上往下依次站着。与冠礼相配的三套成年人穿的衣服，在东房里按顺序摆着。冠者则是一副儿童的打扮，在东房等待典礼的开始。

冠礼开始后，正宾请冠者过来坐下，然后由助手把他的儿童发型弄散，按照成人的发型重新梳理，挽成发髻，用帛包好，再插上簪子。正宾从有司手中接过缁布冠为他戴上。缁布冠实际上只是一块黑布。这是远古时代使用的冠。正宾要发表祝词并把冠仔细扶正。冠者转身回到东房，换上与缁布冠配套的衣裳，然后回到堂上，向来宾展示自己的成年衣冠。一加之礼到此完成。

接着进行第二次加冠，程序与第一次基本相同，只是正宾为冠者加的冠是皮弁。皮弁用白色的鹿皮缝制而成，与朝服配套穿戴，地位比缁布冠尊。

第三次加冠的仪式与前两次基本相同，这次为冠者加的冠变成了爵弁。爵弁的颜色与雀头（赤而微红）相似，故名。爵弁在古代是在重大祭祀场合戴的，地位尊贵。

三加之礼完成后，冠者要以成年人的身份去拜见母亲并行礼。接着，还要与自己的兄弟姊妹、亲戚行礼。

行礼完毕，冠者上堂，由正宾为他取"字"。在古代中国，只有长辈、天子、国君才能直呼他人之名。为了社交的方便，就在姓名之外再取一个"字"（或称

◆ 中国古代各式冠

"表字"），供彼此称呼时使用。

接着，冠者穿着成年人的衣服出门，去拜见乡里面的地方官，告诉他们，自己从此成年了，并且请他们对自己有所指教。

延伸阅读

古代的年龄称谓

古人的年龄有时不用数字表示，而是用一种与数字有关的称谓代替。

总角：指童年。**垂髫**：指童年。古时童子未冠，头发下垂，因而以"垂髫"代指童年。

束发：指青少年。一般指15岁左右。

及笄：指女子15岁。

待年：指女子成年待嫁，又称"待字"。**弱冠**：指男子20岁。古代男子20岁行冠礼。

而立：指30岁。出自《论语·为政》"三十而立"。

不惑：指40岁。出自《论语·为政》"四十而不惑"。

艾：指50岁。出自《礼记·曲礼上》"五十曰艾"。老年头发苍白如艾。

花甲：指60岁。**古稀**：指70岁。出自杜甫诗："酒债寻常行处有，人生七十古来稀。"

皓首：指老年，又称"白首"。**黄发**：指长寿老人。老人头发由白转黄。

鲐背：指长寿老人。老人身上生斑如鲐鱼背。

期颐：指百岁。出自《礼记·曲礼上》"百年曰期，颐"。谓百岁老人应由后代赡养。

女子笄礼示许嫁

> 笄礼，也叫"加笄""及笄"，是汉民族女性成人之礼。笄礼与婚嫁紧密相连，它并非严格意义上的成年礼，而是许嫁之后的一种仪式，是从属于婚姻的一种礼仪。

在我国传统的成人礼中，男有冠礼，女有笄礼。

笄，《说文解字》中解释为"笄，簪也"。《篇海》说："妇人之笄，则今之簪也。"笄作为一种饰品，用来固定发髻，形似一根细长钎子，一头锐一头钝，钝的一头有突出的装饰，称为"首部"。笄是发簪家族的鼻祖，后来的簪、钗都是在笄的基础上发展而来的。女孩在童年的时候并不用笄，所以笄就成了女子成年许嫁的象征。成年礼叫加笄礼也就理所当然了。

举行笄礼的年龄及意义

女子行笄礼的时间是十五岁至二十岁之间，只要许嫁便可加笄，如果一直待嫁未许人，最迟也要在二十岁时行笄礼。

女子在行笄礼之前，也需要经过一段时间的学习，但学习的内容与男子却大不相同。主要是为婚后相夫教子、敬顺舅姑、操持家务、严守妇道作准备。

男子行冠礼的意义是要承担成人的社会责任，拥有各项政治权利，与此不同的是，女子行笄礼是要在许嫁之后，即在男方纳征之后加笄并取表字。笄礼完成，标志着女子有结婚生子、奉养舅姑、谨行妇道的责任了。

笄礼的仪式

对于笄礼的仪节，文献很少记载。宋代时，一些学者为了推行儒家文化，构思设计了女子的笄礼。其中《朱子家礼》的笄礼篇和司马光的《书仪》中有关部分，大体相同地记载了笄礼的仪式。

在笄礼之前要像冠礼一样选择宾客中有德才的女性长辈为正宾。为了表示慎重，要用笺纸书写请辞，于行礼前三日送至正宾

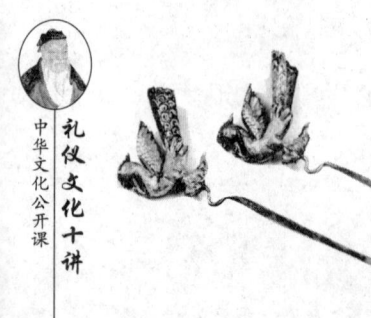

◆ 明益端王墓金雀簪

◆ 古代女子的笄礼

则象征着豆蔻少女的纯真。

接着进行第二加笄礼，过程同第一加相同，只是加的服饰是发簪。换上的衣服是曲裾深衣，这象征着花季少女的青春美丽。

笄礼也是要加三次，第三加的过程同之前的一样，加的服饰是钗冠。换上的衣服是正式的大袖长裙礼服，上衣下裳制，佩绶等饰物。隆重的大袖礼衣则反映了汉族女子的雍容大气，典雅端庄。

最后，还要给笄者取"字"。过程与冠礼相类似。

女子许嫁的笄礼和未曾许嫁的笄礼是不同的。未许嫁的笄礼只用自家主妇执礼，没有正宾。许嫁的笄礼，表明女子已经承认，也意味着女子即将成为人妇，承担新的角色，意义重大，也更受重视。

家中。不仅如此，在行礼前一日还要再次恭请正宾。其主要目的是提醒正宾一定参加，同时也表现了宋代对笄礼的重视程度。

笄礼当日，将用于加笄的服饰都放在盘中东房中东部，加笄的女子穿着双阶衫子，在东房中，面向南。全部准备工作就绪后，所有参加人员按照特定的要求和秩序入位，主妇及以下着盛服就位。当身着盛装的正宾至大门外。主妇出门向正宾行再拜之礼，正宾还礼入门。

笄礼开始后，正宾盥洗，主妇向正宾致谢。加笄者出来后即席跪下，正宾从执事者盘中拿出发笄，为加笄者正容并戴上，然后向加笄者致祝辞。笄者回到东房中，脱去衫子，换上素色的襦裙。出来让众人看。这第一加中的发笄和罗帕、素色的襦裙。衣缘没有纹饰，腰带用普通的细布带，它象征着女孩子成长的过程，即采衣色泽纯丽，象征着女童的天真烂漫，而色浅而素雅的襦裙，

延伸阅读

宋代的未嫁义妇

宋朝年间，有个姓高的女孩，被许配给一个姓张的人。已经行过笄礼了，可是姓张的人却不知由于什么原因眼睛瞎了。张姓男子心肠好，觉得自己配不上未婚妻，就派媒人去对高家说："我不幸瞎了眼睛，再也高攀不起你们了，请你们姑娘另择人家吧。"高家父母听了，也不想让自己女儿跟一个瞎子过日子，就答应了。但是，出人意料的是高氏女孩却冲出来泪流满面对媒人说："凡是男女，一旦订婚，就是结定盟约，不管是福是祸，彼此都应忠诚忠心。我不能背盟弃约，做无良知的人。"父母一听，觉得自己的女儿非常有情义，就答应了她的请求。高氏女孩嫁过去后，勤勤俭俭地过日子，对盲丈夫非常体贴，同乡的人都称赞她是个有贤德的妇人。

长命百岁祝寿礼

> 祝寿礼仪是一种拥有两千多年历史的古老习俗，它表达了人们的美好愿望，增进了老少几代人之间的感情，体现了浓浓的亲情和中华民族敬老爱老的传统美德。

人一生中有四次重大的礼仪，即出生、结婚、寿礼及葬礼，其中寿诞礼仪是我国特有的传统礼俗，它植根于民间向往的"五福"——"福禄寿喜财"的人生理想，所以，寿礼的礼仪规定，与婚礼相比也不相逊色。

在我国传统文化中，并不是每个人一生下来就有做寿的资格，因为民间有"不到花甲不庆寿"的习俗。这是因为古代人用干支纪年。天干、地支搭配循环60次，正好是一个轮回，也就是一个甲子。一个人活到60岁也就过完了一个甲子，就相当于完成了天地宇宙人生的一个完整周期，在开始一个新的生命周期时庆寿，就不仅含有"生的延续"的意味，还有祈福、祝愿的含义。

古代寿礼的礼仪程序大概包括以下几个方面：

送寿帖

古代的富贵人家做寿是十分隆重的，大多由子女或其他后辈操办。寿期的前三天要送寿帖给亲友，通知寿期并请来宾吃祝寿酒。接到请帖后，亲朋好友也就开始准备寿礼，并在寿日前一天送到做寿者家中。

设寿堂

古代寿礼通常在家里办，这就需要布置拜寿行礼的寿堂。寿堂设在正屋大堂或家庙中。中堂挂大寿福、百寿图，或一幅手持仙杖的老寿星像；四壁挂"福如东海，寿比南山"寿联，或上写寿星的功名、德行、业绩等的寿屏，都是赞美之语。中案上供奉神

◆ 寿星

像，如果给女寿星做寿，就要在案前供一尊"麻姑献寿"像。神像前香案上陈列插花用的花筒、香炉，以及寿桃、寿面、水果等。两边高燃红色寿烛，烛台下要压着黄钱、纸元宝等敬神钱粮。

行寿仪

做寿往往要三天。寿日的前一天晚上，寿星与家人团聚在堂屋里，一家人吃寿面，设小宴，叙家常，并对第二天的正式祝寿事宜进行更为周密的安排和分工，这叫"暖寿"。

第二天便是寿星的生日，这是最热闹且隆重的一天。早晨起床，老寿星（或寿星夫妇）便穿上礼服。儿媳奉上一碗莲子鸡蛋茶，吃完后登堂，点燃香烛敬拜天地、祭祀祖先，同时两旁乐队吹奏寿喜乐曲。礼毕，寿星坐到放在中央的八仙椅上，依次接受儿子、女儿、媳妇、女婿、孙子、孙女等下辈的跪拜礼。等其他亲朋好友来后，也坐在这里接受祝贺。受贺者的晚辈要站在寿堂两侧，对拜寿的亲友一一还礼。礼毕，寿星拿出预先准备好的红包分赠给下辈们。随后放鞭炮，大摆宴席酬谢客人，人们祝酒、品菜，共享天伦之乐。

除了正规的祝寿礼仪，有些家庭还举行一些特殊的做寿礼俗，如请和尚、居士念寿经，给神佛送疏等；有的佛教徒要"放生"，即寿星将子女从鸟贩子、鱼贩子那里买来的一些鸟类、鱼类等亲手放它们生路。

祝寿第三天要回礼，即主人家适当回赠客人一些礼物，称为"敬福"。

吃寿宴

寿宴通常是富裕人家的专利。宴席上的

◆ 贾母八十大庆

菜肴多多益善，取多福多寿之兆。并且菜肴的总数要取九或九的倍数，以讨吉利。

寿宴上必须要有寿面和寿酒。吃寿面时，千万不能用筷子将面夹断，因为寿面越长表示越长寿。由于"酒"与"久"谐音，所以，寿宴上的"祝寿酒"就有祝人寿命长久之意。

贺寿礼

祝寿自然不能没有寿礼。民间常见的寿礼有寿桃、寿糕等，都是祈祝长寿的意思。学识修养较高的文人学者间则会馈赠寿联、寿幛、寿屏等。

延伸阅读

寿日吃长寿面的来历

祝寿吃寿面的习俗在我国起源很早，据说，这与汉武帝有关。当年，汉武帝与大臣们开玩笑，说人的寿命长短与人中的长短有关，寿命长的人，他的人中一般都很长。当时名士东方朔接口说：那么彭祖活了八百多岁，他的人中一定很长，他的面孔更是不知有多长了。这本是戏言，但经过长期流传以后，人们信以为真，而且由于"面孔"的"面"与"面条"的"面"同音，面条又有形状绵长不断的特点，因此，面条理所当然地成了长寿的象征。

第六讲
婚嫁礼仪篇

婚礼的产生及意义

人类经历了聚生群处、血族婚、对偶婚后，出现了以婚礼来规范异性结合的一夫一妻制的婚姻形式，这是人类从蒙昧走向文明的标志。

婚姻，是关系到人类自身繁衍和社会发展的最重要而又最基本的文化活动。婚姻礼仪向周围的人宣告了一个新家庭的诞生，此外还意味着这个家庭所在的家族的兴旺发达。它不仅是婚姻当事人的"终身大事"，也是双方家庭、家族大多数成员的一件大事。那么，婚礼究竟是如何产生又是在什么时候产生的呢？

婚礼的产生

婚姻，最初写作"昏因"。《说文·女部》曰："礼，娶妇以昏时，妇人阴也，故曰婚。""女之所因，故曰姻。"从此可以看出，古代婚姻指男女嫁娶之事，于黄昏之时男方行迎娶之礼，女方因男方而来，而成为妇人。所以称"昏因"。

人类最初没有婚姻之礼，人们群聚相处，"男女杂游，不媒不聘。"（《列子·汤问》）两性的结合非常随便，不论辈分，不论血缘。后来出现了最早的婚姻形式：血族婚。即氏族内排斥父子辈通婚，但允许同辈有婚配关系。许多古籍记载，传说中的伏羲和女娲就是兄妹做夫妻的。到了亚血族婚时代，本氏族的兄弟姊妹已不能通婚，他们必须在其他氏族中寻找配偶，对方亦然，形成共夫或共妻现象。因此，这一时代只知道自己的母亲是谁，即所谓"民知其母，不知其父"。一男一女组成配偶关系，是在对偶婚时代。对偶婚，亦称"对偶家庭"。不同氏族的成年男女，由一男一女组成配偶关系，以女子为中心，婚姻关系不稳固，时间或长或短。同时，男人仍可多妻，只是有一主妻。女人也可以多夫，有一主夫。对偶

◆《清明上河图》中的嫁娶场面

◆ 传统婚礼场地陈设

婚是一夫一妻婚姻形式的前身。从婚姻形式的发展看，男女配偶不断趋于固定，数目不断减少，更重要的是，血缘关系越来越淡薄。这是因为，古人认识到，男女杂交、乱婚，致使族群个体智力、体质低下，生命力衰弱，种族衰败。因此，古人制定婚礼来规范异性的结合，即《礼记·曲礼》曰："夫唯禽兽无礼，故父子聚麀。是故圣人作，为礼以教人，使人以有礼，知自别于禽兽。"

婚礼的意义

婚礼实质上是把两性相交的私事用礼法加以约束，不仅如此，儒家还赋予了婚礼极其重要的社会意义。

对于人类本身而言，男性、女性是社会的阴、阳两极，是衍生亿万人类的渊源。《周易·序卦传》中说："有天地，然后有万物；有万物，然后有男女；有男女，然后有夫妇；有夫妇，然后有父子；有父子，然后有君臣；有君臣，然后有上下；有上下，然后礼义有所错。"人类社会的君臣、父子等一切的人伦关系，都是由男女的结合而派生出来的。这与自然界的阴、阳二气相和合，化生了四时和万物，在本质上是一致的。从这个角度来看，使夫妇结合的婚礼是人伦之基，"万世之始"。

对于家国而言，婚礼将两个异性家族联系起来，结成了血缘关系，从此可以延续家族生息，传承家族的事业。每个家族的血缘得以继承，就会形成稳定、和谐的社会团体，在此基础上，国家就得以稳定与繁盛。

婚礼看似男、女主角二人之事，其实它包含着很丰富的内容。《史记·外戚世家》中认为，自古帝王的为政得失，往往与配偶的贤德与否密切相关，因此，在古代中国，天子与皇后的婚姻具有垂范天下的意义。同样地，对于一个大的家族而言，家长的婚姻关系对家族中的其他人也具有模仿意义。所以说："昏礼者，礼之本也。"

延伸阅读

因婚误国的有施氏妹喜

有施氏(今山东腾州)是东方小国，国弱力薄。在夏桀派重兵剿杀的危急关头，有施氏献出部落最美丽的女子妹喜，以求保全宗族。妹喜的美丽有诗为证："有施妹喜，眉目清兮。妆霓彩衣，袅娜飞兮。晶莹雨露，人之怜兮。"夏桀娶了妹喜后，妹喜不仅用美色让夏桀罢兵，并很快成为夏桀的宠妃。妹喜嫌弃王都宫殿陈旧，夏桀就大兴土木，营造寝宫，两人终日饮宴淫乐。据说，妹喜爱听"裂缯之声"，夏桀就把缯帛撕裂，以博得她的红颜一笑。就这样，夏桀渐渐将国家大事置于脑后。有时甚至听从妹喜的主意，残暴地对待臣民百姓，最后导致天怒人怨，大好江山也从夏桀手中转入商的名下。

第六讲 婚嫁礼仪篇

纳采以示提亲

> 古代结婚过程包括了从谈婚、订婚到结婚等过程的礼仪,即所谓的"婚姻六礼"。它的源头可以追溯到西周,西周时期的"婚姻六礼"对其后各朝代的婚姻形式产生了重要的影响。

婚姻是一个人一生中的大事,无论古人今人,人们都非常重视。在中国古代,婚姻关系到家国的稳定与和谐,所以尤为重视,男方和女方必须符合一定的条件与形式才是合法的婚姻。据《周礼》记载,要使婚姻关系成立,必须同时具备"一夫一妻""同姓不婚""父母之命、媒妁之言"这三个条件,此外,婚礼还必须符合一定的形式,即遵循"婚姻六礼"的程序才能完成合法婚姻的缔结。"婚姻六礼"主要是指纳采、问名、纳吉、纳征、请期、亲迎六个仪节,前面五个主要是议定婚姻,亲迎才是正礼,是婚礼的核心。以下几节将进行详细的介绍。

"纳采",是"婚姻六礼"的第一礼,它的名称在各代也有不同的叫法。如纳采又叫"委禽"。在《左传·昭公元年》中就有:"郑徐吾犯之妹美,公孙楚聘之矣,公孙黑又使强委禽焉。"西晋著名学者杜预所作的注解事:"禽,雁也,纳采用雁。"因纳采用雁作礼物,故曰委禽。纳采在宋时还叫"敲门"。《宋史·礼志十八》中说:"宋朝之制,诸王聘礼,赐嫁白金万两。敲门,用羊二十口、酒二十壶、彩四十匹。"有注解说:"敲门即古之纳采。"

具体而言,纳采是古代婚礼之首,就是"提亲"的意思。如果男方想要和女方结亲,先请媒人前往女方家里提亲,得到应允后,再请媒人正式向女家纳"采择之礼"。《仪礼·士昏礼》中说:"昏礼,下达纳采。用雁。"

借助媒人

媒人,就是男女之间的婚姻介绍人。

◆ 媒婆形象

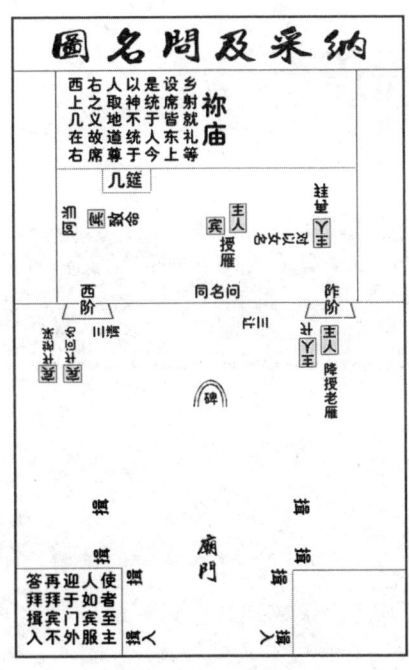

◆ 纳采及问名图

这个角色在我国的婚姻文化中占有重要地位。因为自周代以后"父母之命，媒妁之言"是几乎人人必须遵守的择偶方式，可以说是"匪媒不得"。我国第一部诗歌总集《诗经·卫风·氓》中就有"匪我愆期，子无良媒"的诗句；《淮南子·缪称训》中也有"媒妁誉人，而莫之德也"的语句；孔子的《礼记·典礼》中也有"男女非有行媒，不相知名"之句。婚礼中之所以一定要借助媒人，其实也是为培养男女有别的廉耻心，以维护封建社会风化。在古代，整个议婚过程中，男女双方都不得见面，只有在成婚之日才能彼此相识，一切都按照父命行事。即使要被迎娶了，也要奉父命才可以前往。男女如果自由交往，甚至私定终身，这在古代被称为"非礼""苟合"，是要遭到社会鄙视的。

《礼记·坊记》说："男女无媒不交。"

以雁为礼物

在"婚姻六礼"中，除了纳征之外，其他五项仪节所带的礼物都是雁。

据《白虎通·嫁娶》记载："《礼》曰：女子食物许嫁，纳采、问名、纳吉、请期、亲迎，以雁为贽。纳征用玄纁，故不用雁也。"古人以雁为礼，一取雁是候鸟，每年秋分时节南去，春分时节北返，来往有时，从不失信。喻男女婚前互守信约，婚后夫妻坚贞不渝。二取雁是随阳之鸟，喻妇人出嫁从夫；三取雁行有序，飞时成行，止时成列，迁徙中老壮雁率前引导，幼弱雁尾随跟紧，井然不紊，喻嫁娶之礼，长幼有序，不相逾越。由于雁是飞禽，很难捕捉，后人以鹅代雁，谓之"雁鹅"。后世中虽然也有纳采带礼物的习俗，但是具体所带礼物则另有规定。

延伸阅读

媒人为什么又被称为"冰人"？

媒人后来被人们雅称为"冰人"，这主要是源于一个有趣的典故。据《晋书·索枕列传》记载：晋朝有个孝廉叫令狐策，有一天他做了一个奇怪的梦，梦中的自己站在冰上和站在冰下的人说话。他很奇怪，第二天就去找索枕圆梦。索枕跟他说：冰上是阳，冰下是阴，对人而言，男属阳，女属阴，梦中的你向冰下的人说话，就意味着你在代表男方向女方求婚。这个梦的征兆就是说你要做媒人了。令狐策不相信，可是，过了几天后，太守田豹就来请他去张公正家为自己的儿子提亲，由于盛情难却，令狐策只好遵命。结果这件提亲之事居然真的以喜结良缘告终。这件事广为流传。从此，媒人又多了一个称谓——"冰人"。

第六讲 婚嫁礼仪篇

问名以卜吉凶

> 中国古代的男、女在缔结婚姻关系的过程中，需要禁忌的内容比较多，"问名"这一仪节的本质含义即避免出现不应该有的婚配关系。

问名，是古代"婚姻六礼"中的第二礼。"问名"礼的最早记载见于《仪礼》中："婚有六礼，纳采、问名、纳吉、纳征、请期、亲迎。"

问名礼的传承

"婚姻六礼"虽然作为一种婚姻制度被确定下来，但是，在日后的传承与发展中，却也是因时而异的。

东汉魏晋年间，战争频发，社会混乱，受此影响，当时的人大多都仓促成婚，往往是六礼不备，问名礼也就很自然地没有进行了。杜佑的《通典》中记载说："自东汉魏晋以来，时或艰虞，岁遇良吉，急于嫁娶……六礼悉舍。"

到了隋唐，社会进入相对稳定的阶段，"六礼"也逐渐盛行起来。

宋代，问名礼还见于史册的记载，如《宋史·礼志》中说："士庶人婚礼，并问名于纳采，并请期于纳征。"问名这一礼俗在宋代时还有了一个别名——"系臂"。中有"问名即今之系臂"之语，可以推测，宋时订婚也许是以纱系臂，来表示双方已经系成姻好。真可谓是"千里姻缘一线牵"。

但是，到了明代，问名礼就很少或不再举行了。问名礼与纳采合并，有一个俗名叫"发媒"。

问名之礼

婚礼是继宗传代的大事，所以，纳采、问名、纳吉、纳征、请期这五个仪节都在女方的祢庙（父庙）中举行，并且要

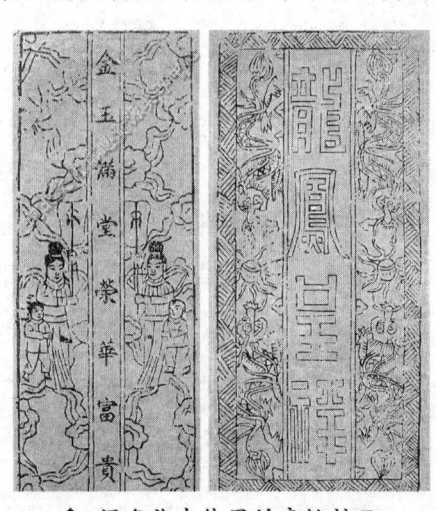

◆ 问名礼中使用的庚帖封面

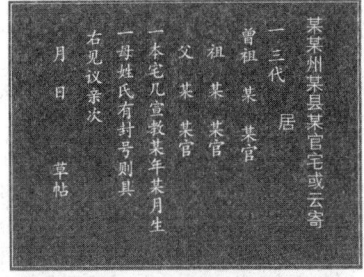

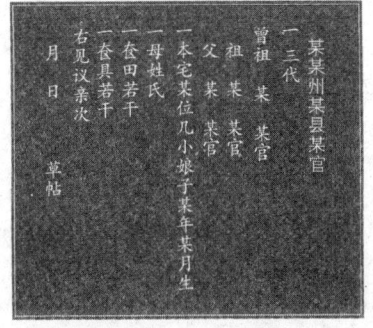

◆ 宋朝议婚的草贴

像侍奉生者一样，在祢庙中为父亲的神灵设座席以及可以用来倚靠的几，这其中含有听命于宗庙的意思，也都是郑重其事的表现。

纳采礼结束后，媒人出了庙门，并不回家。而是稍后执雁再次进入女方家的庙门去"问名"，以便回去占卜男女双方是否和婚。问名除了用来卜卦之外，还有了解女家家族血缘关系的作用。这主要是避免同姓婚配而影响后代。

按照周礼的规定，"娶妻不娶同姓"（《礼记·坊记》）。姓原本是古代氏族的标志，同姓就同族，血缘关系较近；相反，不同姓就不同族，血缘关系较远。当时的人们已经认识到族内婚配不利于后代的繁衍。《左传·僖公二十三年》和

《国语·晋语》中有"男女同姓，其生不繁""同姓不婚，惧不殖也"的说法。

除了同姓之外，古代禁止缔结婚约的限制性条件还有结婚年龄。西周礼制规定，男子20岁"冠而列丈夫"，表示成年。女子15岁为"及笄"，也就是成年。如果男女没有达到成年年龄是不得成婚的。此外，据记载，汉代结婚年龄是男子十五六岁，女子十三四岁。总体看来，以后的结婚年龄显然是大大提前了。

此外，不适合缔结婚约的情况还有服丧期。儒家礼制规定，父母死后子女应服丧三年，在此期间不得嫁娶。

延伸阅读

问名礼中用的庚帖

古人行问名礼时，将女方的相关情况写成文书，用以占卜吉凶，这种文书就是后来的庚帖。所以，人们也将问名礼称作"请庚帖"或者"合八字"。

清代的庚帖多为折子状，极富喜庆气氛。封面上一般写着"文定厥祥""天作之合"之类的吉语，也有的写着"鸾笺"二字。内容主要是记载订婚一方的姓名、籍贯、生辰和祖宗三代世系。庚帖中往往有一些特殊用词，如将男方的生辰叫做"乾造"，女方的生辰叫做"坤造"；落款的时间前面，男方通常写"龙飞"、女方通常写"凤舞"等。

这样的庚帖由媒人送到对方家中后，对方要郑重地压在堂前供桌的香炉底下，陈设供品并焚香祈祷，来卜筮婚姻的吉凶。如果在此后的3天内，家中人员平安或出现喜事吉兆，就说明"乾坤两造无冲"，婚姻祥瑞可配；如果发生了不吉利的事情或者凶兆，就说明八字不合，要另择佳偶了。

纳吉以示初定

> 纳吉是"婚姻六礼"中的第三礼，经过了"媒妁之言"和卜筮之后，男女双方的这桩婚姻已经得到上天和人为的许可，纳吉标志着婚姻的初定。

据《仪礼》记载，在男家问名后，回去在庙中占卜后，如果获得的是吉兆，就派使者告知女方家庭，女方家庭的主人则很谦虚地对答，大意是说家女与男方恐不匹配，却又不敢推辞。这就表明婚姻之事初定。这一仪节因为在占卜获吉后进行，所以被称为"纳吉"。当然，占卜结果不好，那这桩婚姻也就到此为止了。

纳吉在后来的发展中发生了一些变化。例如，宋代吴自牧的《梦粱录·嫁娶》中很详细地记录了纳吉的过程：

亦卜吉，媒氏通音，然后过细帖，又谓定帖。帖中序男家三代、官品、职位、名讳，议亲第几位男及官职，年甲月日吉时生，父母或在堂，或不在堂，或书主婚何位尊长，或入赘，明开将带金银、田土、财产、宅舍、房廊、山园，具列帖子内。女家回定帖，亦如前开写，及议亲第几位娘子，年甲月日吉时生，具列房仓、首饰、金银、珠翠、宝器、动用帐幔等物，及随嫁田土、屋业、山园等。其伐柯人（即媒人）两家通报，择日过帖，各以色彩衬盘、按定帖送过，方为定论。

其意大概是说，男方得到吉兆，派遣媒人去告诉对方。然后开始着手准备定帖。帖子中要写明男、女双方的个人及家庭情况，以及媒人来回奔走于双方家庭后商量出了聘财和妆奁的种类与数量。写好后，选择一个好日子，男方派媒人带着一些小礼物，欢欢喜喜地去女方家中交换帖子。交换了定帖后，这件亲事也就差不多

◆ 凤求凰

成为定论。所以，纳吉后来有了"文定"的名称，此外所谓的"送定""过定""定聘""小聘""小定"一般也指此项定婚活动。

除了这种变化之外，有的父母家人还是有些不放心。万一对方"命星"不错却相貌丑陋、言词粗劣怎么办？万一对方家境虽好，可是父母兄嫂厉害，自己女儿过门后要受公婆等人的气怎么办……正是由于这些顾虑，也出现了各种各样相看未来儿媳或未来女婿的故事。当然，在我国古代，女孩都是居于深闺、不能抛头露面的，所以，还是女方家长相看未来的女婿情况比较多一些。如《世说新语》中记载，王武子为自己的妹妹挑选了一个虽然出身贫寒却有丰富学识的丈夫，母亲知道后就提出要看一看人。于是，王武子就安排这位未来的妹夫与其他人杂处一起，让母亲在幕后悄悄地相看。母亲看后发现此人虽然才貌人品都没问题，可是却长了一副短命相，就拒绝联姻。没过几年，母亲的话果然应验。

此外，如大家熟知的王羲之"东床袒腹"，虽给前来相看的中间人留下不好的印象，却被未来岳父选中为婿的故事，其实也是虽有"媒妁之言"，也有天地之允，却仍不放心的一种表现。

纳吉属于正式定约，所以，行礼时也必须有礼物作为定婚事的信物。《仪礼·士婚礼》中说："纳吉用雁，如纳采礼。"到了后代，纳吉所带礼物就比较丰富了。有时候是食品"六十四"，即包

◆ 故宫博物院的红喜床

头64对、油包64只、麻饼64只等。"四洋红"或者"六洋红"即绸缎衣料四至六件，以及金戒指两只和金耳环一副，此外还有老酒2担至8担不等。女方回礼多为金团、油包及女孩自做的绣品等。

延伸阅读

吴自牧《梦粱录》

《梦粱录》是南宋吴自牧所著的介绍南宋都城临安城市风貌的著作。共二十卷。吴自牧是临安府钱塘（今浙江杭州）人，但生平事迹不详。关于《梦粱录》的成书年代，根据自序中的"时异事殊""缅怀往事，殆犹梦也"等语句推测，可能是在元军攻陷临安之后。这本书仿效了宋孟元老的《东京梦华录》的体例，记载了南宋临安的郊庙、宫殿、山川、人物、市肆、物产、户口、风俗、百工、杂戏和寺观、学校等，为了解南宋城市经济活动，手工业、商业发展情况，市民的经济文化生活，特别是都城的面貌，提供了比较丰富的史料。其中《嫁娶》中则详细记述了当时婚姻礼仪的完整过程。

纳征以行聘礼

> 纳征是六礼中的第四礼,是三书六礼中保留下来较完整的,同时也较受重视的传统礼节,代表了男方对女方的爱护与尊敬,也显示着财势。

经过纳采、问名、纳吉之后,男女双方家庭对这桩婚事再无异议,于是议婚进入纳征这一仪节。

纳征,也叫"纳币""过大礼"。据《礼记·昏义》记载:"纳征者,纳聘财也。征,成也。先纳聘财而后婚成。"《礼记·曲礼》也说:"非受币不交亲。"也就是说,在嫁娶过程中,收受男方的礼物是一个标志性的行为,婚姻是否成立,以此为分界。古人所说的"女子许嫁",其实也就是"已受纳币礼也"。

纳征的发展演变

纳征之礼,虽然在历史的长河中有些变化或不同说法,但仍是婚嫁礼仪中极为重要的一项。嫁娶重币的倾向,在这项礼俗中也表露得最为清晰。

最早的纳征礼同纳采携带的雁一样,其象征意义似乎大于实际价值。如《仪礼》中记载,"玄纁束帛"和"俪皮"是纳征时所携带的礼物。玄纁,蕴涵着天地阴阳;俪是"两"的意思,指成双成对。送这样的礼物主要是为了求得吉利。《周礼》还规定:"凡嫁子娶妻,入币纯帛,无过五两",这是对礼物的价值上限做了规定,这其实也包含着纳征并不为钱财。

到了两汉时期,纳征之礼就开始注重内容了。如汉孝惠帝纳后时,聘礼用了二万斤黄金。所以,《汉官仪》中记载"皇帝聘皇后,黄金万斤"。这种巨额聘礼,实在让人瞠目结舌。上行下效,两汉时期的聘礼无论在宫廷、官吏中还是

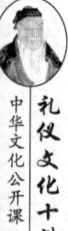

◆ 宋朝议婚的定帖

民间，都成为了一项很大的开支。

物极必反，到了魏晋南北朝时，纳征基本恢复了先秦的古制，主要是玉、皮、羊、酒和各种布料。到了隋唐时期，朝廷规定纳征礼中连羊、酒也减去。但是，上有政策，下有对策。官员中聘礼的数额还是很高的。无奈中，唐高宗下诏又一次规定纳征礼的上限，如"三品以上之家，不得过绢三百匹，四品、五品、不得过二百匹"等。

如同"分久必合，合久必分"一样，纳征礼到宋代又开始攀升。如皇家聘礼中有了珍珠、琥珀等炫目的珠宝和金钗等首饰，布帛之外还赠送成衣，其他器具也多是金银制作。当时的皇家聘礼价值与汉代时差不多。在民间，则主要以"三金"为主。所谓"三金"，是金钏、金镯、金帔。家境贫穷的，就用银镀的来代替。

宋代的纳征礼直接影响了后代聘礼的种类和数量，尽管元代曾经试图减省一些，但是到了明清，用珍宝和衣饰、大量现金做纳征礼已经成了家常便饭。

纳征的意义

之所以会有纳征这一仪节，其原因大概有以下两种：一种是感谢女方花费苦心培养了如此优秀的女儿，因为结婚后女孩便成了婆家人，所以，应对女方家庭做以补偿。另一种是用来充当女子的嫁妆和酒宴的资费。

纳征的过程

纳征通常在大婚前一个月至两周进行。当日由男方家长请两位或四位女性亲戚（她们必须是全福之人，即有丈夫、儿女，而公婆、父母皆在）会同媒人，带着商议好的聘

◆ 曹雪芹像

礼到女方家中。聘礼送到后，男方家里的女宾便会打开礼盒挑选几件精美的金饰，一边为准新娘戴上，嘴里一边说着各类吉祥的言词，随后大家互相祝贺道喜，至此纳征仪式宣告结束。

延伸阅读

纳征礼中的喜庆象征——羊和酒

在古代，羊和酒被当作喜庆的象征。最初，羊和酒一般用作赏赐、馈赠或庆贺的礼物，或是一般的祭品。如《史记·卢绾传》中说："卢绾亲与高祖太上皇相爱，及生男，高祖卢绾同生日，里中持羊酒贺两家。"再如《后汉书·樊英传》中说："帝不能屈，而敬其名，使出就太医养疾，月致羊酒。"这是馈赠的羊和酒。到了清代，订婚这种喜事也要用羊和酒。如我国四大名著之一、曹雪芹的《红楼梦》第九十七回中说到贾宝玉与薛宝钗订婚，贾家给薛家下的彩礼："鸳鸯等忍不住好笑，只得上来一件一件地点明给贾母瞧，说：'这是金项圈，这是金珠首饰，共八十件。这是妆蟒四十匹。这是各色绸缎一百二十四。这是四季的衣服共一百二十件。外面也没有预备羊酒，这是折羊酒的银子。'"这就说明了羊和酒是聘礼中必须有的食品，即使不预备，也要有折合而成的银子。

第六讲 婚嫁礼仪篇

请期以择良时

"请期"是从古至今的婚姻礼仪中必不可少的一个环节,是人们希望结婚时一切顺利和结婚双方吉祥如意的心理的体现。

在古代的婚礼中,有一项虽历经千年却变化不大的礼节,那就是"请期"。

送完了聘礼,往往男方家庭就希望尽快将新娘娶回自家。于是,就通过占卜确定了结婚日期,之后派媒人携带着"雁"到女方家中,征求女方家庭的意见,这就是周礼中规定的"请期"。实际上,"请期"在当时只是表达对女家的尊重而已,其辞令是谦逊诚恳的。如男方的媒人说:我们是否挑个吉日,把婚事给办了?请问哪天最合适?当然,这是客套话,但不说却是失礼的。女家回答说:既然你们已经选中了吉日,还是请你们决定吧!媒人这才把婚期告诉女家。双方在商量中就把结婚的日子确定了。后来,人们发现,"请期"不仅是一种礼仪的需要,还是一种实际的需要。因为古代人往往笃信"坐床喜",希望新娘在新婚之夜就能怀孕,这就要避开女子的"例假日"。这就需要通过"请"的方式来征求意见。

"请期"在民间有"挑日子""送白头"或"提日"等不同的叫法,但千百年来的变化并不多。宋代时"请期"与"纳征"合并了,这在当时不仅省却了一道程序,还省去了一些婚礼的花费。

古人之所以要"请期",其根本目的还是要"择吉"。古人认为,婚姻关系的确立是天作之合,那么,结婚的日期与时辰也应该顺应天时才会有好结果。所以,先秦、秦汉时期就开始通过占卜的方法来选择"吉日良辰"。在季节上大多定在春秋季。对此《夏小正》有明确记载:"二月,冠子娶妇之时也。"夏历二月是嫁娶最常用的季节。同样,《诗经·氓》则

◆ 商代卜甲,上面刻下的占卜结果的文字就是我们熟知的甲骨文

说："氓之蚩蚩，抱布贸丝。匪来贸丝，来即我谋。送子涉淇，至于顿丘。匪我愆期，子无良媒。将子无怒，秋以为期。"相爱的男女将迎娶的时间约定在了秋天。与春季相同，秋天也是阴阳交替的时光，阳往而阴来，暗合女子入住男家，所以秋天迎娶也是常例。《韩诗外传》就写道："古者霜降逆女，冰泮杀止。士如归妻，迨冰未泮。"

不仅要选择季节，人们还要选择年、月、日，后来人们常常通过老黄历来择定。古人认为，冥冥宇宙中有神煞当值，神煞有吉神凶神之分，选择吉日吉时其实就是确认这个时间是哪一尊神煞在哪一个方位当值，然后做出趋吉避凶的安排。比如"岁德"是年神中的吉神，所理之地万福辐辏，自然是办婚事的好年头，倘若凶神"太岁"驾临，那就必须回避了。再如，人们以子、午、卯、酉为"当梁年"，忌"当梁年"结婚，认为"其年娶妇，舅姑不相见"。

看黄历决定婚期是大多数人的做法，然而，不同地域、时代，还是有不同的年月日忌讳。如北京的旧俗是"正不娶，腊不定"，如果确实要在这段时间娶亲的，那么一定要放在腊月二十五到除夕，此刻灶王爷已上天，诸凶煞都不出来捣乱了，嫁娶也就百无禁忌了。此外，有些地方还忌七月成婚，认为七月半是鬼节，阴气太盛，会伤及男子的寿命。还有一些婚期需要配合男女的生辰八字来确定，如《行嫁月》歌："正、七迎鸡兔，二、八虎与

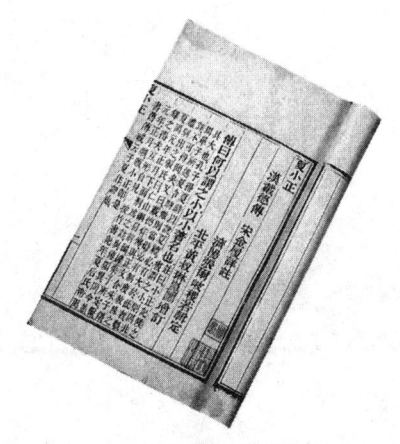

◆ 中国现存最早的历书《夏小正》

猴。三、九蛇共猪，四、十龙和狗。牛羊五、十一，鼠马六、十二。"其中的属相为女方的属相。

无论婚期根据什么而定，"请期"这一礼仪都表现了人们对婚礼的重视，以及对新婚之人未来的美好期待。

延伸阅读

五行择吉的来历

在古代，举行婚礼的日期要通过占卜来决定，占卜的方式有很多种，如果同一个人用多种方式同时占卜，就会出现相互矛盾的情况。在汉武帝身上就发生了这样一件事，并且因此确定了人们用五行来择吉。

据说，武帝想嫁女儿，就请来了占卜的人，问某日是否合适，五行家说：可；堪舆家说：不可；建除家说：不吉；丛辰家说：大凶；历家说：小凶；天文家说：小吉；太乙家说：大吉。各家辩讼不决，莫衷一是，于是汉武帝下令，从此以后，这类占卜，只以五行家为主。

其实在春、秋季节迎嫁，就反映的是阴阳五行的思想。

亲迎以接新娘

在古代"婚姻六礼"中，亲迎礼是其中的核心，历来认为，只有举行了亲迎，才算是正式结婚，婚姻关系才得以成立。

亲迎，也称"迎亲"，是"六礼"中的最后一礼，即新郎亲自迎娶新娘回家的礼仪。据《诗经·大雅·大明》记载："大邦有子，俔天之妹，文定厥祥，亲迎于渭。"可见，亲迎礼仪最早始于周代，此后历代沿袭。

在我国古代婚姻文化历史中，亲迎礼的形式多种多样，尤其是在清代，亲迎的形式不但形式多样，而且十分隆重。《仪礼》中记载的亲迎礼是这样的：

黄昏时，由新郎亲自前去新娘家迎接新娘。亲迎时，要由父亲发出命令并进行教导后，新郎才能出发。出发时，新郎乘漆车，随从乘两辆副车，并给新娘准备一辆，其规格与新郎的相同，但有帷幕。到了女家，新娘的父亲在门外迎新郎，并行三揖三让礼来引导其进门。这时，新娘已经打扮停当，由母亲及陪嫁们陪着，面朝南站立。新郎入室后，向岳父行再拜叩首礼，然后出门，新娘跟从。此时，父亲在阼阶上送别女儿，并嘱咐说，一定要恭敬从事，什么时候都不能违背夫君的命令。母亲则将带子围在女儿身上，结好佩巾，将父亲的话再嘱咐一次。庶母送到门外，将盛佩巾的小囊佩戴在新娘身上，并重申父母之命：恭恭敬敬地听从你父母的话，白天黑夜都不要有过错，经常看看这个盛佩巾的小囊，就不会忘记父母的告诫了。

接着，新娘跟在新郎后边从西边的台阶下堂。出家门后，新娘上车，新郎则亲自驾车，在车轮转了三圈后，新郎下车。之所以如此，是要表示迎亲的车是由新郎亲自启动的。此外，根据当时的习俗，新郎的父母

◆ 现在一些少数民族仍保留着哭嫁的习俗

◆ 清代的婚轿

要第二天才能见新娘，所以新郎必须另外驾一辆车提前赶到家，以便迎接新娘。

各代亲迎礼在流传过程中又加入了一些新的"节目"。在亲迎前几天，女方家会选择一个吉日进行"安床"仪式，即在有利于新人的吉位安床，然后铺上龙凤被，并撒上红绿豆、莲子、红枣、桂圆、核桃等喜果。安完床后，要让小孩子跳床，并吃喜果，古代称为"压床"，有开枝散叶的含义。此外，准新娘在出嫁前的一段时间留在闺房或阁楼之内，一般由闺中姊妹陪伴，暂时摆脱以往的生活习惯，做好心理准备，以求日后能适应男家陌生的生活环境，这就是古代所说的"上阁"。到了亲迎当日也就是出嫁的当天，新娘才离开阁楼，俗称"出阁"。

"哭嫁"后来也成为后代亲迎礼中必不可少的礼俗。"哭嫁"，也称为"哭出嫁""哭轿"等。女子拜别养育自己多年的父母，将要到一个陌生的环境中，心中肯定会有一些不舍和茫然，于是常常有悄然饮泣，乃至痛哭失声的新娘。这本属于情理之中。另外，在古代由"媒妁之言、父母之命"决定的婚姻，女方难免会有不满意之处，要出嫁到一个自己不愿去的地方，也肯定会让她哭泣。但是，这些最初在亲迎礼时哭泣的新娘们肯定想不到，"哭嫁"竟然成了一种习俗，成为婚礼中不可或缺的一部分，而且"哭嫁"的目的是表现她们与父母之间的深情厚谊，表现她们对父母的至孝，这与她们最初"哭嫁"的缘由毫不相关。

经过复杂漫长的"六礼"过程，男女双方的婚姻关系才正式成立。其实，古代富家子女结婚时，往往严格遵循"六礼"的步骤，但是，普通人家的子女结婚则大多从简。

延伸阅读

宋代亲迎礼中的花轿

花轿，也称为"喜轿"，是古代婚礼上使用的特殊轿子。它一般装饰华丽，主要以红色来显示喜庆吉利，因此也俗称"大红花轿"。

在北宋之前，轿子只供皇室使用。宋高宗赵构南渡临安（今杭州）时，废除了乘轿的一些禁令，从此轿子在民间也开始使用，并日渐成为人们的代步工具。南宋孝宗皇帝为皇后制造了一种"龙肩舆"，上面装饰着四条走龙，用朱红漆的藤子编成座椅、踏子和门窗，内有红罗茵褥、软屏夹幔，外有围幛和门帘、窗帘。这就是最早的"彩舆"，即花轿。后来人们便把花轿用在了喜庆的结婚礼仪中。

通常，待嫁的女方在家里梳洗打扮结束，凌晨，男方就会派来迎亲的鲜艳的大花轿，这叫"赶时辰"。据说当天如果有几家同时娶亲，谁赶的时间早，将来谁就会幸福美满。南宋吴自牧在《梦粱录·娶嫁》里有相关的记述。

第六讲　婚嫁礼仪篇

共牢而食，合卺而饮

"共牢而食，合卺而饮"是新娘到夫家后的一个仪节，这个仪节可以说是新人从陌生人到夫妇的一个过渡，同时也为了体现夫妇一体、彼此亲爱的意思。

黄昏时分，新娘被新郎"亲迎"回家，虽然"婚姻六礼"到此结束，但是，婚礼还没有结束。新郎新娘要进食新婚的第一餐，还要喝新婚的第一杯酒，这就是"共牢而食，合卺而饮"。婚礼是"礼之本"。《礼记·婚义》中说："共牢而食，合卺而饮，所以合体同尊卑，以亲之也。"也就是说，"共牢而食，合卺而饮"是为了体现夫妇一体、彼此亲爱的意思。

具体仪节是：新娘到达夫家后，侍者交替为新郎、新娘浇水洗手，赞礼者这时已经为新人安排好了新婚第一餐的馔席。

古人吃饭的习惯和现代有些不同。在那时，饭桌上的食物是每人一份，不共用。可是，婚礼上的第一餐却是例外。

在新郎、新娘的中间摆着三个古代盛肉食的"俎"，其中一个放着几条鱼，另一个放着一只风干的兔子，还有一个放着一份乳猪。这三个俎中的东西是夫妇共同享用的，这就叫"同牢而食"，"牢"是指俎或者俎里的食物。同吃一份食物，这让原本素不相识的男女双方之间的亲密程度迅速提升。

可以看出来，新婚第一餐的饭菜非常简单。不仅如此，进食的过程也非常简单。侍者将俎中的食物加给他们，夫妇先吃一口饭，再喝一口肉汤，然后再用手指蘸一点酱吃，这个过程被称之为"一

◆ 送嫁妆

◆ 战国早期的彩绘漆鸳鸯盒

饭"。总共要重复三次,即"三饭",对此的说法是"三饭告饱,食礼完毕"。

吃晚饭,还要进行"三酳"。古人饭后,要用酒漱口,这样做的目的有两个,一个是清洁口腔,另一个是安食。但在婚礼中,"酳"有三次。"三酳"中使用的酒器,前两次是爵,最后一次是卺。所谓"卺",对剖而成的两半葫芦瓢,夫妇各用一半来喝酒,这一仪节就是"合卺而饮"了。

进餐完毕,侍者便为新婚夫妇铺好卧席,二人脱去礼服,新郎亲手解下新娘许嫁时系上的缨带,同房共寝。

由以上所述《士昏礼》中的婚礼过程可知,先秦的婚礼非常简朴,不仅夫妇成婚的菜肴仅有数品,而且没有庆贺和举乐的仪节。

乐是古代礼仪中很重要的组成部分,为什么喜庆的婚礼中却没有乐呢?《礼记·郊特牲》说:"昏礼不用乐,幽阴之义也。乐,阳气也。"乐是阳气,奏乐会使新郎新娘心襟荡漾,这与古代强调举止得体、强调女性的阴柔之美不相协调。此外,《礼记·郊特牲》中还有"昏礼不贺,人之序也"的说法,也就是说,婚礼是异性宗族繁衍之礼,家家都有,人人必经,因此不必举乐。

对于婚礼不举乐的缘由,《礼记·曾子问》中则有另外一种说法:"嫁女之家,三夜不息烛,思相离也。取(娶)妇之家,三日不举乐,思嗣亲也。"这即是说,妇家因女儿出嫁而离别,父母处于思念之中,无心举乐;而夫家则将因娶新妇而取代年老的母亲在家中的地位,不免哀戚,也无心举乐。

无论是哪一种理由,古代的婚礼都在一种简朴而宁静的氛围中度过,这更能使新婚的男女双方以一种恭谨、庄严的心来对待即将而来的生活的巨大变化。

延伸阅读

"共牢而食,合卺而饮"在后代的演绎

"共牢而食,合卺而饮"是周代婚礼的仪节,这一仪节在宋代以后,演绎成新婚夫妻共饮交杯酒。《东京梦华录·娶妇》记载:新人"用两盏以彩结连之,互饮一盏,谓之交杯。饮讫,掷盏并花冠子于床下,盏一仰一合,谷云大吉,则众喜贺,然后掩帐讫。"这个仪式的象征意义是意味深长的。

现代婚礼的最后一道程序是"闹洞房"。"闹洞房"时有一个几乎必不可少的节目,即让新郎、新娘一起咬一颗用线悬挂着的糖,或者苹果,这其实也是"共牢而食,合卺而饮"的遗风流俗,为了表示夫妇从此结为一体。

拜见舅姑，终成新妇

> "拜见舅姑"是古代婚礼的一个重要仪节，只有通过这一仪节，新娘才完成了成妇之礼，才得到了新郎家的彻底认可，也往往意味着家庭主持大权的交接。

新娘进入夫家，完成了"共牢而食，合卺而饮"，并与丈夫同寝，但并不意味着婚礼已经结束，因为新娘还没有完成"成妇之礼"，也就是说，她还需要经过拜见舅姑或"奠菜"两个仪节。

"拜见舅姑"就是拜见公婆，舅姑是古代对公公、婆婆的称呼。这一仪节通常在"亲迎"后的第二天早晨举行。

清晨，新娘早早起身沐浴梳妆，穿戴整齐后，以新妇的身份上堂拜见公公、婆婆。公公以主人的身份在阼阶上即席，婆婆以内主的身份在房门外的西侧即席。

新娘手里捧着装有枣、栗的竹篮，提梁上覆盖着"缁被纁里"的手巾。缁色布在外面象征着阳，纁色布在里面象征着阴，取的是阴阳相交之意。新娘提着这样一个篮子，从西阶上堂，到公公席前行拜见礼，礼毕，将竹篮放在席上。公公抚摸竹篮，表示收下礼物。然后，新娘又捧着一个装有干肉的竹篮到婆婆席前行拜见礼，并将竹篮放在席上。婆婆举起竹篮，就表示收下礼物。在古代，向长辈进献礼物时，要把礼物放在地上或者席上，来表达对方尊而自己卑，不敢手授的含义，这与今天亲自交给对方表示敬意正相反。

接下来，主持婚礼的人代表公公婆婆用醴酒向新娘致礼，表示接纳新娘成为家庭中的一员。然后，新娘向公婆"馈特豚"，也就是进献一只煮熟的小猪。小猪经过左右对剖之后，先一起放入鼎中，食用之前取出来，分别盛放在公公、婆婆的俎上。之所以"馈特豚"，是为了表示新

◆ 传统婚礼中的拜堂

◆ 新娘过门后要参拜主家祠堂内的祖宗画像

娘开始以媳妇的礼节孝敬公婆。最后，公公婆婆安排酒食款待新娘，以及女方家的有关人物，同时赠送礼物。到此，"拜见舅姑"礼就结束了，舅姑要下堂。以前，公公婆婆是从东面的阼阶上堂下堂的，因为那是主人专用的台阶。但"拜见舅姑"礼结束后，公公婆婆就要从宾阶，即西边那个台阶下堂了。相反，新娘则要从东边这个台阶下去。在这默默的上下堂行为中，新妇已经和公公婆婆完成了家庭管理权的交接大事，新娘从此代替婆婆成为家庭的主妇。

如果男女双方在结婚时，公公婆婆已经去世，那么，这个"拜见舅姑"的仪节也不能少，但这时就叫"奠菜"了。

古人有"事死如事生"的传统。即使父母已经去世，但是他们九泉有知，结婚这样的大事，一定要告诉父母。这就是在宗庙祭祀时，用"奠菜"礼仪拜祭公婆。周时的人实行四时之祭，春、夏、秋、冬，每季一祭，也就是每三月祭祀一次。新娘过门后，不出三个月就会遇到一次祭祀。因此，"奠菜"一定是在婚后的三个月内。即《士昏礼》所说的："若舅姑既没，则妇入三月乃奠菜。"到了宋代，人们认为三月而"奠菜"，相隔的时间太久，于是，《朱子家礼》将其改为三天，于是成为一种制度流传于后世。

"拜见舅姑"或者"奠菜"结束后，一场旷日持久的婚礼终告结束，新娘也终于完成了成妻、成妇礼，开始承担起一个家庭的责任了。

延伸阅读

"拜见舅姑"与"拜堂"

周代的"拜见舅姑"到了唐代就被称为"拜堂"，到了北宋，仪式也发生了一些变化。新婚之日先拜家庙，行了合卺礼，到第二天的五更，在一个桌子上放上镜台、镜子，对着进行礼拜，称之为"新妇展拜"。到了南宋，"拜堂"改在了新婚当日。新婚夫妇牵巾到中堂先揭新娘盖头，然后"参诸堂，次诸家神及家庙，行参诸亲之礼"。此后，就开始在迎娶当天先拜天地，然后拜堂，即拜祖先及男方父母、尊长的仪式。后来，人们也将拜天地、拜祖先及父母和夫妻对拜都统称为"拜堂"。

三朝回门，归宁父母

> "回门"是古代"婚姻六礼"之外的一个重要仪节，它不仅表示着"新郎"在女方家庭中"半子"身份得到确认，双方家庭互致礼物也体现婚姻合两姓之好的意义所在。

在古代，"回门"也被称为"反马""归宁""拜门""回红"等。它虽然是"婚姻六礼"之外的一个仪节，但它也是婚姻过程中一个必不可少的程序。回门的礼仪结束后，婚姻礼仪才宣告完成。

先秦时，礼俗规定，天子、诸侯、大夫等人的女儿出嫁不坐男家的车马，而是坐自家的车马。这种礼俗在于女家向男方表示，如果夫家不满意，让她骑着马回家，以此来表示自谦；如果满意，归宁时即将马送还，以表示新婚夫妇感情和谐，故称为"反马"。《诗·周南·葛覃》中也有关于"归宁"的说法，也就是说，在先秦时期，"回门"礼即已经存在了。如鲁文公在婚后偕新夫人齐姜回齐国探望岳丈就是"回门"之举。

回门的具体时间有不同的说法。有在婚礼当日回门的，有在婚后第三天回门的，叫"三朝回门"，还有婚后第四天回门的叫"回四"，婚后第九天回门，俗称"回九"。《红楼梦》第九十八回中，贾母与王夫人、王熙凤等商议说："我看宝玉魂不守舍，起动是不怕的。用两乘小轿，叫人抬着，从园里过去，应了回九的吉期。"也有十天才回门的，俗称"九九十成"。甚至，在有些地区，新娘回门还有"叫对月""住满月"的。无论何时回门，这一风俗的实质都是婚后双方家人的第一次隆重聚会，故又被称为"会亲"。

"回门"的方式有接与不接两种方式。所谓"接"，是指由新娘的哥嫂或弟弟等家人前去男家接回；所谓"不接"即是新

◆ 大观园。《红楼梦》中贾府为元妃建的省亲别墅

郎和新娘一同前往女家。接与不接，并无一定规矩。如在河南嵩县一带，新娘由哥嫂去接，新郎也于同日前来女家谢亲。按风俗，新郎与新娘不能两人同行，因而往往由嫂子陪着新娘先走，再由哥哥陪着新郎随后。中午在新娘家宴饮之后，新郎先回，新娘则由父亲随后送去。在有些地区，"回门"风俗还异常庄重。如天津就有回门"三道行帖请新郎"的风俗。所谓行帖，是指女家发出三次请新郎新娘回门的请束。第一道行帖的内容是："谨詹某日洁治春觞，恭候鸳驾"；第二道行帖的内容是："谨詹本日洁治春觞，恭进文轩"；第三道行帖的内容是："恭请速光"。

"回门"的内容有两个：一是新娘向父母和家人介绍在男家的情况，主要是介绍女婿的情况；二是女婿拜见岳父母以及女家兄弟姐妹和族亲。因此，"回门"礼中新郎在女家要受到隆重的接待。如在浙江地区，当新婿到达岳家后，即由岳家派人引见拜会各亲族和宾朋，俗称"认亲"，然后设宴畅饮，一些富有的人家还请戏班子演堂会。但是，有些地方对待新婿却有"谑郎"的习俗，即如同闹新房时戏谑新娘一样戏谑新婿。如在陕南一带，新郎新娘回门后，酒过三巡、菜过五味，女家便端上一块大骨头。对此，新郎要把骨头上的肉全部啃完，否则人们会笑话新郎挑肥拣瘦。在河南东部地区，还有给新婿抹花脸等习俗。在女家，女眷们会乘其不备将锅底灰或颜料等抹在新郎的脸上，致使新郎成了个大花脸。

◆ 夫妻回门

按照大多数习俗，"回门"时新娘都会在当日返回男家。在有的地方，甚至落日之前一定要赶回男家，据说回去晚了会使婆婆眼瞎。回去时，女家会送些礼物让新娘带回去孝敬公婆。所带礼物无硬性规定，随地方风俗而有差异。

延伸阅读

古代"回门"为何带"烧猪"？

"回门"时必须携带礼物，礼物的多少视其家境而定。但在古代社会，礼物中最为重要的是"烧猪"。此时的"烧猪"，不仅作为礼物之一种，其更重要的意义在于象征新娘确是白璧处女。这是因为古代人非常注重女性之贞节。据《清稗类抄》记载："（粤人）成婚之夕，喜娘为新郎脱鞋，即授一白巾，备交合后拭秽之用也，如有新红，即为完璧，可吃烧猪。"俞傅臣在《荷廊笔记》中也记载："广州婚礼，于女成后三日，以烧猪送行，其猪数多少，视夫家丰瘠，若无之，则妇为不贞矣！"也就是说，女家收到烧猪，就会分送亲友，以表示女儿冰清玉洁，让大家知道自家门风严谨；女儿回门如果没有烧猪，就有可能产生婚变，以致产生退婚的恶果。

第七讲
丧葬礼仪篇

丧葬礼仪之起源与发展

> 人类社会在不断发展中，出现了各种各样的信仰崇拜观念，这种观念在人类的生老病死中起着很重要的作用，尤其是死亡。于是，丧葬礼仪受到重视，丧葬礼仪文化也就成为我国传统文化的重要组成部分。

死亡，是人生旅程的最后一站，标志着此人将从此脱离社会。丧葬礼仪就是对死者遗体进行处理的文明形式，是社会发展的产物，也是文化传统的组成部分。

在中国传统礼仪文化中，丧礼的产生最早。早在远古氏族公社时期，当一个氏族成员去世后，后人不忍见死者遗体腐坏，就用柴草盖上，埋在野外，既不挖坟墓，也没有礼仪。到了原始社会时期，随着社会的进步，人们逐渐产生了灵魂不死的观念，这影响着人们看待死去亲人尸体的看法，于是有了埋葬的习俗。唐代杜佑的《通典》中提到太古时代凶礼中规定"古之葬者，厚衣之以薪葬之中野，不封不树，丧期无数，后世圣人易之棺椁"。到了奴隶社会时期，厚葬之风和迷信活动更加盛行，奴隶主阶级为了利用宗教迷信维持其统治，大力提倡凶礼的习俗，甚至把奴隶也作为祭品杀掉，作为殉葬品埋掉。

周代可以说是丧葬礼仪的成熟期。《中国风俗史》中说："丧葬之礼节，皆整顿于周。由贵贱亲疏而有种种差别。其中情之厚，世界所未见也。周公立制，节目详备，哭泣撙踊皆有法。"总体来说，周代的丧葬礼仪遵循着"贵贱有仪，上下有等"的原则。对于贵族、奴隶主来说，死后一定要先举行"复礼"，这是为死者招魂的仪式。招魂之后就开始为死者沐浴。人死后或五天或七天，正式穿着入棺的寿衣，称为"小殓"。诸侯五日小殓，天子七日小殓。小殓过一天，举行入棺仪式称"大殓"。然后，

◆ 门吏俑。俑是古代丧葬普遍使用的一种随葬明器

◆ 出行图　东汉墓室壁画

就是殡葬了。往往是先"殡"后"葬"。也就是说，在死者入殓之后并不立即安葬，而是停柩待葬一段时间。周代中的规定是天子七日殡，七月葬；诸侯五日殡，五月葬；大夫三日殡，三月葬。在"葬"后还规定要服丧三年。

两汉时期，丧葬礼仪发生了一些变化。首先是服丧三年已经极其少见。汉代没有明确制定服丧的规定，一切听凭个人自己的安排，政府不提倡也不禁止。再次是丧葬中渗入了一些文化成分，如出现了挽歌、行状、碑文、墓志铭等。还出现了为坟葬相地吉凶的堪舆。相对而言，两汉时期的丧葬气氛是自由的，礼仪的成分比较弱。

魏晋南北朝是一个名士风气盛行的时期，轻视礼法，丧期不废乐，不禁酒肉，甚至可以国恤宴饮。这一时期出现了停丧不葬之俗和迁葬之俗。迷信之风更盛，要进行除祟，即认为活人有病是死人作祟，要开冢剖棺洗枯骨。这一时期还出现了相墓术，相墓大师郭璞还写了一本专著《葬经》。

唐代是封建社会的鼎盛时期，当时社会安定、天下太平。"衣食足，然后知礼仪"，所以，前代的各项礼仪，特别是周代时期的礼仪，又进入一个辉煌发展时期，只是唐代的丧葬礼仪在周礼的基础上更加系统化、程序化。

宋代的统治者也很重视丧葬礼仪，并且多次颁发新的丧葬仪注，其中影响最大的是《政和礼》。此外，司马光还参考社会实际丧葬习俗，编纂了《司马氏书仪》，多为士大夫所遵奉。

明清时期的丧葬礼仪不仅隆重繁琐而且文化气氛浓厚。如明代万历帝的定陵，耗银800万两，而明定陵出土的随葬品有数千件，而且多是世间少有之珍宝。明代北京的十三陵，都是厚葬的典范。

丧葬是传统礼仪中对后世影响最大的礼仪之一，自其诞生便与祖先崇拜结合在一起，融合了传统文化中"孝""和"以及等级观念，共同肩负着礼教的重任。

延伸阅读

郭璞与《葬经》

郭璞（276—324年），字景纯，河东闻喜（今属山西省）人。他不仅是我国著名的文学家、训古学家，更被推崇为术数家、风水宗师。《南史·张裕传》中记载，郭璞的母亲死了，他选择了一块离水仅百步远的墓地埋葬其母。有人说这会淹了坟墓。但是，郭璞却预测到水会退去。后来果然沙土上覆，墓周围几十里都成了桑田。从此后，人们都认为他很神。相传《葬经》一书为郭璞所著，是中国古代相墓术的经典之作。该书内容不到2000字，但文字精练，介绍了相地的方法，涉及面也很广。

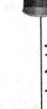

寿终正寝之际的停尸仪

> 丧葬礼仪是关于死亡的仪式，是人们既感到恐惧，而又不得不面对的人生重大仪式。其中"停尸仪式"体现了人们对寿终正寝的讲究。

先秦时期，贵族的丧礼非常繁缛，从死到葬往往要经历很长的时间。据唐《开元礼》记载，一般的丧葬议程就有66道，宋代司马光《书仪·丧礼》已经做了很大程度上的删减，也还有25道左右。当时的穷人要办丧事是很艰难的，但是，"孝"的观念是人的价值观中的核心观念，所以，在古代多了许多"卖身葬父"的故事。就丧礼而言，由于时代、民族、地域的不同，到目前为止，丧礼议程都有很大的差异。《仪礼·士丧礼》中的丧礼仪式从死者弥留之际的"停尸仪式"开始。

在病人不省人事的时候，《礼记·丧大记》中说"属纩以俟绝气"，也就是说用属纩的方法来判断病人是否气绝。属，是放置的意思；纩，是一种极其轻薄的丝。属纩就是将丝絮放在病人的鼻孔前，如果病人还有一息尚存，丝絮就会飘动，否则就表明病人已经气绝。

《士丧礼》中说："死于適室"。適室就是適寝之室，通常称为"正寝"。古人认为正寝是正性情的地方，人必须死在正处，所以有"寿终正寝"的说法。古代，如果人生病住在别的房间，在临死前就要移居正室之中，这样，死者就可寿终正寝了。

人一死，家人就要为他招魂，称为"复"。古人认为，人的生命由魂和魄组成，魂就是灵魂，是一种精气；魄是躯体，是魂的寄寓之处。灵魂附着在体魄之中，那么生命就是存在的；反之，如果灵魂离开了体魄，人就会昏迷或者死亡。人

◆ 明清时期年画中引魂童子将逝者之魂带过七殿八殿

刚死的时候，灵魂距离体魄不远，如果大声呼喊，或许能让它回到体魄之中。所以，古人将这种礼称为"复"，专门招魂的人称为"复者"。招魂时由复者拿着死者身前穿着的能代表其身份的衣服，一手执领，一手执腰，面向幽冥世界所在的北方，连喊三声"哎——××回来啊"。如果是男子，就叫其名；如果是女子，就叫其字。喊完后，将衣服从房的正檐扔下来，下面有人用衣箱接住，从东面台阶走入正堂，然后把衣服盖在死者的身上，希望死者的魂能够再次回到他的身上。"复者"也从房屋上下来了。这一仪式表示为挽回死者的生命而作最后一次努力。

接着是亲属为死者沐浴。清洗尸体所用的水一般都是买来的，俗称为"买水"。"买水"为死人沐浴的目的是要让死者干干净净地到达阴间，被祖先所收容。

在对死者进行沐浴后，要穿上"寿衣"。寿衣的具体样式因为地域文化原因各有不同，但必须是传统的式样，因为按照传统的观念，人死之后就要去见远古的老祖宗，如果老祖宗认不出自己的子孙，就会不让他认祖归宗。

按照旧时的规矩，在沐浴更衣的仪式结束之后，还要举行"饭含"仪式。饭含是指在死者的口中塞上珠、玉、米、贝之类的东西。这是为了不让死者张着空嘴、饿着肚子到阴间去受罪。

在沐浴更衣后，亲属要马上把尸体移到中堂木板床上，头北脚南，这在古代被

◆ 曾子雕像

称为"易箦"。尸体头前置"长明灯"，意味着为死者灵魂引路的。灯旁放一碗满饭，饭上竖插一双筷子或棍子，俗称"打狗棒"，意思是让亡灵在阴间的路上打狗用的。这些行为被称为"停尸"。

延伸阅读

曾子"易箦"

《礼记·檀弓上》上记载了关于曾子"易箦"的事。曾子是孔子的一个得意门生。鲁国大夫季孙子为了表示对曾子的敬意，就特意送给他一张大夫专用的竹席。后来，曾子因重病而卧床不起。他的学生乐正子春前去探望老师时，听见他的侍童指着曾子躺着的席子问："这是大夫用的竹席吧？多么光泽华美啊！"曾子听后吃惊地说："这是季孙赐给我的。我现在坐不起来，无力换去这张席子。"他让儿子帮他换，可是儿子却说："您病情这样重，身子又不便移动。等天亮我再给您换吧！"曾子说："你爱我不如侍童啊！君子爱人是用德，小人爱人是只顾眼前的舒服。我要这块席子有什么用呢？我能守礼而终，也就足够了。"他的儿子只好扶起父亲，换去床席，可是没等曾子的身体躺稳，他就去世了。后世人们就把病危将死称为"易箦"。

分担哀痛的报丧与吊唁

> 报丧仪式早在周代就已经形成了,可以说它是人死后的第一种仪式,它用发信号的方式把有人逝世的消息告诉亲朋好友。在汉族的观念里,报丧不仅是一种形式上的礼仪,更是一种和亲属家人分担悲痛的做法。

报丧,就是指丧家向亲戚好友邻里报告死者的死讯以及丧期和葬期的行为。古人认为"亲遭凶变惨祸",应当迅速遍告亲戚好友,并且要礼仪周全,不能"匿丧不报",否则就是最大的违礼和失礼。

在《仪礼·士丧礼》中,士死亡后的第一天,丧主要先向国君报丧。报丧后,国君派人前来吊唁。丧主到寝门外迎接,见宾而不哭。到中庭,吊唁者向丧主传达君命。丧主哭拜、叩首、捶胸顿足,但也有节限。通常是顿足三次为一节,共三节九次。然后,吊唁者离开。丧主到大门外拜送。哭泣时顿足,表明悲哀到了极点,同样有节限。在吊唁时,国君及亲友还要赠送一些衣被,目的是资助丧主顺利治丧,这些被称为"禭"。

在民间,一般在停柩一段时间、诸事准备完成后,就要选日子报丧了。报丧的形式有口头报丧和用讣文报丧之分,后世还有登报发讣告的报丧形式。民间大多是口头报丧,即孝子亲自前往亲朋好友家中报丧。报丧时孝子要穿着孝服,到亲戚家,不能进门,有人来接时,无论长幼都要磕头。

口头报丧的方式还因地域、民族的不同而各有差异。如广西一带一些地区,响三次火炮就表示报丧,这被称为"报丧炮",然后再派人告诉亲友。还有的地方,报丧的人到亲友家门不能径自入内,必须要等在门口喊屋里的人,等到他们拿一铲子火灰撒在门外之后,才可以进门报丧。这样做是为了辟邪。

◆ 高润墓举哀图 魏晋南北朝的墓室壁画

◆ 清代的灵堂

"先死为大",所以,来吊唁者除了长辈不下跪,即使平辈也得在哀乐声中向死者跪拜。灵堂里专门设一赞礼生手持焚香一束,立在东面;另外设一个赞礼生立在西面。吊唁仪式的最后,要燃放爆竹,来标志祭拜礼仪的结束。

吊唁仪式各地也略有不同,如浙江一带,丧主要在大门口设置一口"报丧鼓"。前来吊唁的人一进门就击两下鼓,死者的亲属听见鼓声就嚎哭着前来迎接。

书面报丧,即讣闻,又称"讣告""赴告",世家大族多用这种方式。讣闻是大折子,有白色、淡烟色、黄色的,折面仅有"讣"字,里面为正文,正文有固定格式及文辞,无标点符号。旧时多出于士大夫之手,措词比较考究。

亲友接到讣告后来吊丧,并慰问死者家属,这就是民间的吊唁。在吊唁时,死者家属要哭尸于室,对前来吊唁的人跪拜答谢并迎送如礼。一般情况下,吊唁者都会携带赠送死者的衣被,并在上面用别针挂上用毛笔书写的"某某致"字样的纸条。

吊唁仪式通常是在灵棚里的灵堂前举行的。吊唁开始,爆仗齐鸣,灵堂上女眷们悲泣哭声充斥整个灵堂。孝子孝媳们始终穿戴孝服跪在灵案边陪祭。吊祭的人也都穿着素服,按照亲疏尊卑的顺序,一家一堂,本家先祭,外客后祭,一律跪拜行礼,长者在前,晚辈在后,跪拜。俗语说

延伸阅读

丧礼中为何要搭灵棚

在我国的传统观念中,人们非常忌讳将死者的尸体和灵柩停放在光天化日之下。据说这是因为既成尸体,便身处阴间,害怕接受所谓的"日晶月华",更怕冲犯上天过往的神灵,这既体现了古代人们对死者的尊敬,也体现了古人关于神鬼的思想。因此灵棚便成为中国传统丧葬礼仪中必不可少的一种文化存在。

灵棚规模的大小与丧居院落的格局密切相关。如果只搭一处院子的棚,叫做"平棚起尖子",也叫"一殿"。所谓"殿",就是"殿堂"的意思。如果丧居有两处院子,就可以搭一座大棚,将这两个院子都罩上,后高前低,叫做"一殿一卷",即后院高顶为"殿",前院低顶为"卷"。所谓"卷",即棚顶全是活席,可以卷起来。这种灵棚历来都用数层席箔里外包严,不但美观,且不漏水。从外观上看,宏伟壮丽,犹如官殿,使人望之,哀戚之情就油然而生。

尊重逝者的小殓大殓礼

> 古代传统丧礼中的入殓仪式分为小殓和大殓，它们是丧礼中最重要的礼仪，显示了丧主对死者的尊重和敬意。

在古代士一族中，装殓尸体的仪节很有讲究，有小殓和大殓之分。

小殓是死者去世后第二天中最重要的仪节，主要是为死者穿衣、加衾。这一仪节仍然在適室之内举行。小殓之前，先在房内陈设好必备的物品。如小殓的衣服和收束衣服的布，祭品和盥器，竹席、衾被及鼎和食物等。举行小殓仪式时，主人和主妇都要把头上的饰物卸下来，把头发盘束在头上，男子要露左臂，大家都要不停地号哭，以示悲痛至极。主持仪式的人开始为死者穿衣，先在床上铺席，再铺绞，

它们的质地，要根据死者的身份来确定。但无论贵贱尊卑，死者都应该穿上十九套新衣。之所以是十九套，汉代经学家郑玄曾解释说"法天地之终数"。穿好以后，亲属用被子把尸体裹上，然后用绞带捆紧。接着，士抬起尸体，众男女在两旁捧持着尸体，共同将尸体安放在堂上，用衾覆盖尸体，等待大殓。这也意味着死者正在一步一步地离开自己生活过的地方。

大殓是死者死后最重要的仪节，主要是将尸体装入棺柩。在将尸体装殓入棺之前，通常会在堂的西阶之上挖一个称为"肂"的坎穴，其深度以能见到棺与盖之际的木榫为准，这是为了方便将尸体装殓入棺。大殓时，在堂上张设帷幕。妇人们站在尸体西侧，面朝东。丧主与亲属则在尸体的东侧，面朝西，袒露左臂。司礼官在东阶上铺席，并依次陈放敛尸用的绞带、单被、絮被、衣服，最好的祭服放在外面。将尸体抬到大敛席上，按照与小敛类似的方法为死者加三十套衣服。穿完后

◆ 后岗祭祀坑中的人骨和青铜礼器　商

也用绞带捆扎。这时丧主也在号哭顿足，而且不计次数。接着，丧主将尸体捧入棺木入殓，并在棺木四旁各放一筐炒熟的黍稷，这是为了吸引日后可能钻入棺木中咬噬尸体的虫蚁。做完这一切后就盖上棺盖，在上面涂泥。到此，大殓礼成。大殓以后，棺柩停放在殡内，等待落葬。古人把停柩待葬称为"殡"，这也是后来"殡仪馆"的来源之所在。

大殓，在民间被称为"归大屋"，也同样意味着死者与世隔绝前与亲人的最后一别。通常情况下，大殓所用的棺材，喜用松柏而忌用柳木。这是因为松柏象征长寿，而柳树不结籽，有人以为会导致绝嗣。有些地方用柏木做棺材还要掺一些杉木，因为有人说完全用柏木做的棺材会遭天打（触雷电）。大殓的时间是在小殓的第二天。按照民间习俗，要在棺底铺上一层谷草，然后再铺一层黄纸，意思是死者的灵魂能够高高地升入天堂。当丧主捧尸殓于棺的时候，是最能表现也最需要抒发子女们孝心的时候，是亲人孝思形式化的最佳场合。所以，家人们都要捶胸顿足嚎啕大哭。

在合上棺材之前，通常还要放一些陪葬物在棺内。或者将死者身前常用的东西或喜欢的物品放入棺内，意味着死者忙碌了一辈子，不能空着手走。另外，为了避免重丧，即百日之内再死人，有些地方在棺内还要放上镇物，如小镜子、木牌、五谷、生铁、鸡血、雀青石等。这些东西放完后，棺内的空隙用锯末包或棉絮填充严实，防备尸体在出殡时移位。

◆ 错银铜牛灯 东汉墓陪葬品

这些就绪后，接着就要钉棺盖，民间称为"镇钉"。镇钉一般要用七根钉子，俗称"子孙钉"，据说这样能够使后代子孙兴旺发达。有些地方在钉棺盖时，会大喊"躲钉"。

无论是什么样的仪式，入殓都体现了人们对生命的尊重，对死生之事的重视。

延伸阅读

入殓时的"开光"

开光，是为死者的眼、鼻、口、耳、心、手脚"开光"。通常由一名年长些的明白人或者死者的长子来做。事先准备一支新毛笔，亦可用细秫秸杆一头缠点棉花代替。"开光"时，在一小碟里放少许白酒(也有用净洁白水的)，用笔或秫秸棉球蘸之，然后点在"开光"部位，每点一处还要说吉语。点眼时说"开眼光，看四方"，点耳时说"开耳光，听八方"；点鼻时说"开鼻光，闻味香"；点嘴时说"开嘴光，吃牛羊"；点手时说"开手光，拿钱粮"；点心窝时说"开心光，亮堂堂"；点脚时说"开脚光，上天堂"。于此，"开光"结束，这其中包含着家人对死者来世的真诚祝愿。

区别亲疏远近的丧服

> 丧服是生者以区别于日常的衣、食、住、行来表达对死者追思的服丧之礼。因与死者关系亲疏不同，生者所服丧等也不同。服丧时间的长短、居丧者服饰的差别，都是丧等轻重的重要标志。丧服的制定，兼具了儒家的"仁、义、礼、智"等思想。

人在去世后的第三天，即大殓之日，亲友们开始为亡者穿着丧服，这被称为"成服"。

丧服和丧服制度在我国起源很早。就丧服而言，很多民俗学家认为，丧服最初可能与某种禁忌有关。原始社会的人们由于对鬼魂怀着恐惧心理，担心死者会降祸作祟，为了不被死去的鬼魂辨识，他们在办理丧事时就披头散发，用泥涂面，衣着也与平时很不相同。后来随着伦理观念的进步，丧服的意义也逐渐演变为表达对死者的悼念和居丧者失去亲人的悲痛心情的一种外在表现形式。而丧服制度则大约始于周代，《仪礼》中的《丧服》是现今所存最完整的制度。

丧服的含义，在我国古代典籍中不仅指居丧者的服饰，还包括居丧的时间和居丧期间生活起居的一些特殊规范。所以，丧服也表明了居丧者与死者的血缘关系的亲疏而有或重或轻，或长或短，或繁或简的区别。

具体而言，《仪礼·丧服》所规定的丧服，由重至轻，有斩衰、齐衰、大功、小功、缌麻五个等级，称为"五服"。

最重的丧服"斩衰"

古代将丧服上身称为"衰"，"斩"是指丧服不缉边，说"斩"而不说剪裁是为了表示哀痛。服斩衰的情况是：儿子、儿媳、未出嫁的女儿为父、母，孙子为祖父、祖母，妻子为丈夫穿孝。"斩衰"孝服用最粗的本色生麻布做成，其样式因地区不同稍有差异。服"斩衰"需要三年才能完成。

因为对"斩衰"的重视，三年内的饮食起居等日常行为也有制度规范。根据《礼记·间传》的规定，服"斩衰"的

◆ 孔门弟子守丧图

人首先要节食三天，既殡以后才可以吃点粥，百日以后才可以吃简单的食物，至于饮酒吃肉就要等到三年丧满以后了。在丧满之前，孝子连床都不能睡，只能睡在蒲草席上。居丧过程中不能听音乐、不能游戏笑谑，婚娶、赴宴更是严禁。

次重丧服"齐衰"

"齐衰"又分四个等级：齐衰三年，齐衰杖期，齐衰不杖期，齐衰三月。

"齐衰"是用本色粗生麻布制成，剪断处缝边。子女为亲生母亲、继母、慈母以及母亲为嫡长子服齐衰三年。子女为母或继母以及丈夫为妻子服齐衰杖期，即齐衰一年。孙为祖父母以及为伯父、伯母及叔父叔母等服齐衰不杖期，即服丧五个月。为高祖父、高祖母等服丧三个月。

齐衰三年也是重丧，在饮食方面改为初丧两天不吃饭。齐衰杖期、不杖期都是初丧一天不吃饭。在居处方面，除齐衰三年也有居住倚庐的制度外，其余都是居住垩室。

稍轻孝服"大功"

大功的丧期为九个月，丧服用本色熟麻布做成，面料比"齐衰"稍细。通常是为伯叔父、伯叔母、堂兄弟、未嫁的堂姐妹、已嫁的姑姐妹，及出嫁的女儿为母亲、叔伯父、兄弟服丧。居大功期间初丧不吃三餐，葬前住在垩室，疏食水饮，不食菜果，三月下葬后，可食肉饮酒，复居正寝。

次轻孝服"小功"

"小功"用较细本色熟麻布制成。通常是为从祖父、从祖母、堂伯叔父母、未嫁祖姑、已嫁堂姐妹、兄弟之妻、从堂兄

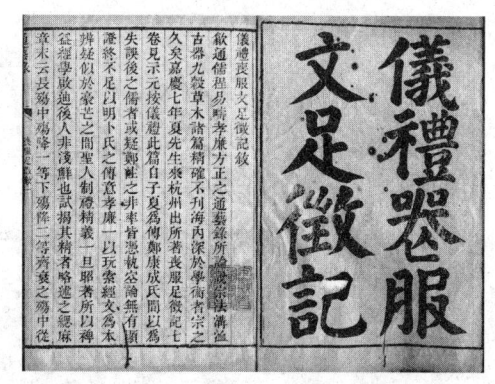

◆ 《仪礼丧服文足征记》书影

弟、未嫁从堂姐妹，及外亲为外祖父母、母舅、母姨服丧五个月。

最轻孝服"缌麻"

"缌麻"用细熟麻布做成。通常是为曾祖父母、族伯父母、族兄弟姐妹、未嫁族姐妹，及外姓中为表兄弟、岳父母服丧三个月。

小功及缌麻属于轻丧，在居处行为方面只要求居丧者初丧之时两餐不食或一餐不食，丧期内不饮酒食肉，但不作严格规定，仍可以住正寝，还可以用床。

五服制在历史的传承中虽有变异，但两千多年来基本保持了原有的定制。

延伸阅读

子贡为孔子居庐服丧

端木子贡，姓端木，名赐，子贡是他的字。春秋时卫国人。杰出的社会活动家、外交家和商业贸易家。子贡18岁开始拜孔子为师，后来跟随孔子周游列国，是孔子的得意门生。孔子去世后，孔子的子弟服丧三年后纷纷离去，只有子贡在孔子墓地搭棚继续服丧守孝三年。后人为纪念此事，在曲阜的孔林还建屋3间，立碑一座，题为"子贡庐墓处。"

于生者逝者皆宜的卜葬

我国卜筮之风源远流长，远古时人们对很多事情都通过卜筮来决断，何时埋葬死者、埋在哪里，这种对生者、死者都极为重要的事情，自然也通过卜筮来决定，这既体现了对死者的尊重，也体现了生者对自身命运和前途的关注。

我国远古时期的先民，由于人力微弱，认识水平有限，往往通过用龟甲、兽骨卜筮来决断很多对自身、对国家意义重大的事情。死亡对人来说，同样意义重大，所以，《仪礼》中记载了通过卜筮来决定葬期和葬地的礼仪，这便是"卜葬"。

具体的仪节是：选择好落葬的地方后，冢人（掌管墓地的小官吏）度量墓地并开始挖掘。在挖掘的过程中，四角的土堆在四角之外，墓地中央的土堆在墓地南侧。丧主和其他主人到达预选的墓地之南，面朝北站立。宰（官员）站在丧主右边。这时筮者打开筮草筒，面朝南接受丧主之命。丧主说："哀子某人，为其父某甫卜筮选择墓地。选定此处为幽冥之宅，墓地始得，将来有灾难吗？"筮者听后，指着墓中央所起的壤土卜筮。卜筮完毕后，筮者将所得卦交给宰。宰看过后再还给筮者，筮者面朝东，与其他筮人共同占筮此卦的吉凶，占筮完成后，禀告宰和丧主：如果占筮的结果是吉利，丧主开始号哭。如果占筮的结果不吉利，那就要另选墓地进行占筮。

死者临终前要求合葬或者"葬于祖之旁"的就不必再卜筮墓地了。

在古代，下葬的日期也要通过占卜来决定，占卜的仪式是在殡宫外进行的。丧主和其他主人站好后，族长站在门东。就绪后，宗人（古代官名）将龟甲递给族长检视，族长看完后递还宗人，然后以丧主的口气发布占卜葬日的命令："哀子某

◆ 贵族的金棺与银椁

人,已初步选定未来某日安葬其父某甫。成此魂神下葬,有无接近咎悔之事?"宗人将命辞传达给龟甲,将龟甲交给卜人。卜人坐下,用荆树枝灼龟。族长接过龟甲观察之后交还给宗人。然后三位占者一起占卜所得之卦,占卜完毕后向族长和丧主禀告占卜的结果。如果占卜的结果不吉利,就要重新占卜,过程与之前的相同。

这种占卜墓地与落葬日期的礼仪流行到民间就发生了一些变化,而且历朝历代也有所不同。通常情况下,安葬之日要由地舆先生根据子孙的"八字"和死者的"忌日"经过推演来决定,一般逢七、逢九不葬,所以有"七不葬母,八不养父"的规矩。此外,凡是死在奇月的,应在偶月下葬;死于偶月,应在奇月下葬。否则也不吉利。

关于下葬时间的选择,在我国河南一带,还有与姓氏有关的埋葬忌月的习俗。据说,张、王、李、赵四姓人,禁忌在六月和腊月动土埋葬。其他姓氏,则禁忌在三月、九月动土埋葬。如果在忌月有了丧事,要排至三七、五七殓葬,一定要避开忌月。如果发生特殊情况要及时出殡,也只能先用青砖作为灵柩,而不能入土埋葬。

此外,在古代,民间还广泛流传着忌"重丧"的习俗。也就是说死者出生的年月日,与去世时的时辰有干支重字,即俗语所说的"月不清"。如果碰上这种情况,就要举行特殊的丧仪。即在三更、五更时盖棺,抬到郊外。死者家属不穿麻也

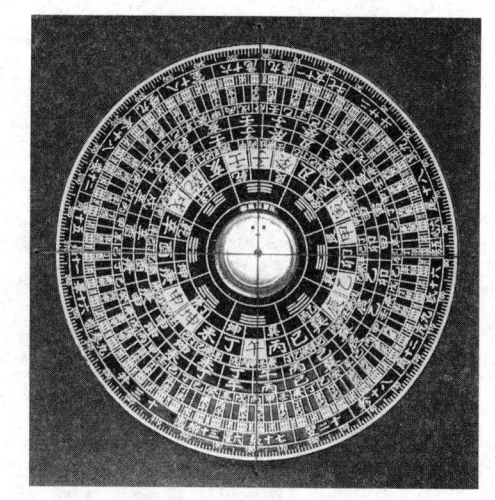

◆ 古代建筑风水罗盘

不能哭,要等到七日之后,才对亲朋好友奔走相告,继而补办丧礼。

虽然,在下葬时择地、择日的具体习俗不同,但是这种风俗礼仪却世代流传下来,既抚慰了死者,也安慰了生者。

延伸阅读

袁安、陶侃因卜葬而宦途显贵

据《后汉书·袁安传》记载,汉武帝年间曾做过成武令的袁安,他父亲去世后,母亲让他求找一块风水宝地,他在寻找过程中遇到了一个人,此人问袁安要去哪里,袁安告诉他自己在为父亲找墓地。此人指了一块地方给袁安看,说:"如果将你父亲葬在这里,会世代为官的。"说完,此人就不见了。袁安感到诧异,但还是选择了这块地方埋葬父亲,果真世代家族鼎盛。

东晋一代名将陶侃,早年出身寒微,当年家里举办丧礼过程中,一头牛丢了。陶侃就出去找,在路上遇见了一位老人。老人跟他说,他家的牛睡卧在前面的污水塘里,如果亲人在此地安葬,以后家族中会出现大官。说完那老人就不见了。陶侃顺着老人所指,果真找到了自家的牛,牛也果真卧在污水塘里。陶侃不再迟疑,就将亲人葬在那里。后来,他做到了太尉。

情礼合一的哭泣仪节

哭是表达悲痛感情的一种最直接的方式,所以,哭丧也就成了中国丧葬礼仪上的一大特色,哭丧仪式往往贯穿在丧葬礼仪的始终。

死者最终咽气后,宾来客往,及至出殡下葬,哭声都充盈着整个丧葬礼的过程。有时哭得悲悲切切,有时哭得声嘶力竭,有时是真情实意的哭,有时是被逼无奈的哭,无论哪种都有它独特的内涵。哭泣,不仅是对逝去亲人的真情流露,也是一种礼仪的需要。

哭泣的位置

在古代,由于服丧者的地位以及与死者关系的不同,哭泣时所处的位置也是不同的。通常情况下,丧主坐在尸床的东面,丧主的兄弟、堂兄弟都面向西站在丧主的身后。丧主的妻妾则面向东坐在尸床的西面。

他们都是跟死者关系很近的亲戚,所以在室内哭泣。而稍微远一些的亲戚都在户外,妇女都坐在堂上,男性都站在堂下,都面向北,对着尸床。

哭泣的方式

失去了亲人,这种痛苦往往让人难以承受,所以,至亲的人往往会痛哭流涕。但是,过度的悲伤也会伤害生者的身体,甚至危及生命。为了避免这种"以死伤生"的局面,也为了促使丧主将亲人的丧礼办完,尽到孝的责任,古人就在礼仪制度上做了规定。如哭踊、代哭、朝夕哭等。

人在极度悲伤时的痛哭中可能捶胸顿足,这就是"辟踊"。《礼记·檀弓下》说:"辟踊,哀之至也。"为了防止"辟踊"时失去控制,除了少数仪节不加限制外,多数仪节规定了"三者三",也就是每一仪节三踊,每一踊三跳,一共九跳。

"代哭",是对大殓之前的哭丧规定。"代"是指轮流、更替,即亲属们轮流到殡棺前哀哭,这样,丧家既是哭声不绝,

◆《红楼梦》中贾母去世后的丧礼场面

有悲哀的气氛，同时大家的身心也得到了一定程度的保护。

"既夕哭"，是在大敛以后，人们的哀痛之情稍微减弱了，丧家的亲属只在每天的清晨和傍晚在殡棺前号哭就可以了。

反哭

这是将死者下葬后，丧主和其他亲戚回到祖庙内号哭的仪节。具体而言，是丧主入庙门后登堂，面向东站立，其他人则在堂下面向东站立。妇女进入室内。男性和妇女各号哭顿足三次。这时亲友要给予安慰。

以上是《仪礼》中记载的关于丧葬礼中哭泣的内容与规定。这种哭泣的规定流传到民间，就形成了一种哭丧仪式，尤其是出殡时的哭丧仪式最受人们重视。

出殡时必须有丧家的全体后代尤其是男人们的"唱哭"，否则丧家就会被视为不孝。所以，为了求得"孝"的美名，孝子贤孙们在哭丧上也确实花费了一些心思。如花钱请人替死者哭丧，这是历代孝子贤孙们惯用的手法，有些地方还出现了职业性的哭丧夫或哭丧妇，他们以哭丧谋生，而且收入往往不菲。

哭丧时"唱"出的歌叫"哭丧歌"，或者"挽歌"。挽歌的内容比较灵活，有些人是想到什么就哭什么，想到什么就唱什么，没有限制。有些则是结合丧葬仪式来唱的。如病人死后，女儿或者媳妇就唱"买衣经""着衣经"等。哭的时候眼泪不可以掉到死者的身上，人们认为如果眼泪掉到死者身上，尸体就会变成僵尸，没有办法腐烂，也就不能轮回了。还有的说法是，阎罗王看到死者身上有泪痕，就会把他拒之门外，死

◆ 孝子送终俑群

者就只好在阴间之外受无边的苦。如果死者是女性，女儿还会给母亲唱"梳头歌"。

无论哭丧的内容是什么，形式怎样，其本质都是亲人倾诉自己对死者思念之情的一种方式。

延伸阅读

唱挽歌送丧的起源与内容

通过唱挽歌以送丧这一礼俗起源于汉武帝时代。挽歌的代表性作品是《薤露》《蒿里》。其中《薤露》是在王公贵人出殡时唱的，内容是："薤上朝露何易晞。露晞明朝更复活，人死一去何时归？"而《蒿里》则是在士大夫和一般百姓出殡时唱的，其内容是："蒿里谁家地？聚敛魂魄无贤愚。鬼伯一何相催促？人命不得少踟蹰。"这可能是迄今为止有文字记载的最早的挽歌了，相传它们是秦末起义军的首领田横自杀时，他的门客在悲哀中放歌，由此流传下来的。《晋书·礼志》中则认为"挽歌出于汉武帝役人之劳，歌声哀切，遂以为送终之礼"。

这种挽歌入丧葬礼的仪节，在汉晋时代兴起，到南北朝时就更加流行了。当然，挽歌在后来并不仅限于丧葬礼中吟唱，当人们需要表达内心的痛苦，或者表达对死者的思念之情，或者其他比较凄楚的感情时，都可以吟唱。

第七讲 丧葬礼仪篇

入土为安的下葬礼仪

丧礼的前半部分主要是通过停尸、小殓、大殓等仪节将死者遗体处理后装入棺柩，而丧礼的后半部分则主要是将棺柩安葬，让死者入土为安。使用棺柩并将其深埋，体现了人类文明的演进。

在古代礼仪典籍《仪礼》的《既夕礼》中，详细记述了棺柩安葬的仪程，主要包括启殡、朝祖、饰柩车、陈明器、发引、反哭等仪节，这些都是丧葬礼仪中的重要内容。

启殡、朝祖

启殡，就是将棺柩移到堂屋正中准备出殡，这在天色微明时举行。启殡礼时，凡有丧服的亲戚都要参加，这时为了避免喧嚣之声的干扰，都不能哭泣。丧主到位后，司礼官会连续三次发出"噫兴"的叫声，这是在警醒死者的神灵，然后再连喊三次"启殡"，告诉死者的神灵准备出发。这时，棺柩左右的男女开始哭泣。与此同时，取出写有死者名号的铭旌插到重上。司礼官拂去灵柩上的灰尘，用小殓时覆尸的夷衾盖住灵柩。然后用轴车把灵柩运到祖庙。

朝祖，是将棺柩运到祖庙后所行的告别礼，其目的是表达孝顺之心，正如《礼记·檀弓》中所谓"顺死者之孝心，哀离其室，故至于祖考之庙而后行也"。

装饰柩车

由于棺柩内装有死者，运往墓地时唯恐路人厌恶、避讳，所以对棺柩要加以装饰。装饰的总体样式是一座屋子。棺柩前挂一个竹制的"池"，棺柩的四周用白布围住，这叫做"帷"，再用白布覆盖棺柩的上部，这叫"荒"，连接"帷"与"荒"的"纽"要前红后黑，前后左右各一个"纽"，棺柩车的顶端用三色缯装饰，上红中白下苍，并用棉絮高高垫起。在棺柩的两侧各设两个"披"来固定棺柩，前面拴一个长绳，一人拉着，这就是"引"。

◆ 扶灵　唐代敦煌壁画

◆ 秦始皇陵兵马俑

陈明器

《礼记·檀弓上》说："夫明器，鬼器也。"也就是说，明器是孝子为死者的灵魂特设的陪葬器具。据《仪礼·既夕礼》记载，明器的排列是西边南头为上往北排，一行不够，再往南排。明器不单指祭器，乐器、兵器，乃至平时使用的生活用具都可以作为明器陪葬。

祖奠

祖奠，就是祭祀路神。古人出行，有祭祀路神的习惯。棺柩在出发之前，也要进行祖祭。通常是在出殡的前一天晚上，祭祀路神，以此告知神灵，死者即将上路，希望保佑其一路平安。

遣奠

这是为安葬遗体而安排的，可以说是最后一次为死者举行奠祭，所以特别隆重。大遣奠通常是在安葬之日的天明之时举行，祭品的规格也超过前面所有的奠祭。

发引落葬

以上仪节举行完毕后，送葬的队伍就准备前往墓地。前往墓地的过程就是发引，这也是丧礼中的重要仪节。引，又写作"纼"，是挽引柩车的绳索，柩车启动前往墓地时，送丧者执引挽车走在前面，称为"发引"。前往墓地的道路大多数情况下都会有凹凸不平之处，为了防止灵柩倾斜、翻倒，棺柩两旁的"披"就派上了用场，通常是两位送丧者执一条"披"。

棺柩送至墓地后，在墓道的东、西两侧放置明器。茵先放入墓穴，然后除掉棺饰和棺束，系好下棺的绳子，于是落葬。落葬时，死者的头朝北方，因为鬼神要到幽暗的地方去。这时丧主及亲属才可以放声痛哭。

反哭，这种仪节在前面一节中已经提及，这里不再赘述。

延伸阅读

"挽联""挽幛"中"挽"的含义

在《礼记·檀弓下》记载说："吊于葬者必执引，若从柩及圹，皆执绋。""引"也称为"绋"，从这句话可知，执引是亲友表示对丧事助一臂之力的举止。执引助葬，是古代通行的礼仪。

这种执引的做法作为人们彼此借以申述情谊、追思缅往的一种方式流传得很广，并有所延伸。时至今日，人们依然可以在丧礼中看到它的影子。如参加追悼会，人们在送的花圈的缎带末尾会写"某某挽"，"挽"字正是古代执引挽车送葬的意思。这也就是为什么哀悼死者的对联称为"挽联"、吊丧的布帛称为"挽幛"、送葬时唱的歌称为"挽歌"的意义所在。

关乎灵魂的不同葬法

> 葬法就是人们对死者尸体的处理方法,它是丧葬制度中的主体部分。不同的葬法显示的往往是人们对死亡的观念、对躯体的态度,当然也与各个地区的地理条件以及风俗习惯密切相关。

丧葬的起源与原始人的灵魂观和灵魂不死的信仰紧密联系在一起。当人的躯体已死,该如何安葬死者的躯体,又该如何安置死者的灵魂,这就是说采取什么样的葬法。葬法也是我国丧葬礼仪中极为重要的一份子,因为它关系着人们对灵魂的不同看法,以及处置死者灵魂的不同观念。

从古至今,我国形成了土葬、火葬、水葬、天葬、崖葬等多种埋葬方式。

土葬

这是我国古代通用的埋葬形式,不仅汉族以土葬为主,古代匈奴、突厥等民族也以土葬为主要葬式。方法是用棺木盛尸,挖葬穴,将棺木深埋于土中,并以丘为标记。土葬的墓穴形制多样,最常见的是长方形土坑,也有"亚"字形的,腰坑放殉葬者及陪葬品。地下筑室墓穴多为皇宫、贵族使用,棺木放于室中。早在原始社会旧石器时代中期就已经形成了这种葬法。大概那时的人类认为人的灵魂要去地下,所以把尸体埋在地下。还有人推测土葬的葬法与农业发展有关,与土地相关的农业推动了人们的亲土、恋土、入土为安等意识。此外,中国古代有女娲抟黄土造人的神话传说,这也使得人们认为既然人是由土造成的,死后自然还要回到土中去。

火葬

这是一种将尸体装殓后,用火焚化,保存骨灰的埋葬方法。这种葬法也历史悠久,据《后汉书》记载:"羌人死则烧其尸。"这可能与羌族人从事游牧生产而居无定所的特性相关联。此外,火葬这种葬

◆ 四王冢石碑,位于临淄附近,相传是齐威王、宣王、湣王、襄王的墓

法与佛教也有一定的关系。佛教于魏晋南北朝时期在中国获得了很大程度的发展，人们逐渐接受了佛教的观念。因佛教主张"四大皆空"，佛教追求的是精神或灵魂的永恒，这种永恒超越了形体的制约，不再拘泥于肉体。所以，佛祖死后采取了火葬这一形式。这种形式被人们仿效。汉族在宋代就已有了火葬习俗；元代，火葬更为盛行。由于火葬与儒家礼教不合，因此元、明、清三朝都有禁止汉族火葬的法令。

天葬

天葬，又被称为"露天葬""鸟葬""风葬"等。《隋书·契丹传》中说："父母死，以其尸置于小树之上，经三年后，乃取其骨而焚之。"《唐书·肃慎传》中也有"秋冬死者，或以其尸捕貂，貂食其肉，多得之"的记载。天葬在藏族中使用的比较多。执行天葬时要将尸体放在天葬场的葬台上，再由喇嘛焚香诵经，然后由主持天葬者将尸体肢解，等待神鹰来食。人们认为这种葬法可以让死者的灵魂随同神鹰一同飞升而得到来世的幸福。

除了以上几种主要葬法外，还有一些地区实行水葬，即人死后，由喇嘛诵经，然后投入江河中，也有的盛于木匣中，到江河急流处打碎木匣，沉尸于江河中。这有时用于处理特殊死亡，如得传染病而死的人，如暴死、难产死、凶死者等。有些地方实行树葬，即人死后，将尸体包裹后挂于树上或放在支起的木架上，任凭风吹日晒，待皮肉烂掉后拾骨埋葬。有些地方

◆ 古代的悬棺葬

实行崖葬，即将棺木安放在通风的岩洞里，有的安放在洞中的木架上，洞口用草木遮掩。此外，还有采用多种形式的复合葬、无法得到尸骸的衣冠葬以及悬棺葬等。

延伸阅读

神秘的悬棺葬

悬棺葬是我国古代一种比较奇特的葬法，是人死后，亲属殓遗体入棺，将木棺悬置于插入悬崖绝壁的木桩上，或置于崖洞中、崖缝内，或半悬于崖外。往往陡峭高危，下临深溪，无从攀登。

在中国悬棺葬的历史中，以福建悬棺葬的年代最为久远，大约在夏代之前，距今已有3000多年。由于年代久远，遗留下来的悬棺已不多见，只在武夷山的千仞绝壁上还能看到一处虹桥板。悬棺遗迹最多的是四川珙县麻糖坝。这种丧葬礼制的产生和形成，与当地人民的灵魂信仰、祖先崇拜分不开，他们认为采用悬棺安葬死者，是为了保护好死者，使他不受侵犯，所以安葬得越高越险也就越能表现对逝者的敬意，同时，古人也认为，悬棺葬可以使死者继续用他的智慧和权威，保护和监视他的子孙和臣民。

悬棺葬至今仍然让人有神秘、魔幻的感觉，因为没有人知道悬棺到底是怎样"悬"上去的。

安定亡魂的"做七"礼

> 上古时期的"虞祭"礼演变到后代成为"做七",这种祭祀礼仪是沟通生者与逝者的方式,既可以表达子女对亲人绵绵不绝的思念,同时祈求列祖列宗的福佑。

当葬礼结束后,就开始了祭祀之礼。据《士丧礼》下篇的篇末记载,人死之后,灵魂精气浮游于空中,漂泊彷徨不知该往哪儿去。身为孝子不忍其漂浮散失,应该立刻带路,引导回家,使魂气知道归止所在,此后每逢节日,还冀望着亲人的精魂能够回来接受祭祀。《礼记·问丧篇》中说:"送形而往,迎精而返也。"有形的尸柩送往墓地埋葬之后,把无形的精魂迎接回家,虞祭就是为此而作的安排。

在《仪礼》中有"士虞礼"一节,其中详细叙述了古代虞祭礼仪的内容。从死者入土为安到三年丧期结束,虞祭仪节大概有以下几种:"立尸",即找一个人来代表死者,使生者的心意有所归属;"阴厌",即在飨尸之前,先用祭品飨神。然后就是虞祭礼的主体"飨尸"。之后还有"三虞",即三次虞祭;第三次虞祭结束后是卒哭之祭,即朝、夕两次在殡宫号哭。然后是小祥、大祥和禫,其中小祥是周年之祭;大祥是两周年之祭;禫与大祥间隔一个月,之后丧期正式结束。

上述礼仪中有"三虞"之祭,佛教传进中国后,受佛教影响,丧葬礼仪就改为"七虞",这大概就是所谓"做七"的由来吧。

佛教思想认为,人死后,除了罪大恶极的灵魂立即下地狱,或者善功极多的人立即升天外,大多数灵魂一般不能够马上转生。没有转生的亡灵不是鬼,是在死后至转生过程中的一种身体,等待转生机缘的成熟。所以,人死之后七个七期中,如果孝属亲友能够请来僧人为他做些佛事,亡灵便可以因此而投生到更好的去处。佛

◆《红楼梦》中贾母的灵柩运至铁槛寺做道场

◆ 祭祀图

教主张超度亡灵最好是在"七七"期中。如果过了"七七"期之后，亡灵转生的类别已成定数，这时即使再做佛事，也只能增加他的福分，而不能改变他托生的类别了。

"做七"以一、三、五、七为"大七"；二、四、六为"间七"，或称"暗七"。"头七"是新丧不久，哀气仍在，结合丧期在一起；"三七"日开祭，为亲友拜祭；"五七"定由外嫁女回来做，如没有外嫁女，侄女、侄孙女亦可，由其备办祭品拜祭。"末七"由丧主致祭，又叫"做埋事"，是干完事之意。此日大开筵席，亲友光临，把所有丧堂、祭帐、灵台都清除，仅留拜桌、安放神主牌早晚侍奉，直至百日。

后代"做七"期间的具体礼仪繁多，各地有各地的做法。如在广州一带，有"走七"的习俗，也就是说，在这一天的祭奠中，外嫁女儿和媳妇们，每人各提一只灯笼，在规定的仪式中飞也似地赛跑，争取第一个跑回家，俗称"争英雄"，认为这样能得到死者灵魂的庇佑与降福。在浙江一带，"五七"的前一夜，很多地方都流行搭"望乡台"。子女们打开大门向西连续大喊三声："某某回来吧！"然后向灵前痛哭，同时端上事先准备好的酒菜，设奠祭祀，叫做"五更夜饭"。在人们心里，亲人虽已逝去，但是他的灵魂仍然和活人一样有情感。

人去世后，在永不复见丧痛情怀里，活着的亲人大多会希望人往生之后仍有精魂的存在，此后在祭祀的节日里，他可以回来，让家人尽一份心意，以慰藉思慕之情。这样心理无论在上古的"虞祭"中，还是在日后的"做七"中都显得合情合理，既安顿亡者灵魂，又安慰生者深情。

延伸阅读

慰情解痛的"娱尸"礼俗

家有亲人去世，这是一件悲哀痛苦的事情，于是，人们用各种礼仪来向逝者表达悲情，向生者表达安慰之情，这其中比较特别的一种是"娱尸"。这是存在于中国南方一些民族中"做七"期间的礼俗。如土家族在留置灵柩期间，每十二天就举行一次隆重的守灵仪式，这期间本村和外村的青年男女聚集在丧家的房屋后，吹拉弹唱，跳丧舞，借以谈情说爱，选择对象。所谓"跳丧舞"，又叫"散忧祸""打丧鼓"，在人死之后，尤其是长辈百年归天以后的第一个晚上，丧家就开始了跳丧舞的活动。被请的人中一人击鼓领唱，还有两人帮和，边歌边舞，围着棺材一跳就是几个通宵。跳丧舞看似怪诞，其目的是要给死者家属减轻悲痛，解除忧闷，以达到哀而不悲、伤而不痛的目的。"哀而不悲、伤而不痛"可能也是逝者的心愿吧。

庄严华丽的祭祀礼服

中国历来礼仪制度发达，各种礼仪规定的存在与发展也通过同样发达的礼服文化表现出来。在古代各类礼服中，祭祀时穿着的礼服最为庄严。

我国古人非常重视祭祀，认为"国之大事，在祀与戎"。《礼记·曲礼》中也说："无田禄者，不设祭器；有田禄者，先为祭服。"后人注解说："祭器可假，祭服宜自有。"也就是说，祭器可以借用，可是祭服却一定要是自己的，可见祭服的重要性。

根据祭祀对象的不同，祭祀活动中天子、诸侯、卿大夫要穿着的祭服总共有六种，总称为"六冕"，即大裘冕、衮冕、鷩冕、毳冕、絺冕、玄冕。

大裘冕：大裘一般用黑羊羔皮制衣，由玄色（黎明前天空的颜色，即黑色）的上衣和纁色（大地的颜色，即绛色）的围裳组成。衣上画有日、月、星、山、龙、华、虫六种图案，裳上绣有宗彝、藻、火、粉米、黼、黻六种图案，合称"十二章"。冕，是一种礼冠，黑面、红里，顶上有板，称"延"，前低后高，如同俯视，表明王者的地位至高无上；冕的前、后两端有用珠玉穿成的下垂的缨，称"旒"。王冠前、后各有十二旒，每旒用十二颗五彩玉珠贯串而成。垂旒的目的是为了蔽明，表示王者不视非、不视邪。冕的两旁用紞悬挂瑱，也叫"充耳"，它的作用是为了塞明，表示天子有所不闻，不听谗言，不闻不急之言。总之，冕的设计既含有显示帝王至高至尊无比地位的作用，又有规劝人君不尊大、不听谗、明是非、求大德的作用。

衮冕：衮冕由冠、衣、裳、绶带、蔽膝、鞋子、佩饰七部分组成。冠黑面、红里，形制与前述的冕完全相同。衮衣由黑色的上衣和绛色的下裳组成，衣上画有龙、山、华虫、火、宗彝五种图案，裳上

◆ 九旒冕

绣有藻、粉米、黼、黻四种花纹，共九章。蔽膝用熟皮制成，系在腰间的大带前面，悬遮在腹下膝上，朱红底色，上绘龙、火、山三章纹饰。鞋子是带有实心木底的麻鞋。佩饰主要有白玉佩等。

鷩冕：鷩冕的组成与衮冕基本相似，只是其冕八旒，其衣黑色，画有华虫、火、宗彝三种图案，其裳绣有藻、粉米、黼、黻四种花纹，共七章。

毳冕：毳冕的形制也与衮冕基本相同，只是其冕七旒，其衣黑色，画有宗彝、藻、粉米三种图案，其裳绣有黼、黻两种花纹，共五章。

絺冕：絺冕的形制与衮冕基本相同，只是冕有六旒，衣上绣有粉米花纹、裳上绣有黼、黻花纹，共三章。

玄冕：玄冕是黑衣、绛裳，衣无画绣，裳上绣有黑、白两弓相背的黻形图案，冕有五旒。

古代女子礼服特定的"六服"，即袆衣、揄翟、阙翟、鞠衣、展衣、缘衣。其中袆衣、揄翟是皇后、皇太子妃受册、祭奠和参加朝会等的礼服，阙翟是皇后参加普通祭典和祭祀宗庙的祭服。鞠衣是王后祭祀蚕神、诸侯之妻祭祀宗庙的礼服，展衣是卿大夫之妻祭祀宗庙的祭服，缘衣是士之妻从夫助祭的祭服。

古代的礼服虽然在社会变动的冲击中有所沿革与发展，但周制礼服总是后世效法的经典蓝本。如宋代崇尚礼制，多次修订冠服制度后，祭服仍占很大比重。明代由于朱元璋认为古制太繁，故只允许在祭

◆ 战国时期贵族服装

天地、宗庙等特大典礼中皇帝、太子、亲王、亲王世子、郡王穿着衮冕之服，冕服自此成了皇室专属。直到清代为了强化异族统治，武力迫使汉族服满服，传统的祭服制度只有十二章纹被保留下来。

延伸阅读

十二章花纹的象征意义

古代礼服中的十二章纹饰有着非常丰富的象征意义。日、月、星含有照临光明，如三光之耀的意思；龙，能变化，富有神意，象征人君有善于变化的应变能力；山，有镇重的性格，象征王者能镇重安静四方；华虫，指有花纹的羽虫，这可表明王者有文章（文采）之德；宗彝，是指宗庙祭缕时用的虎彝和蜼彝，虎有威猛之势，蜼有睿智、孝心，以表示王者有深浅之知，威猛之德；藻，指水草，取其洁，象征王者有冰清玉洁的品格；火，取其明，火炎向上，有率土群黎向上归命的含义；粉米，指碎米，取其洁白且能养人之意，象征君王有济美之德；黼，绣黑白为斧形，取其能割断之意，象征君王有决断能力；黻，做青与黑两弓相背的形状，表示君臣可以相济，戒恶扬善，同时有取臣民有背恶向善的含义。可见其不仅有装饰美化的作用，更规劝人君要具备至善至美的品德。

第八讲
家庭礼仪篇

《礼记》中的传统家礼

> 《礼记》构建的以父母、子女之间血缘亲情关系为基础的家庭礼仪规范，提倡父慈子孝、家庭和睦，它不仅可以约束家庭内部成员之间的行为和关系，而且可以增强每一个家庭成员的责任和义务，至今仍具有借鉴作用。

《礼记》记载了夏、商、周三代尤其是周王朝的典章制度，以及冠、婚、丧、祭、燕、射朝、聘等礼仪，其中还夹杂了汉代初期的礼仪制度，它广泛地阐述了儒家关于礼制的精神以及构建礼制的意义，集中地反映了儒家礼治的思想和主张。《礼记》的内容非常庞杂，涉及到政治、道德、哲学、历史、祭祀、历法、地理以及日常生活等诸多方面。其中《曲礼》《内则》《少仪》等篇中关于家庭成员之间以礼相处的规范至今仍有借鉴意义。

在孝顺父母、尊敬长辈方面，《礼记·内则》中说：做子女的，每天天刚亮就要起床，打扫室内和庭院的卫生，然后洗漱、穿戴整齐，到父母的房门前，和声细气地询问父母晚上休息得好不好。如果休息得不好，应该找出原因，及时想办法解决。如果父母身上有痛痒之处，则要帮助抓搔，让他们感到舒服。《礼记·王藻》中则说：父母呼叫时，子女应马上答应，不能违背。如果正做事情，要立即放下手中的东西，赶到父母身边来；如果正在吃东西，要立刻吐出来，跑步迅速来到父母面前。除此以外，幼童还要避免做一些让父母担心、操心的动作或事情，如"不登高、不临深"等。子女在外出时，要做到"出必告，反必面"，即出行前要把去向告诉父母，回家后一定要先面见父母，以免父母牵挂、担心。在与长者交流时，《曲礼》说："谋于长者，必操几杖以从之。长者问，不辞让而对，非礼也。"即在同长者商议事情时，一定要递椅子和手杖到长者跟前。长者问话，不谦

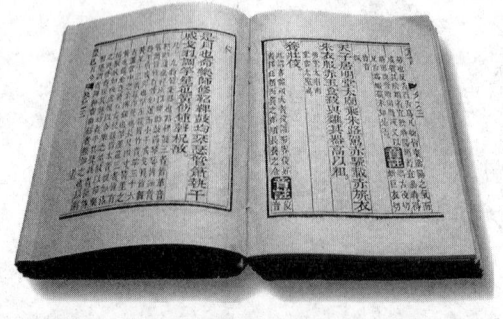

◆ 《礼记》是中国古代一部重要的典章制度书籍

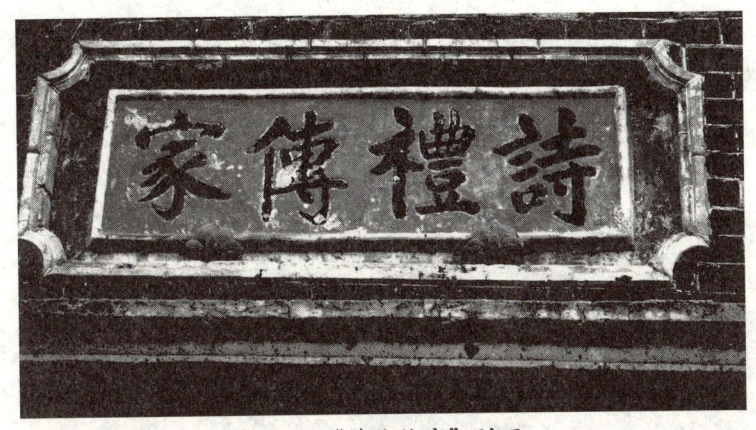

◆ 上书"诗礼传家"的匾

让就答，不符合礼。

在日常行为规范方面，《礼记·曲礼》要求儿童或晚辈"居不主奥，坐不中席，行不中道，立不中门。""奥"是屋内的西南角，这通常是长辈的居所，小孩子不能住；古代也没有桌椅，人们坐卧都在席子上，所以小孩子不能一人坐在席子的中央；走路时幼童不能走在甬路的中间，要靠边儿走；不能站立在门的中央等。

《礼记》中不仅有琐碎的仪节，还有关于思想道德以及精神境界的要求。如《礼记·曲礼》中说："幼子常视毋诳。"母亲要经常把不欺诳的道理讲给孩子，使他知道。父母更要在子女面前作出诚实不欺的榜样。父母还要教给孩子与他人相处的礼仪，如《礼记·少仪》中要求孩子做到"不窥密，不旁狎，不道旧故，不戏色，毋拔来，毋报往，毋读神，毋循往"。即不能偷看别人的隐私，不邪眉挤眼与人纠缠，不能揭别人的老底、旧账，不能有戏弄、侮辱别人的神情和动作，平日行动要安祥，不要慌慌张张地跑来跑去，不能轻慢了鬼神，不要追忆、留恋过去那些不正当的事情，等等。

除了以上几个方面之外，《礼仪》中还有很多关于去别人家做客的礼仪，以及就餐过程中的礼仪、不同性别的人相处的礼仪等，这些对我们今天培养一个举止优雅、有教养懂礼的人来说仍然有着参考价值和意义，因为这都体现了对长者以及他人的尊重。

延伸阅读

孔子教子学"礼"

在《论语·季氏》中记载着孔子教儿子孔鲤学诗学礼的事。有一天，孔子独自站在庭中，孔鲤迈着小步恭敬地走过，被孔子叫住，问孔鲤学《诗》（即《诗经》）了没有？孔鲤回答说还没有，孔子就对孔鲤说，不学习诗，就不会说出有文采的话。于是，孔鲤就退回去认真地学习《诗》。又有一天，孔鲤从院里经过时又被孔子叫住，问孔鲤学礼了没有，孔鲤说还没有。孔子又说，不学习礼就难于立身做人。于是，孔鲤就去学习礼。

这件事历来被传为美谈，通常被称为"庭训""诗礼垂训"，孔子的后代则称之为"祖训"，自称"诗礼传家"。古代很多书香之家的大门上都写着"诗礼传家"四个字，以标榜门风。

家礼教育的典范——《颜氏家训》

> 颜之推的《颜氏家训》被誉为"中国家训之祖",是对汉魏以来出现的《诫子书》《家诫》,以及中国人道德观念和道德戒律的全面总结和系统整合,其中所蕴涵的深刻家庭教育思想,不仅是对其子孙后代立身行事的指导,也对后代其他人有着很深的影响。

中国古代社会是以家族为本位的,家庭教育对于维护封建统治秩序起着举足轻重的作用。汉代之后的统治者都非常注重将封建礼教输入家礼、家规,这样,家法便与国法相辅相成共同发挥管理的效能。汉代成书的《礼记》是最早的家礼著作,它在唐代被提升到经书的地位,对各种家礼的制定有着原则性指导意义。而由私家制定的家礼,最早见于六朝颜之推的《颜氏家训》。

◆ 《颜氏家训》书影

颜之推(531年至约595年),字介,祖籍琅琊临沂(今山东临沂北)。南北朝时著名教育思想家。先祖在东晋时渡江,定居在建康。侯景之乱时,梁元帝萧绎在江陵自立,颜之推担任散骑侍郎。公元554年,西魏攻陷了江陵,颜之推被俘,后来又在北齐任官。此后在北周和隋任职。可以说,颜之推身逢乱世,国家分裂,兵灾不断,自己由于常年漂泊而饱经忧患。他目睹了太多大起大落的人物和纷繁变幻的事件,因此如何让自己家族的子弟在乱离之世安身立命、保持节操,就成为颜之推最为关心的问题。晚年的颜之推以长辈的身份,结合自己的人生经历、处世哲学,写成了告诫子孙的《颜氏家训》一书。成书时间大约在隋统一中国之后。

《颜氏家训》是我国历史上第一部内容丰富,体系宏大的家训,也是一部学术著作。因它是我国封建时代家教的集大成之作,所以被誉为"家教规范"。全书共7卷20篇。依次是:第一卷,序致、教子、兄弟、后娶、治家共五篇；第二卷，风操、慕贤共两篇；第三卷，勉学共一篇；第四卷，文章、名实、涉务共三篇；第五卷，省事、止足、诫兵、养生、归心共五篇；第六卷，书证一篇；第七卷，音辞、杂艺、终制共三篇。

本书开篇的"序致"，讲述了写作此书的缘起和主旨。颜之推将自己一生的成就，归结为幼年所受的教育，"吾家风教，素为严密"，强调了家庭礼仪对成为一个高尚的人的重要性。

在教育方法上，颜之推认为《大戴礼记·保傅》中记载的古代帝王的教育方法非常正确。从帝后开始怀孕起，就开始进行胎教，让他受到好的熏陶。到了孩提时代，帝师们又开始引导他们学习孝仁礼义；再长大一些，教给他们如何分辨是非。从幼时培养孩子的良好品性对于一个人的人生之路极为重要。正因此，颜之推写作了这本书，目的是"整齐门内，提撕子孙"，为自己家族垂范立训。

颜之推很看重教育的作用，他说："上智不教而成，下愚虽教无益，中庸之人不教不知也。"颜之推还十分赞赏儒家的教育方法，认为古人的每一个仪节都经过了精心设计，都被赋予了深刻的含意，这是非常成功的经验。但同时，他也指出，礼仪不能因循守旧，必须与时俱变，因此，《颜氏家训》中有颜之推加入的一些新的礼仪知识，教子、兄弟、后娶、治家、风操、慕贤等篇中，也比较全面地阐述了如何在家庭中用礼仪教育子女的问

◆ 宋代孝经图　侍奉高堂

题。他的很多想法在今天看来也仍然有着广泛的启发意义。

《颜氏家训》对后世有重要影响，尤其是对宋代以后的影响更大。唐代以后出现的数十种家训，莫不直接或间接地受到《颜氏家训》的影响，王钺《读书丛残》中说它"篇篇药石，言言龟鉴，凡为人子弟者，可家置一册，奉为明训"，影响之大，由此可见一斑。

延伸阅读

颜之推的人才培养思想

颜之推一生经历四朝，又生活在士大夫中，所以他对当时的士大夫生活十分熟悉，也因此对当时的士大夫的教育状况强烈不满。他认为当时的士大夫要么不学无术，要么整天清谈，理论脱离实际；还有的毫无自身修养，败坏世风。这些人上不能治国，下不能保身。基于这些原因，颜之推从维护统治阶级长远利益出发，提出了人才培养的目标："一则朝廷之臣，取其鉴达治体，经纶博雅；二则文史之臣，取其著述宪章，不忘前古；三则军旅之臣，取其断决有谋，强干习事；四则藩屏之臣，取其明练风俗，清白爱民；五则使命之臣，取其识变从宜，不辱君命；六则兴造之臣，取其程功节费，开略有术"。颜之推认为这样才是对国家有用的人才。

司马光的《书仪》与《温公家范》

> 家庭礼仪是传统中国修身治家的工具，它源于《周礼》，经《孔子家语》和《颜氏家训》的发展，于司马光的《书仪》和《家范》以及朱熹的《朱子家礼》而基本定型。

在我国北宋时期，有一群小孩在玩，其中一个比较顽皮的爬上一口大水缸的边沿，并不慎掉了进去，在其他孩子惊慌失措时，一个孩子拿起大石块将水缸砸破，缸内的小孩被解救出来，这个救人的孩子就是因此事而从小闻名的司马光。

司马光（1019—1086年），字君实，北宋杰出的政治家和史学家。陕州夏县（今山西夏县）涑水乡人，世称"涑水先生"。宝元进士。仁宗末年任天章阁待制兼侍讲知谏院。他立志编撰《通志》，作为封建统治的借鉴。治平三年（1066年）撰成战国至秦的八卷。英宗命设局续修。神宗时赐书名为《资治通鉴》。司马光和王安石本是好友，但王安石推行新政，他竭力反对，遂被命为枢密副使，坚辞不就。在熙宁三年（1070年）出知永兴军（今陕西西安）。第二年退居洛阳，继续编撰《资治通鉴》，到元丰七年（1084年）成书。元丰八年宋哲宗即位，高太皇太后听政，召他入京支持国政，第二年担任尚书左仆射、兼门下侍郎，数月内完全废除了王安石的新法，并罢黜新党。担任宰相八个月后病死，被追封为温国公。

除了《资治通鉴》外，司马光一生还曾编撰过三种与家族教育有关的书，分别是《司马氏书仪》《居家杂仪》以及《温公家范》。其中的《居家杂仪》是《司马氏书仪》的一部分，只是有些版本将其单独列出，所以又被视为独立的一本。

《司马氏书仪》的最大贡献在于它对烦琐的古代礼仪进行了大量的删减。成书后

◆ 司马光像

的《书仪》总共十卷，其内容除了第一卷介绍各种公共文书格式范例之外，主要介绍冠、婚、丧、祭四种礼仪。冠仪只有一卷，其中规定，男子十二至二十都可行冠礼，女子许嫁行笄礼。"昏仪"共两卷，其中规定男子十六至三十可以娶妻，女子十四至二十可出嫁。婚礼的程序分为纳采、问名、纳吉、纳币、请期及亲迎这六个步骤。婚后还有妇见舅姑及婿见妇之父母等仪节。"丧仪"共六卷，所占的比重最大，对于居丧仪式的整个程序及相关事务都做了详细的规范。"祭仪"有一卷，规定祭祀在仲月，主人及子孙皆着祭祀礼服亲临。琐碎仔细的礼仪仪节描述，体现了作者要以礼治家的思想内核，礼仪中长幼尊卑、远近亲疏的等级关系体现得非常明确。

《温公家范》简称《家范》。司马光自己认为，《家范》比《资治通鉴》更为重要，因为"欲治国者，必先齐其家"。《家范》就是一部反映我国封建社会家庭道德关系的伦理学著作。书中宣扬了儒家的修身、齐家、治国的思想，完全是为维护封建礼教和封建道德服务的。《家范》分为上、下两册，共10卷。首先引证《易经》《诗经》《大学》中有关家范的论述，得出"家正而天下定、礼为治家之本"的中心观点，在此宗旨的指导下，对父母、子女、兄弟、姑嫂等关系做了符合礼的粗略解释。从第二至第十卷，分别对祖、父、母、子、女、夫、妻等家庭成员提出了详细的、符合封建社会需要和家庭需要的道德要求。

总之，《家范》不仅从"治家"和

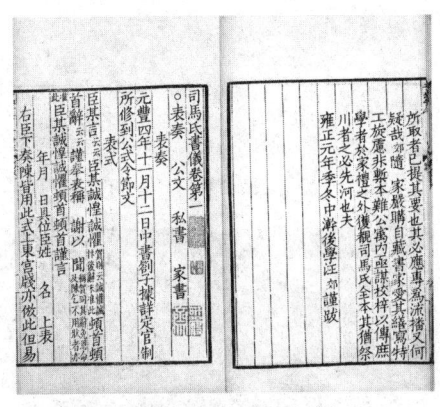

◆ 《司马氏书仪》书影

"治国"的关系上论述了家庭教育的重要社会意义，还具体提出了家庭教育的原则与方法，而且针对不同家庭成员在家庭中的不同地位和与子孙的关系，提出了不同的要求。从历史的角度看，《家范》是继《颜氏家训》一书后的又一部影响较大的家庭教育专著。

> **延伸阅读**
>
> **闻名宋史的"濮议"**
>
> 宋仁宗没有子嗣，他死后就由濮安懿王允让的儿子赵曙继承王位，这就是宋英宗。宋英宗亲政半个月后，宰相韩琦等人就向宋英宗提议，让有关部门讨论英宗生父的名分问题。当时宋仁宗逝世刚14个月，英宗就批示说，等过了仁宗大祥即满24个月后再议。治平二年四月九日，韩琦等人再次提出这一议题，于是，英宗出诏将议案送至太常礼院，交两制以上官员讨论。结果，以王珪、司马光等人为主的两制认为，濮王与仁宗是兄弟，英宗应称他为"皇伯"，但是以韩琦、欧阳修等为首的宰执们却认为，英宗应称其为"皇考"。这场论战一直持续了18个月，最终以称"皇考"而告终，这就是北宋历史上有名的"濮议"。英宗以一种独特的方式显示了自己笃孝的品行。

广为流传的朱熹《家礼》

> 朱熹是宋明理学中"理学"的集大成者,他创立的理学体系,是对中国传统儒学思想的改造与发展,对之后六七百年的中国社会产生了极为深远的影响。朱熹编撰的《朱子家礼》一书,作为日常百姓居家礼仪的规范,更是广为流传,倍受尊崇。

朱熹(1130—1200年),字元晦,号晦庵,徽州婺源(今属江西)人。南宋思想家。

朱熹自幼天质聪敏,勤学好问,他学会说话不久,父亲指着苍天告诉他,那是天,他便问:"天之上是什么呢?"他小时读书时,也学大人的样子在书上作眉批。14岁时奉父遗命,师事胡原仲、刘致中、刘彦仲诸人,后来还娶刘致中的女儿为妻。19岁时中进士,22岁任泉州同安主簿,任内颇有政声。这时朱熹除钻研儒家经典外,亦对佛学发生了兴趣。24岁时拜见他父亲的好友李延平先生,经其指点,学术思想发生了变化,后来拜其为师。

后来,朱熹担任南康军地方官。到任不久,当地发生旱灾饥荒,他全力救灾,减轻了灾害的损失,救活了不少人。朱熹倡导教育,重建白鹿洞书院。后来,浙东发生饥荒,孝宗调他到浙东救荒,他又上书,议论灾旱的原因及吏治不良、贿赂公行的现象。朱熹的一身正气,使一般贪官污吏都因惧怕而自动离开。不久,朱熹见政局不良,就辞职居家,一心讲学。后来,皇上召他入朝,他再度上书,劝孝宗正心以立大本,教养太子,选贤任能,爱养民力,修明军政。孝宗接到朱熹的奏章时已是深夜,却马上起床,点燃蜡烛,读完后再就寝。次日,便要朱熹任官,但朱熹却推辞了。

◆ 朱熹像

家庭礼仪是中国古代社会道德教育的一个重要方面。朱熹非常注重家庭礼仪规范的研究和立制，他对司马光的《书仪》非常赞赏，但又有一些不满。我国古代的礼仪大都通行于贵族之间，即"礼不下庶人"。《大唐开元礼》《政和五礼新仪》等礼典也都是皇族、有品级的官员之礼，普通百姓不能够使用。司马光的《书仪》虽然经过了删削，但仪节仍然比较复杂，寻常百姓也依然无人问津。朱熹看到这种情况后，在司马光《书仪》的基础上制订了一套家庭礼制和礼仪规范，即《家礼》。

根据朱熹弟子们的说法是，乾道五年（1169年），朱熹的母亲去世，他在居丧期间参酌古今，写成丧、葬、祭礼，后又推广到冠礼和婚礼。由于这本书曾被偷窃，而且与朱熹晚年的观点不很吻合，所以没有向他人传授。

《家礼》共五卷，第一卷是"通礼"，即百姓日用的常礼，书中有的直接采用了司马光《书仪》中的内容。第二卷是"冠礼"，第三卷是"昏礼"，第四卷是"丧礼"，第五卷是"祭礼"，此外有一卷"附录"。

◆《贤母图》

《家礼》主要适用于家庭和宗族范围内。朱熹认为过去一些关于家礼的观念已经过时，所以主张"观古今之籍，因其大体之不可变者，而少加损益于其间，以为一家之书"。其最终目的是"愿得与同志之士，熟讲而勉行之"，重新实现古人的"修身齐家之道，谨终追远之心"，进而对国家的"崇化导民"有所裨益。

《家礼》由于一改古代礼书的烦琐而呈现出简便易行的面貌，在内容上也与平民之家的生活和劳作的规律基本一致，并且各种规矩、礼仪都十分详备，所以备受欢迎，不断被翻刻印刷出版，逐渐成为平民之家的家教之法。

延伸阅读

朱熹的重要礼学著作《仪礼经传通解》

朱熹很早就有了编修礼书的想法，他说："前贤常患《仪礼》难读，以今观之，只是经不分章，记不随经，而注疏各为一书，故使读者不能遽晓，今定此本，尽去此诸弊恨……"直到晚年，他才着手编撰《仪礼经传通解》。

《仪礼经传通解》是一部重要的礼学著作。这部书三十七卷，其中第一卷至第二十三卷是朱熹亲自编订的，即《家礼》五卷、《乡礼》三卷、《学礼》十一卷、《邦国礼》四卷，其余十四卷《王朝礼》是朱熹草订之作。朱熹去世后未完稿部分由他的弟子编撰完成。这部书受到南宋朝廷的高度重视，将它列入"学官"。

《仪礼经传通解》开创了《仪礼》研究的新范式，它是将散乱的西周礼制材料汇集起来，综合考察的。《仪礼经传通解》的编撰对后世礼学著作有着巨大的影响。

父慈子孝的父子之礼

在儒家的观念里，弘扬父子之道是国家治理的前提之一，所以，把父子之伦放在人伦规范的首位，父慈子孝的父子之礼也就在家庭礼仪中占有最为重要的位置。子女以孝侍奉父母更是子女的行为准则，是天经地义的事。

父母与子女之间的感情是人类的天性，不仅如此，这种以血缘关系为基础结成的关系也是最为稳固的关系，只有这种关系处于和谐状态中，其他如夫妻关系、婆媳关系等才能稳固。所以，父慈子孝的父子关系历来受到儒家的重视。

首先父母要慈爱，这不仅体现在日常生活中的关爱上，还有严格的教育。后者尤其重要，《三字经》中就说"养不教，父之过"。首先要教子女仪态言谈、待人接物、孝悌之礼以及文化知识，还要教子女如何做人，拥有怎样高尚的品德。如《韩非子•外储说左上》记载了一个曾子杀猪的故事。故事说曾子的妻子要上街，小儿子哭闹着非要跟去。曾妻随口说："你回去，等我回来杀猪给你吃。"当她刚从街上回来时，就看到曾子真的要杀猪，她急忙阻拦说："我只不过是跟孩子开玩笑罢了。"曾子说："和小孩子是不能随便开玩笑的。他们没有分辨能力，都是效仿着父母的样子做事，听父母的指教成人的。现在你欺骗他，这是教孩子学骗人啊。做母亲的欺骗孩子，那孩子也就不会相信他的母亲了。这不是教育孩子的办法啊！"曾子为了兑现妻子随口许下的诺言，不惜杀猪践约，这个故事一直都是家庭中进行诚信教育的典范。类似于这样的父母严

◆ 卖子孝父母砖雕　金

教子女的故事在我国古代盛传着很多，如"孟母三迁"等。

子女长大后感恩于父母在生活上的关爱以及在品德做人上的严教，应回报父母以孝顺。

孔子认为"孝"不仅是指子女在物质上赡养父母，更重要的是要尊敬、善待父母，在此基础上，他提出了"孝敬"的主张以区别"孝养"。孔子说："今之孝者，是谓能养。至于犬马，皆能有养；不敬，何以别乎？"也就是说，"孝养"只是从物质、经济的层面上来奉养、满足父母的需要；而"孝敬"则增加和凸显了精神、感情层面的内容，要求子女对待父母应怀有发自内心的真诚的尊敬，强调子女对父母要多加关心，尽可能地保持其健康长寿和精神愉悦，使父母在有生之年得以养体和养志。

《后汉书》说："夫孝，百行之冠，众善之始业。"具体如何为"孝"，《礼记·内则》中做了具体的规定。

晨昏定省。儿女和儿媳们在鸡鸣时就起床梳洗，穿戴整齐，然后来到父母的居处，恭恭敬敬地问候，小心翼翼地服侍父母起床、盥洗和饮食。然后才可以自己退下来去吃早饭。傍晚，又要为父母安顿好床铺等。

一切都顺从父母。在古代社会，是"天下无不是的父母"。所以，在父母跟前，有所使唤时，要立即答应。对于父母交给自己办的事，都要记下，然后亲手处理。在父母面前不要随便讥评别人，亦不要随便嘻笑，不得放纵自己，心要肃敬，貌要庄重。即使父母有了过失，子女也要低声下气，和颜悦色，用温柔的声音规劝，如果规劝不被接纳，就要更加孝敬父母，用孝心来感动父母，等父母有了喜色，再进行规劝。即使父母发脾气，鞭打自己皮破血流，也不敢怨恨，而是振作起来，照旧孝敬父母。

类似于这种家庭礼仪中"孝"的行为的规定还有很多，这里不一一列举了。

这种以"孝"为主的家庭礼仪使我国古代出现了很多孝子，并逐渐形成了一种"孝"文化，这种孝文化对我国传统文化影响深远，至今仍然得到人们的提倡。

延伸阅读

《二十四孝》

"孝"是中华民族传统文化的精髓，也是中华民族的传统美德。为了继承并发扬这种传统美德，元代郭居敬辑录古代24个孝子的故事，编成《二十四孝》。由于后来的印本大都配以图画，故又称《二十四孝图》。

二十四孝具体是指：虞舜孝感动天，汉文帝试疾尝药，曾参心痛感啮指，仲由养亲远负米，闵损痛单感后母，郯子扮鹿求鹿乳，老莱子舞彩娱亲，董永卖身葬父，丁兰思亲刻木像，江革负母亲感盗，陆绩念母怀丹橘，郭巨埋子得黄金，黄香九龄扇枕罩，蔡顺桑椹孝感强寇，姜诗孝感泉涌鲤，王哀闻雷泣墓，曾氏守节奉瞽姑，王祥卧冰求鲤鱼，吴猛代亲供蚊噬，杨香救父手缚虎，孟宗哭竹冬生笋，庾黔娄尝粪心苦，朱冒寿弃官访母，黄庭坚涤母溺器。

兄友弟悌的兄弟之礼

> 古人把父子之"孝"与兄弟之"悌"相提并论，认为"孝悌"是礼的核心，是为人之本。如果每个人都行孝悌之礼，那么犯上作乱的现象就会减少，甚至消失。

《礼记·中庸》中说："君臣也，父子也，夫妇也，兄弟也。朋友之义也，五者天下之达道也。"传统礼仪将兄弟之间的关系与君臣、父子、夫妇、朋友四种关系并列，可见它的重要性。

我国古代社会的传统家庭，多为妻妾制。所以，家族中既有同父同母的兄弟，也有同父异母兄弟、同母异父兄弟、异父异母兄弟等情况。当然，这其中同父同母的兄弟之间关系最为亲密，而其他的在亲疏上就有了差别。如在西周时，就规定正妻的长子为嫡长子，由他继承父权，他的子孙后代的系统称为"大宗"。而他的弟弟们则分出去另立系统，称为"小宗"。妾所生的儿子都称为"庶子"。嫡长子在家庭中的地位高于庶子。嫡长子生的许多儿子，也按这种规范划分大宗与小宗。这就是我国历史上的宗法制。宗法制的核心是嫡长子继承。这对于统治者尤为重要。在宗法制度下，嫡长子甚至拥有对胞弟的生杀权。西周时确立的宗法制到了春秋战国时就已有所衰退，不过这种嫡长子继承的原则却始终没有变，一直成为我国两千年封建宗族制度的核心。

正因为有了宗法制区分出的尊卑、亲疏、长幼的差别，人们才制定了一些礼仪规范来约束相互的行为和权力。总体而言，兄弟之间的礼仪规范是"兄友弟恭"或者"兄仁弟悌"。

俗语说："长兄如父。"兄长要有父亲般的慈爱，同样还要担负起像父亲一样的教育责任。《大戴礼记·曾子事父母》中对做兄长的提出的要求是：兄长在弟弟成年时，要及时为弟弟举行冠礼；等弟弟到了结婚年龄，兄长又要为弟弟结成好的姻亲。日常生活中，如果弟弟的行为合乎正道，就赞赏他；如果不合正道，就要用礼来管教、帮助他；如果弟弟实在不可救药，也只好抛弃他。

对作为弟弟，面对兄长要表现出恭敬与顺从，并心怀报答之情。在《礼记·内则》中规定：一家的嫡子、庶子要恭敬地

◆ 兄弟听琴图

对待嫡长子夫妇。嫡子和庶子即使日渐富贵,也不能去嫡长子家炫耀;嫡子、庶子中如果有人得到馈赠器物,必须把最好的献给嫡长子,次等的留着自己用。祭祀时,要等嫡长子祭祀完毕,才可以进行自家的祭祀。家境富裕的,要准备两头祭牲,把其中好的祭牲献给嫡长子。

《大戴礼记·曾子事父母》中对弟弟的要求是:"尊事之,以为己望也;兄事之,不遗其言。"即要尊敬地侍奉兄长,把他看成自己的榜样;兄长的吩咐和教诲,一句也不能忘记。具体而言,就是吃东西要让兄长先吃,干活要弟弟抢着去做;走路时,弟弟不能走在兄长前面;看见兄长走过来,弟弟要起立迎候;弟弟不可冒犯兄长;不可在兄长面前表现出倦怠松懈的神情等。

总之,在男尊女卑的古代社会,兄弟之礼非常重要;在长幼有序的等级秩序中,人们更强调弟弟的"悌"与"恭",这都是古代家庭礼仪的本质体现。

延伸阅读

晋代兄友弟悌的道德模范

晋朝初年,有一对名为王祥、王览的两个兄弟,母亲朱氏是王祥的后母,所以偏爱王览。王祥在朱氏面前动辄得咎,轻则挨骂,重则受到鞭打。每次母亲打王祥时,王览就抱着哥哥不放,暗自流泪。王览长大后,经常劝母亲对王祥好一些。但是,朱氏为了刁难王祥,总是让他做一些难以办到的事,如果做不到,就以此为借口痛加责罚。每遇此时,王览总是与哥哥一起去做,迫使母亲不便责罚。父亲死后,王祥治丧尽孝,颇有名声,朱氏非常嫉恨,就企图害死王祥。一天,她在酒里下了毒,送给王祥喝,王览发现母亲神色异常,就夺过酒杯要喝。王祥醒悟后也抓住酒杯不放。兄弟二人谁也不肯放手。朱氏见状只好拿走酒杯。此后,朱氏给王祥的一切食物,王览都要先尝一尝。朱氏惟恐王览遭殃,就再也不敢投毒杀子了,并在王览不断的劝解下,逐渐对王祥好起来。王祥和王览这一对兄弟的行为被人们称为兄友弟悌的道德模范。

男女有别的闺媛之礼

> 古代社会在从母系社会进入父系社会之后,父权制就代替母权制,家庭也开始由丈夫来统治,家庭中的女性从此处于被压迫、被管制的地位。闺媛礼作为传统礼仪对女性的特殊要求,就反映了女性的这种社会地位。

闺,指女孩子卧室的房门。媛,本义是美女、美好。"闺媛"在这里代指女性。所谓闺媛之礼,是指从男性的利益出发,对于家庭中的女性所制定的一系列行为规范。

闺媛之礼始于周代,《礼记》的《曲礼》《内则》等篇,就较早地提出了对女性行为的种种规范要求,历来被奉为经典。

一般来说,女性一生中大致扮演着闺中女、为人妇、为人母三个角色,《礼记》针对不同阶段的不同角色做了不同的礼仪规范,这里主要叙述闺中女的礼仪规范。

男女有别

"男女有别"这种观念在古代礼仪中体现得非常明显,周礼中就有"男弄璋,女弄瓦"的说法。《礼记·曲礼》中对男女之别做了明确规定:"男女不杂坐,不同椸枷,不同巾栉,不亲授,叔嫂不通问,诸母不漱裳。外言不入于梱,内言不出于梱。"即使是亲兄弟姊妹,到了7岁以后,也不可以同席共食;10岁以后,女孩就要开始由女师教她们有关闺媛的一系列礼仪了。

不仅在日常生活中,在居处位置上也要表明男女之别。古代的大户人家,一般都有内室和外庭两个部分。男的住在外庭,女的住在内室。中间有个中门,有专门的仆人看管,不许随便进出。内外不共井,不共浴室,不共厕所。男的不可擅自进入内室,如

◆ 弄璋之吉

果有事非进不可，也要其他女子回避。女的不可擅出中门，如果有事非出不可，要遮盖自己的脸。只有在祭礼、丧礼这样的特殊情况下，家中的男女才可以同在一间屋子里，才可以互相传递东西。但在传递时也要把东西放在筐里，如果没有筐，就放在地上，让对方自己取。

仪态柔美

闺媛之礼对于女子的仪态也有详细的规定。爱美本是人之天性，女子爱美尤其平常。但是，传统家礼中女性的仪态之美却是按照男性的标准来制定的。如班昭《女诫》中主张"阴以柔为用"，"女以弱为美"，"故鄙谚有云：生女如鼠，犹恐如虎"。也就是说，女孩子应该像老鼠那样胆小，就怕她像老虎般凶猛。唐代的《女论语》中还记载了"行莫回头，语莫掀唇"，"莫出外庭，出必掩面"等许多琐细而苛刻的规定。不仅在豪门贵族中有此规定，在民间礼俗中，也对女子的行为举止提出了种种要求，如"笑不露齿，行不露趾"等。这些都造成了女性病态的审美心理。

女子无才

在很长一段时间里，"女子无才便是德"都是闺媛之礼的一种价值判断。也就是说，在古代社会，传统家庭礼仪要求女孩子不必聪明，更不必富有才华，只要有品行，即妇德就够了。女孩子在嫁人之前要守的妇德很简单，就是孝亲和持家。

除了以上提及的传统家庭对女孩子的要求之外，女孩子在婚姻上没有选择的

◆ 手握绣帕的古代女子

权利，她们只能遵从"父母之命，媒妁之言"，她们为了适应男性柔、弱等审美心理而缠足都是闺媛之礼的现实反映，这些归根结蒂都体现了"男尊女卑"的思想。

延伸阅读

《女论语》

《女论语》又名《宋若昭女论语》，是唐代贞元年间宋若莘、宋若昭姐妹编撰的一部女子礼仪的训诫书籍。它的出现与当时的社会环境有着密不可分的关系。

自"安史之乱"至唐代灭亡，唐王朝一直处于藩镇割据、外族入侵的动荡中。当时社会的迫切需求就是重新建立稳固的社会秩序，恢复强化原有的家庭伦理纲常。这一需求体现在女训上，就是重视树立女性的贞节观念，加强女性礼法教育。《女论语》由此应运而生。宋氏姐妹以前秦韦逞之母宣文君、班昭的对话口吻为体例，参考、吸收《女诫》等书的内容，编成《女论语》一书。《女论语》共分十二章，每一章都详细规定了女子的言行举止和持家处世之理。

夫义妇从的夫妻之礼

> 儒家提倡一种"夫为妻纲,夫义妇从"的夫妻之礼,这种格局产生于父权制社会,充分表现出父权制和私有制社会的固有特征,只是把妇女看作是家庭中的一种私有财产而已。

夫妻之礼,是指婚后夫妻相处时应遵循的行为规范。《礼记·昏义》中说:"男女有别,而后夫妇有义;夫妇有义,而后父子有亲;父子有亲,而后君臣有正。故曰:昏礼者,礼之本也。"这里虽然说的是婚礼的重要地位,其实也说到了夫妻之礼,即夫妇有义。

丈夫对妻子的"义",其实就是丈夫对妻子的责任,也是古礼中对丈夫行为的约束,这在《大戴礼记·本命》"三不去"的规定中有所体现。"三不去"即是指"有所娶无所归,不去;与更三年丧,不去;前贫后富,不去。"也就是说,妻子如果已经无家可归,就不能休;和丈夫一起,为公婆守了三年的丧,这样的妻子也不能休;曾与丈夫共患难,如今丈夫富贵了,他也不能休掉妻子。作为丈夫,如果违背这三条规定,就会被视为不义之人。

如果仅看丈夫对妻子的"义",似乎古代妇女在婚姻中有保障,其实不然。这只是一种道义上的谴责,对违背者没有实质上的处罚。所以,现实生活中,抛妻别娶的不义之夫比比皆是。与之相反的是,古代对妻子的礼仪却有着更为严格的要求。

我国古代本就是一个讲究夫妇有别、男尊女卑的社会,男女在举行婚礼之后,女子要遵从丈夫的一切意旨,一切以丈夫为中心,女子在婚姻中根本没有独立的人格与权利。

首先,妻子要遵从"三从四德"。"三从"是"未嫁从父,既嫁从夫,夫死从子"。"四德"是"妇德、妇言、妇容、妇功"。前者明确规定女子在不同时期里应该

◆ 古代恩爱的夫妻

◆ 古代的贞节牌坊

分别服从于谁；后者则在女子的品德、辞令、仪态和手艺方面做出规范。在古代，女子出嫁前，"四德"是必修的内容，以免到了男家因不懂规矩而被休回。

其次，妇女还必须严守贞节。所谓"贞节"，最重要的是女子在婚前要维持贞操，不可与任何男子发生性关系。这种观念在宋以后格外盛行。新婚夜，新郎会按照礼俗要求，用一块白布来检验新娘是否是处女。如果白布上没有"落红"，男家可以此为由而当场休妻。且不说婚前性行为是否道德，单这种检验方法就缺乏合理性。因为女子在婚前即使并未有过性行为，但也可能由于其他原因而发生处女膜破裂的意外。不仅如此，传统礼仪还提倡"宁为玉碎，不为瓦全"的贞节观念，即如果女子被人强暴，她也只有通过自杀才能表白她的贞节，忍辱苟活是会被人看不起的。此外，古代还要求丈夫去世妻子要为丈夫守寡，尤其是宋代，家族中往往用贞节牌坊来约束年轻而丧夫的少妇，这多多少少造成了人性的扭曲。

端庄顺从、知耻守节、尊老爱幼、相夫教子、勤俭节约是古代妻子的行为规范。如果稍有违反，轻则受到教导、责备，重则会被休掉。《大戴礼记·本命》中就有关于女子"七去"的规定：女子如有不顺父母、无子、淫、妒、恶疾、多言、盗窃等行为，就会被休回娘家。《仪礼·丧服》又提出了所谓"七出"的说法，即无子、淫佚、不事姑舅、口舌、盗窃、妒忌、恶疾。

由此可见，古代的夫妻之礼大多都是对妻子的束缚，都体现了男尊女卑的封建思想，是男权社会下进行夫权统治的工具。

延伸阅读

古人崇尚的夫妻之礼——相敬如宾、举案齐眉

"相敬如宾"和"举案齐眉"是古代用来表达夫妻感情深厚、夫妻之间彬彬有礼的成语。这两个成语包含着两个故事。

"相敬如宾"出自《左传》，说晋国大夫臼季奉命外出时，经过冀地，看见前朝的旧臣黄之子——缺在除草。过了一会儿，缺的妻子把饭送来，恭恭敬敬地双手把饭捧给丈夫，丈夫庄重地接过来，毕恭毕敬地祝福以后再用饭。妻子在丈夫吃饭过程中，一直恭敬地侍立在一旁，等他吃完后再收拾餐具并辞别丈夫离去。

"举案齐眉"出自《后汉书·梁鸿传》，其中记载梁鸿年轻时家里很穷，但是他学富五车，在当时颇有名气，而他一直隐居乡里不愿为官。梁鸿后来娶了同县孟家的女儿孟光后，一起隐居在山中，过着男耕女织的田园生活。每当梁鸿回家时，"妻为具食，不敢于鸿前仰视，举案齐眉。"

被动服从的婆媳之礼

> 婆媳关系是传统大家庭内部人际关系中最微妙、最难处的一种关系,婆媳关系融洽与否直接影响着整个家庭中的其他人际关系,如夫妻关系、母子关系、兄弟姐妹关系等,可以说,婆媳关系是传统家庭内部人际关系中的一个普遍难题,影响着家庭与社会的稳定。

随着人类从母系氏族社会进入父权制社会,以男性血缘为中心的家庭便成为社会的基本单位。虽然婆婆与媳妇都是家庭中的外来者,但是她们都担当了延续男性血缘的重任,她们又随着儿子娶亲而联结在同一个屋檐下,所以说,婆媳关系是家庭关系中既重要又特殊的一组。婆媳关系的好坏并非仅仅影响婆婆与媳妇,还影响与之相连接的其他家庭成员的关系。

在古代中国,受男尊女卑思想的影响,女子自从进入婆家门后很少有再选择的余地,只能服服帖帖地听从婆婆的指示。婆婆在媳妇面前有绝对的权威,所以,婆媳关系从一开始就是一种不平等的关系,是一种丧失了人格和尊严的被动服从的关系,这在古代的婆媳之礼中就体现得非常明显。

谒拜礼

这一礼节是用来表达敬意的。婚礼的第二天早晨,新妇要拜见舅姑,即公婆。(这在婚礼一章中已经提及)这一仪节不仅形式复杂,而且它标志了婆媳之间互动的开始,也意味着媳妇新旧角色的转换以及接纳新的角色规范的开始。这一礼仪,也是在提醒媳妇作为新的家庭成员,必须适应环境,遵守本家庭或本家族的规矩。

侍养礼

这就是日常生活中的礼仪了,虽然琐碎却能显示媳妇的贤惠。侍养礼要求媳妇应勤劳,对公婆应体贴周到。媳妇侍奉公婆要像侍奉自己的父母一样,甚至比亲生儿子侍奉父母还要严格。每天晨昏定省,媳妇要陪同丈夫去做,如果丈夫外出,媳妇就要全权负起这个责任。一日三餐,要小心侍奉;公婆吃饭,要侍奉入座,问清公公婆婆脚往哪个方向伸;公婆走动,要跟着;公婆洗脸,要端水;公婆有使唤,要立即答应,而且声音要轻;在公婆面前行走,要神情庄重,俯身拱首而行,不打喷嚏,不打哈欠,不伸懒腰;如果有事,要请示公婆;媳妇不得私自接受财物,即使回娘家得到的礼物,回来后也要上交公

婆。公婆如果不收，就如同是公婆赏赐给她的一般，暂时收藏起来。公婆生了病，媳妇更要尽力侍疾。"侍疾"是侍养礼的一项重要内容。封建社会不少被统治者大力推崇的"孝妇"，就是靠"侍疾"于婆婆而博得好名声的。

曲从礼

这一礼节是媳妇"孝"的扩展。它要求媳妇对婆婆要惟命是听、绝对服从。婆婆所说的字字句句，做媳妇的都要洗耳恭听；婆婆的一切指示，做媳妇的必须百般顺从，不能争辩，更不能违抗。即使婆婆有过失，也不可横加指责，不能到处乱说，更不能告发。

遗弃礼

这是大家庭中作为婆婆的权威的显现。婆婆如果不喜欢儿媳妇，或者是媳妇侍奉公婆稍有不周，这时公公婆婆就可以命令儿子休妻。如果儿子不肯休妻，婆婆仍可以强行将媳妇赶出家门，即强行遗弃。这虽然是对媳妇不公平的待遇，但在我国历史上并不少见。乐府民歌《孔雀东南飞》就记载了焦仲卿的母亲在儿媳刘兰芝无任何过错的情况下，强令儿子将其休弃，最终导致了儿子、儿媳双双自尽的悲剧结局。

总之，古代男尊女卑的思想无处不在发挥着威力，不仅有夫妻之礼中男性对女性的压迫，即使女性之间，也要在长辈与晚辈的缝隙中相互压迫。由此看来，古代的婚姻对女性来说，不是生活方式的转变，也没有爱情的滋养，更像是一具沉重

◆ 古代女子在婚姻中处于屈从被动的地位

的精神枷锁。

延伸阅读

《二十四孝》中的"乳姑不怠"

在《二十四孝》中记载着一个名为"乳姑不怠"的故事：

唐朝崔山南的曾祖母长孙夫人，年事已高，牙齿脱落。其祖母唐夫人，每天盥洗后，都上堂用自己的乳汁喂养婆婆，几年之后，长孙夫人虽然没有进食，但是身体却依然健健康康。有一天，长孙夫人生病了，她召唤来家中的老老少少，说："我多年来没法报答新妇的恩德，希望你们都能像她孝敬我一样孝敬她就够了。"后来，崔南山做了高官，果真像长孙夫人叮嘱的那样孝敬祖母唐夫人。

日常礼仪之站姿坐相

古人非常在乎日常的言行举止礼仪，这些不是表现在客观容貌的丑恶，而是强调一走一停、一站一坐等的缓急与顿挫上，这些细微礼仪包含着古人对个人姿态审美的品评。

我国古人非常重视个人日常行为中的礼仪是否合度。一个人是否知礼，从他日常生活中是否举止端庄就能体现出来。《礼记·曲礼》中对仪态的端庄做了细致而且严格的规定：坐立应该像祭祀时一样端庄、敬慎。不要侧耳偷听，不要高声大叫，不要东张西望，不要散漫。行走时，不要摆出傲慢的样子，站立时，不要一脚落地，一脚抬起；坐时，双脚放置不要呈簸箕状；寝卧时，不要俯伏。头发要束起，不要披散，不要随便脱帽，劳作时不要袒胸露体，暑天炎热也不要撩起下裳。《弟子规》也有类似的规定，而且更强调了行止的从容。总之，端正、庄肃、从容有礼是行为举止的基本规范。

站有站姿

古人对站立的要求十分严格，如站立时必须不跛不倚，呈立正姿势，而且不能站在门的中间。在接受别人的礼时，必须站立而不可坐，以表示尊重。

坐有坐相

众所周知，我国古人有着2000多年席地而坐的历史，即在地上铺上一张席子，有客人来时请其坐在上面，自家日常起居生活也是如此。古人对坐"席"非常看重。对于贵族来说，居必有席，否则违礼。此外还有"父子不同席"，"男女不同席"，"有丧者专席而坐"等许多具体礼

◆ 荆轲刺秦王石像图

仪。《论语》中还规定：席不正不坐。所谓正，指席的四边应与墙壁平行，在古代，席正表示对客人的尊重。

古人的坐相大概有三种：第一种是标准的坐相，即两膝跪在席上，两脚背朝下，臀部落在脚踵上。坐姿与跪相似但又不同，因为跪时身体要保持耸直，臀部不能落在脚踵上。第二种是跽，也称为"长跪"，具体姿势是：在席地而坐的基础上，好像臀部抬起离开脚后跟，上身挺直。这是一种将要站起来的准备姿势，这有时是为了表示对别人尊敬，有时表示将有所动作。第三种是箕踞，这是一种极为随便的坐法，也是古人认为最不恭敬的坐法。持这种坐姿的人往往臀部贴地，两腿分开平伸，上身与腿成直角，形似簸箕。荆轲刺秦王失败后就靠在柱子上保持这种坐姿以表示对秦王的不屑。

行而有仪

在传统礼仪中，对于行走的礼节规定也非常多。《释名》中说："两脚进曰行，徐行曰步，疾行曰趋，疾趋曰走。"《尔雅》中也说："室中谓之时，堂上谓之行，堂下谓之步，门外谓之趋，中庭谓之走，大路谓之奔。"古代士大夫的走有不同的称呼，是因为在不同的场合要表现为不同的形式。从这些记载可以看出，古代的行即走路，走即跑，步即徐行，奔则是跑，趋就是小步快跑。其中"趋"是表示恭敬的动作，尤其是在尊者、长者面前要趋，在君王面前更是要趋了。

此外，在《千字文》中还规定："距步引颈，俯仰朝后，束带矜庄，徘徊瞻眺。"

◆ 朝妆缓步图　王树谷

这就是说，走路要抬头挺胸，目视前方，穿戴整齐，如同在朝廷中祭拜一样庄重。

总之，古人对日常行为举止有"坐如钟，站如松，行如风，卧如弓"的仪态要求，也有"立则磬折，拱则抱鼓，行步中规，折旋中矩"的规定，无论哪一种，都希望行走坐卧能够表现出一种合规中矩的端正之态。

延伸阅读

讲究仪态之礼的朱熹

朱熹是我国宋代著名的理学家，他的理学思想对后世影响非常深远。他不仅通过思想的媒介去传播自己的理念，而且在日常生活中也严守古代礼的要求。他平日闲居在家的时候，总是天色还没有亮就起床。穿好了衣裳相连的制服，戴了幞头，穿上方头鞋子，到家庙和先圣神位前去祭拜。行礼结束以后就退回到自己的书房里。他的几案总是摆得很正，相关的书籍器用也一定是摆放得整整齐齐的。有时候读书作文疲倦了休息时，也是闭上眼睛端端正正地坐着。闭目养神结束后，就迈着整齐的步子慢慢地走。他这种端方的威仪和容貌举止，从少年时节一直保持到老，从来没有一丝一毫的松懈或放弃。

日常礼仪之衣冠服饰

> 衣冠服饰作为一种生活形式的外露,它很明白地标明了一个人的身份和地位。为此,从夏、商朝开始,衣冠服饰已经有了一套礼仪制度,从帝王后妃、达官贵人到平民百姓都必须按照礼仪的要求,去穿着符合自己身份地位的衣冠服饰。

我国自古就被称为"衣冠上国,礼仪之邦","华夏"一词也是源于"冕服华章曰华,大国曰夏"(《尚书正义》注),由此可见,衣冠服饰礼仪在我国不仅历史悠久而且意义重大。

衣冠服饰之所以重要,是因为古人认为它与人的道德修养密切相关。东汉王充就曾提出了"德盛文缛"("文"指的是衣冠服饰)的命题,认为人的道德水平越高,其文采仪表、服饰装扮就越是焕然严整。

严整与洁净

严整与洁净是最起码的衣冠服饰礼仪。《弟子规》中说:"冠必正,纽必结,袜与履,俱紧切。置冠服,有定位,勿乱顿,致污秽。"其意是说,帽子要戴端正,衣服扣子要扣好,袜子要穿平整,鞋带应系紧,一切穿着以严整、端庄为宜。回家后,衣、帽、鞋袜都要放置定位,保持整洁,避免脏乱。

对古代男子来说,非常重要的是"冠"。古代男子20岁时举行冠礼后,冠就是已经成人的标志,从此以后,在公开场合都要戴冠。该戴冠而不戴就是失礼行

◆ 北宋穿襦裙、披帛、佩玉环绶的宫女

为。据说，春秋时期，有一次齐景公散着头发未戴冠就出宫，守门人看见后对他说，您这样出去，哪里像我们国君的样子！景公也很惭愧，就赶紧回去了。

合于礼义

衣冠合于礼义就是要求衣冠服饰要适合身份、地位、场合，符合礼的规定。

商、周年间，人们穿着的衣服通常是上衣下裳（即裙子）。贵族在裙子外面多系一片草制或丝绣的斧形服饰，作为身份尊贵的标志。到了春秋时期，上衣下裳被连接起来，垂到踝部，被称为"深衣"。贵族既可在家居时穿深衣，也可在晚朝时穿。庶人一般穿褐(粗麻制成的短衣)，但也可以把深衣作为礼服。

秦汉以后，为了维护封建等级秩序，各级官吏与庶民在衣着服饰上，从式样、用料到颜色、花纹，都有了明显的不同。如唐宋就把龙袍与黄色当作皇室的专用服色，其他人不能僭越使用。其他官员，"一品至四品，绯袍；五品至七品，青袍；八品九品，绿袍。"（《明史·舆服》）而普通百姓不能使用大红和鸦青色，以免与官服相混。

古代衣服的性别区分也很明显。孩子刚开始学说话时，要给男孩佩戴皮制小囊，女孩则佩戴丝织的囊。"男女不通衣裳"（《礼记·内则》）。

另外，古代服饰的颜色有素色与喜色之分。白色、黑色、灰色、蓝色通常为素色，红色中大红、朱红、粉红等为喜色。穿着素色与喜色服装也有礼仪的规定，如

◆ 身着袍服的铜人，周礼规定臣子着袍服，与王侯之服有很大不同

果穿素服到喜庆场合，或穿大红喜服到丧葬场所，都是失礼的表现。

古代关于衣冠服饰的礼仪非常多，这里只是做一管窥。

延伸阅读

君子死而冠不免

《左传·哀公十五年》记载了孔子的学生子路死之前的一件事，常让后人感慨不已。当时卫国太子蒯聩为了建立自己的势力，想寻求他外甥孔悝的协助，但对方不肯。蒯聩竟然直接挟持了他。子路是孔悝的朝臣，孔子的另一名学生子羔也在卫国的朝廷里。眼看内乱要发生，子羔决定逃离卫。在去陈国的路上碰到了要返回卫国的子路。子羔警告子路说卫国的情况很危险，不能再回去了。可是，子路却认为自己作为孔悝的家臣，此时不能躲开。他执意回到了卫国。

回到卫国后的子路，在与蒯聩等人的交涉过程中，发生了武力攻击的行为。子路寡不敌众，连系冠的缨都被砍断了。但在此生命攸关的危急时刻，子路却说："君子死，冠不免"，他忍着剧烈的伤痛重新结好冠，方才死去。这就表明像子路这样讲"礼"的士人，他们把衣冠整齐看得比生命还重要。

日常礼仪之言语辞令

> 人生活于群体之中，语言就是群体交流的工具。古人常说"言为心声，语为人镜"，语言同人的仪表神态一样，是内心德行的体现。所以，语言文明、言辞有礼也是中华礼文化的重要组成部分之一。

人是社会性动物，生活于群体之中。在群体纷繁复杂的社会活动中，言语辞令起着非常重要的作用，甚至会"一言以兴邦、一言以丧邦"。不仅如此，言语辞令还是一个人内在德行的外化表现。从彬彬有礼的语言中，可以看出一个人内心之真、情感之诚。所以，言语辞令也是古代人礼仪修养的重要范畴。

言语辞令要沁心悦耳

《礼记》中写道："言语之美，穆穆皇皇"，即语言之美在于谦恭、和气、文雅。《弟子规》中对言语辞令的要求是："凡道字，重且舒，勿急疾，勿模糊"，即讲话时要口齿清晰，咬字应该清楚，慢慢讲，不要太快，更不要模糊不清。此外还有"尊长前，声要低，低不闻，却非宜"，意思是与尊长交谈，声音要柔和适中，回答的音量太小让人听不清楚，也是不恰当的。汉代刘向的《说苑·修文》中也说："衣服容貌者，所以悦目也；声音应对者，所以悦耳也。"后一句明确说明，人们在说话时，应讲求声音之美以及言谈的仪态之美。这不仅是言者自身修养的体现，也让听者有如沐春风之感。

言语辞令要谨慎合理

俗语说："一言既出，驷马难追。"其本意是说，说出的话无法收回，就必须信守承诺。但同时也可看出，说话是需要谨慎的，因为它一经说出就承担着一定的责任。

◆ 《西厢记》插图 古代女性要保持谦恭温顺的仪态

因此，古人要求言语辞令必须谨慎合理，即清楚说话时自己的身份、场合与对象，在不同的场合，针对不同的对象，应当说恰如其分的话。

《论语·季氏》中说："侍于君子有三愆：言未及之而言，谓之躁，言及之而不言，谓之隐；未见颜色而言，谓之瞽。"意思是说，与人相处时要注意言语辞令，以避免犯三个错误。第一是在没有轮到自己说话时就抢过话题急于表达，这是"躁"的表现，说明言者自身修养不够；第二是该说话的时候，怕担责任而缄口不言，这是逃避责任的表现。第三，说话时不能做到察言观色，如同盲人一般。这样不仅达不到交流的目的，甚至会影响他人的心境而带来不良后果。《论语·卫灵公》中还说："可与言之而不与言之，失人；不可与言而与之言，失言。"一个真正知礼、真正有智慧的人，是懂得在该说的时候直说，不该说的时候保持沉默的。

言语辞令要称人所长、避人所讳

《弟子规》中说："人有短，切莫揭，人有私，切莫说。道人善，即是善，人知之，愈思勉。"人无完人，人各有其长，亦有其短，在言谈中不能揭他人之短，不能随便说他人隐私，怀着一颗善良的心去称赞别人，这也是言谈的礼仪，也是勉励他人的一种方式。当然，这并不是文过饰非，《养正遗规·朱子童蒙须知》中又说："凡闻人所为不善，下至婢仆违过，宜且包藏，不应便尔声言，当相告语，使其知。"也就是说，对待他人的过错，根据具体情况，寻找

◆ 儒者的言谈举止

适当时机，以妥帖的言辞和态度委婉指出。

除了以上大的方面，古代礼仪对言语辞令还有许多细节的规定。如"凡与大人言，始视面，中视抱，卒视面，毋改。众皆若是。"这是对在与卿大夫谈话时视线位置的规定。"道听而途说，德之弃也。"（《论语·阳货》）这是孔子对言语辞令需真诚可信的评论。此外还有诸如向国君进言，一定要等国君坐下；到别人家做客，自己一定不要在主人发言之前先说话等。

延伸阅读

魏晋才子裴秀学礼

裴秀，是魏晋时期人。他是中国历史上杰出的地图学家，人们将他与欧洲学者托勒密比喻为古代世界地图发展史上东西方相辉映的两颗灿烂明星。裴秀很小时候就博览群书，并在实践中学习礼仪。

裴秀出身于官僚士族家庭，祖父和父亲都在朝为官，所以，家中经常是宾客盈门。每当家中宴请客人时，母亲总让他端饭送菜，服侍客人。裴秀把这个过程也当作一个学习的机会。在接待宾客中，总是借机和客人交谈几句。由于他言语虔诚、举止有礼，客人们也都很喜欢他。裴秀也因此养成了优雅的谈吐，他的名声很快就传开了，以致去他家拜访的客人，往往还要专门去看望他这个小才子。

第九讲

社交礼仪篇

称谓礼仪之谦称和敬称

在古人的人际交往中，称谓礼仪也非常重要，因为选择正确、适当的称呼，不仅反映自身的修养、对对方尊敬的程度，甚至还体现着双方关系发展所达到的程度和社会风尚。

中国的封建社会时代，等级森严，礼节繁缛。人们有社交活动，必然会有相互称呼的问题。如何称呼他人，如何称呼自己，如何称呼才能符合对方和自己的身份以及双方的关系，这都是称谓礼仪的涵盖范围。

中国人一向以谦虚著称，这都是源于古人。表现在称谓上，便是敬称对方、谦称自己，特殊情况下要用避讳称谓，这一节主要涉及敬称和谦称的内容。

敬称对方

敬称是对他人表示尊敬的称呼，称谓中包含着敬仰、颂扬的感情色彩。敬称大概有以下几种情况：

古人常把品德高尚、智慧超群的人才，称为"圣"。如尊称孔子为"孔圣人"，尊称孟子为"亚圣"。后来又将它用于对帝王的敬称，如称皇帝为"圣上""圣驾"等。

古人还用与对方相关的事物称呼对方，来表示敬意。如"陛下""阁下""殿下""麾下""足下""在下""门下"等。其中，"陛"专指皇宫主殿前的台阶，"陛下"的原意是指站于台阶下，引申为借自己地位的卑下，转指帝王地位的高尊，因而成为对帝王的敬称；"麾"是古代军队在出征、作战、演练时，用于指挥行动的旗帜，代表和象征主将、主帅，"麾下"于是成为对军队统领者的敬称。

古人在称呼对方的亲属时，常加上"令""尊""贤"等表示敬重含义。其中，"令"含有善、美之意。如称呼对方的父母为令尊、令翁、令母、令堂；称对方的妻子为令

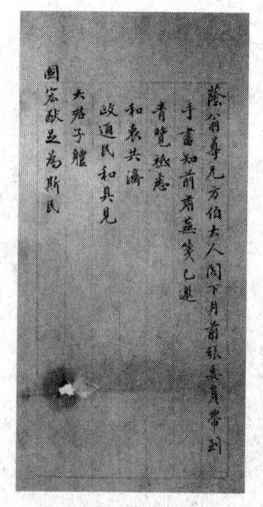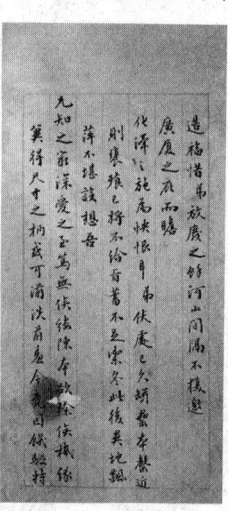

◆ 清代 周士键《致荫翁函》

妻、令正；称对方的儿女为令子、令郎和令爱、令媛；称对方的兄弟姐妹为令兄、令妹等；称对方的女婿为令婿、令坦等。而"尊"通常用于称呼对方叔父以上的亲属。如称呼对方的祖父为尊祖，父亲为尊父、尊翁，母亲为尊堂、尊上。"贤"主要用于称呼对方叔父及以下的亲属。如称对方的叔父为贤叔，兄弟姐妹为贤兄、贤弟等，还有贤侄、贤婿、贤友等；称对方的妻子为贤阁、贤内助。

古代男子行冠礼之后都要取表字，或者还要取雅号。他的名只有父亲和国君才能叫，所以《仪礼·士冠礼》说："冠而字之，敬其名也。"在人际交往中，对平辈或受尊重的人，要称呼其字才能表示尊重之意，直呼其名就会被视为失礼。

谦称自己

谦称是用于自己或者自己一方而与敬称相对应的称谓。从先秦文献可以知道，当时的贵族都有特定的谦称，如《老子》中说："王侯自称孤、寡、不谷。"王侯称孤道寡，是谦称自己德行浅少；"谷"有善的含义，"不谷"犹如"不善"。

在称呼自己一方的亲属时，常加上家、舍、先、亡等词表达谦的含义。其中，"家"专指比自己辈分大或年长的亲属，如称自己的父亲为家父、家公，母亲为家母、家慈，兄、嫂为家兄、家嫂等。"舍"专指比自己辈分小或年幼的家人，如舍弟、舍妹、舍侄、舍婿等。"先"和"亡"，含有哀痛、怀念之意，专指已经故去的亲属。"先"用于比自己辈分高或年长的家人，如先祖、先父、先考、先母、先妣等，"亡"专指比自己辈分小或年幼

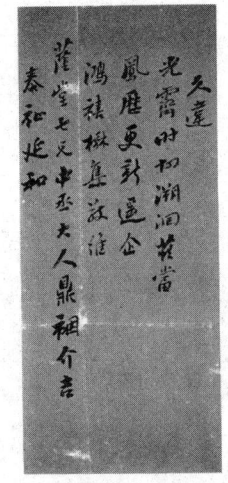
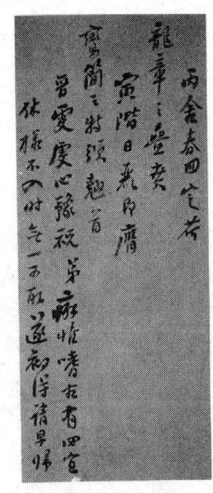

◆ 清代书信，从中可以看到古人的谦称与敬称

的家人，如亡弟、亡儿、亡友等。

在对方面前称呼自己的妻子，一定要用谦称，如"内人""内子""拙荆"等。

在社交活动中，使用敬称称谓抬高对方身份、地位，使对方获得了心理的满足；使用谦称称谓称呼自己，也表现了说话者自己的谦逊与修养，这既遵循了社交礼仪，也保障了社交活动的顺利进行。

延伸阅读

谦称"拙荆"的由来

荆，原本是一种植物，枝条柔韧，可用来编织篮筐。古代妇女还会用荆枝制成髻钗，称为"荆钗"，这是贫苦人家妇女常用的一种发钗。"拙荆"一词出自《太平御览·卷七一八·钗》引《列女传》："梁鸿妻孟光，荆钗布裙。"其大意是，梁鸿的妻子孟光，用荆枝作钗，粗布为裙。其中包含着生活俭朴之意。"拙"原意是愚笨，用带有贬损含义的词称自己或自己家人是古人谦称的一种方式，所以，后人就用"拙荆"谦称自己的妻子，也可以称为"拙妻""拙内"。

称谓礼仪之避讳

> 避讳是中国特有的风俗，是封建宗法制度的产物，也是家天下和尊祖敬宗的体现。它起源于西周，完备于秦汉，盛行于唐宋，到清代的雍正、乾隆年间发展到了极致。

所谓避讳，是指为了表示对封建君主和尊者的敬畏，必须避免直接说出他们的名字而采用别的方式加以表达。这是因为在中国古代，封建等级制度森严，十分讲究尊卑有序、长幼有别，所以，避讳是封建等级制度和宗法制度的产物。

避讳的起源很早。《春秋左传·桓公六年》说："周人以讳事神，名，终将讳之。"《礼记·檀弓下》也说："卒哭而讳，生事毕而鬼事始也。"可见，避讳最晚在周代就已经存在了，主要以避开神鬼的名字来表达尊敬之意。后来发展到对国君、圣人等的避讳。《礼记·曲礼》中提到给儿子取名，不可用本国的国名，与日月、本国山川、隐、痛、疾、患相关的词语亦不可用。《左传》通过引申后形成了"六避"之说，即"不以国，不以官，不以山川，不以隐疾，不以畜牲，不以器币。"汉代以后的避讳，主要有三种，即国讳，讳帝王；圣讳，讳圣人；家讳，讳父母及宗祖。避讳的习俗随着社会的发展而逐渐趋于严格。如北宋时，为避宋高宗赵构的"构"字，竟然牵连到"够""靖""购""遘"等五十余字。

古人尤其是读书人在日常言语、文章中需要避讳的地方非常多，一不小心就有可能失去功名，甚至遭遇灭顶之灾。唐代中期著名的文学家李贺参加进士考试的时候，一些别有用心的人就生造舆论，说李贺父亲李晋肃名字中的"晋"字，与进士的"进"字同音，李贺应避讳，不能参加京城的进士考试。李贺因此失去进士及第的机会。当时的

◆《字学举隅》　清　龙启瑞编，记载各种禁讳词语的册子

◆ 大兴文字狱的雍正皇帝

另一位文坛大家韩愈写了一篇《讳辩》为李贺鸣不平，其中的名句是："父名晋肃，子不得举进士。若父名仁，子不得为人乎？"

为了避免犯错误，古代读书人总结出了一些避讳的常用方法，即改字、空字、缺笔、同音替代等。

改字，是自秦朝开始的一种避讳方法。如秦始皇名政，与"正"同音，为避讳，后人称"正月"为"征月"，写成"端月"。汉高祖刘邦称帝后，把"邦"改为"国"，如"何必去父母之国"。因此现在常把"邦""国"视为同义词。

空字，指遇有该避讳的地方则空而不书，或打个空"口"，或用"某"字代替，或直接书"讳"字。《史记·孝文本纪》："子某最长，请建以为太子。"文中的"某"指汉景帝刘启。

缺笔，是指用缺少字的笔画的方法避讳。用缺笔的方法避讳始于唐高宗时。"世"字因避唐太宗李世民之讳，在唐代碑文中缺作"卅"，少了最下边的一横。

同音替代，指用音同或音近的字代替所要避讳的字。如苏轼祖父名序，他在为人写序文时，只要是"序"字都改用"叙"字；苏洵的文章中则改"序"为"引"。这种改法据说也始于唐代。

避讳虽然能表达人内心的敬意，然而更多的却是消极的一面。如明武帝朱厚照，曾发文全国，禁止养猪、杀猪，给百姓生活带来不便。此外，改字和空字等避讳方法，也对历史文化的传承起到了消极作用，往往会造成后人在对历史的理解上有所偏差。

延伸阅读

因避讳而产生的文字狱

避讳原本是一种文化习俗，是为表达对鬼神、帝王、圣人等的敬意的，但是，它在历史的传承发展过程中却产生了始料未及的后果，比如说清代的文字狱。

据记载，康熙年间，前明大学士朱国祯生前在经清人庄廷鑨冒名出版的《明书》中直书了清太祖努尔哈赤的名字，此事被提出后，前后株连了数百人，仅处于死刑的就达70多人。

雍正年间，主考官查嗣庭摘录《诗经》中"维民所止"作为科举考试题目，后来，有人告发说题目中的"维止"二字暗示将"雍正"砍头示众。查嗣庭因此事不仅病死狱中还惨遭戮尸枭首，他的儿子被问斩，兄子侄被流放。

乾隆年间，内阁学士胡中藻引用《周易》中的爻象之说，以"乾三爻不象龙"为试题，题目中有"乾龙"二字，因"龙"与"隆"同音，竟判定是影射乾隆被送上断头台。

类似上述因文字而产生的冤案在当时数不胜数，可见文字虽小，有时亦可杀人。

纷繁复杂的见面礼

> 初次见面行某种礼仪，以表示友好或者敬意等感情，这就是见面礼。无论是在古代，还是今天，见面礼都是人们之间必需的一种礼仪，虽然它的具体形式因时代的不同而有所变化。

无论是亲朋好友会面，还是洽谈商务事宜，人们见面都要行礼。今天的人们在见面之初所行的最普遍的礼节就是握手礼，这是一种沟通思想、交流感情、增进友谊的行礼方式。在我国古代，并没有握手这种礼节，那么，古人在见面之初行什么礼呢？

独具特色的跪拜礼

跪拜礼是我国古代特有的向对方表示崇高敬意的礼节。古人因为总是席地而坐，所以，行礼的方式主要是跪拜礼。按照周代的规定，根据当时跪拜的动作和对象，跪拜礼共有"九拜"，分别是：稽首、顿首、空首、振动、吉拜、凶拜、奇拜、褒拜、肃拜。

稽首，是九拜中最隆重的拜礼。行礼时，施礼者屈膝跪地，左手按右手，拱手于地，头也缓缓至于地。头至地须停留一段时间，手在膝前，头在手后。稽首通常用于臣子拜见君王。后来，子拜父，拜天拜神，新婚夫妇拜天地父母，拜祖拜庙，拜师、拜墓等，也都用稽首大礼。

顿首，是拜礼中次重者。行礼时，以跪的姿态，先拱手，下至于地，然后引头至地，就立即举起。通常用于下级对上级以及平辈间的敬礼。如官僚间的拜迎、拜送，民间的拜贺、拜望、拜别等。

空首，是拜礼中较轻的一种礼节。行礼时，两手拱地，低头至手而不着地。

振动，这是一种用于丧事时的礼节。行礼时，不仅要跪拜、顿首，而且拜后还要"踊"，即捶胸、顿足，跳跃而哭，表达极度悲哀之情。

◆ 宾客图　壁画　唐

吉拜，是先拜而后稽颡，即将额头触地。

凶拜，是先稽颡而后再拜，头触地时表情严肃。

奇拜，先屈一膝而拜，又称为"雅拜"。

褒拜，是行拜礼之后为了回报他人的行礼而进行的再拜，也称"报拜"。

肃拜，是古代军队中以及女子的一种跪拜礼。拜时跪双膝后，两手先到地，再拱手，同时低下头去，到手为止，故又称"手拜"。

汉代以后，随着高座、凳椅等的先后问世，人们不再"席地而坐"，于是，见面的礼节也发生了一些变化，但是，跪拜礼却作为等级差别的标志而依然存在于官场之中，以及民间某些特别活动中。

最为常见的揖礼

揖礼，也称为"作揖"。这是古代宾主相见最常见的礼节。揖礼起源于周代以前。具体姿势是双手抱拳前举。在周代上层统治阶级内部，作揖的形式当时已有很多种，如王者之揖有土揖、时揖、天揖、特揖、旅揖、旁三揖之分，具体用哪种要视双方的地位和关系而确定。此外，还有长揖，即拱手高举，自上而下向人行礼。这是一种古代不分尊卑的相见礼。

较晚出现的请安礼

这是出现较晚的一种见面礼节。它起源于契丹族建立的辽代，为后代人继承下来，尤其成为满蒙人特有的礼节。在相见行礼时，男女皆一足跪，一足着地，垂手

◆ 古人见面行礼

近踝关节。后来演变为男子屈右膝，左腿半跪，左手着地，口中说："××给××请安。"通称为"打千儿"。女子则双手轻轻搭于左胯处，然后右脚后支，庄重缓慢地屈膝并低头，同时口称"万福"。

以上只是古代见面礼中比较重要的几种，我国在漫长的发展过程中，还产生了其他一些表达友好感情的见面礼节，如叉手礼等。

延伸阅读

行礼"唱喏"的由来

唱喏也是古代男子的一种见面礼节，即在给人作揖的同时扬声致敬。这通常用于下属对上级、晚辈对长辈。"喏"原为应答之声，东晋时王氏子弟相互以此为礼，当时人都觉得非常奇特，后来在人们之间流传并普遍应用。宋代陆游的《老学庵笔记》中曾非常有趣地描写了这一现象："古所谓揖，但举手而已。今所谓喏，乃始于江左诸王。方其时，唯王氏子弟为之。故支道林入东见王子猷兄弟还，人问诸王如何，答曰：'见一群白项乌，但闻哑哑声。'即今诺也。"

第九讲 社交礼仪篇

虔诚谦敬的拜访礼

> 人与人之间相互拜访是最为普遍的社交活动,在这样的活动中,主人与客人之间也有很多的礼仪规范需要遵循,否则就会显示出自己的失礼。

在现存最早的礼仪典籍《仪礼》中,有《士相见礼》一节,详细描述了初次拜访地位相同之人,或者地位低者拜访地位高者所持的礼节,礼节比现代要隆重、复杂得多。

拜访之前,拜访的人一定要准备拜访的礼物。因为古代的很多礼仪中都规定,初次求见所尊敬的人,一定要带见面礼,以表示诚敬。《士相见礼》中规定,士与士相见、士见大夫、新臣初次见君王都带雉前往,下大夫之间相见以雁做礼物,上大夫之间相见以羔羊为礼。选用哪种礼物,与所选用之物的特点以及受访者所应该具备的品行相关。士之所以用死雉,是看中它不为食物所引诱,不为威力所慑服,宁死而不被畜养的品行,以此象征士所应具有的行威、守节、死义的品格。用雁,则"取知时,飞翔有行列";用羔,"取其从帅,群而不党"。

拜访者拿着雉前往,到了主人家门外,通过傧者(即协助主人行礼,导引宾客、传递话语的人,类似于后来的门童)传达求见主人的愿望,而主人则会表示不敢让客人屈驾登门,请拜访者先回府,自己当亲自登门拜访。同样的行为要经过两次,主人便答应相见。

见面之前,主人还要再三推辞拜访者所带的礼物,而拜访者则表示不带礼物不敢见所尊敬的人,主人表示实在不敢担当如此重礼。三次之后,主人表示无法推辞,恭敬不如从命,于是出门迎接拜访者。主人揖请拜访者进入大门,行再拜礼,接过拜访者手中的雉,拜访者交给雉后也行再拜礼,然后出大门。这是为了体现君子行礼有节之意。既然已经拜见,就不敢再打扰。此时,主人为了表达希望与拜

◆ 古人拜访时要先投递名帖

访者结交之意，便让摈者到门外请拜访者再次入内，与主人叙谈。这时，拜访者和主人再次会面，进行叙谈，然后告别。主人送到大门外，向拜访者行再拜礼。至此，相见的礼节还没有结束，主人还要进行回访，士相见礼才能完成。

《仪礼》中的"士相见礼"在后代发生了一些变化。

士大夫阶层在登门拜访时要先投刺，即"投名片"。古人把自己的姓名、籍贯、官爵和要说的事项刺在小号的竹片上，在纸发明后就写在纸上，这叫做"谒"或"刺"，所以，拜访又称为"拜谒"。唐宋以后，"名帖"的使用相当盛行。学生、下属拜谒老师和上级，都要先投递"名帖"，然后方能谒见。但到了明清之际，又盛行只投刺、不见面的习惯。拜客者并不是真的想拜客，只为了不失礼表明"来过了"。

"名帖"投递后，得到主人允许就可在主人家人的引领下进入拜访。但是，到别人家做客，言谈举止都要有所约束，不能够像在自己家时那么随便。《礼记·曲礼

◆ 拥彗门吏

上》就记录了许多做客的规矩，如登堂入室要高声探问，看到门外有两双鞋子，听到屋内说话声，才可进屋，没有听见说话声就要在门外等候。进屋后目光下垂，不可东张西望。房门原先开着的仍让它开着，原先关上的也要关上。主人不先开口问，客人不可先开口说话，等等。

客人告辞时，主人通常要婉言相留；客人执意要走，主人则需起身送客，根据主客关系的不同以及客人的身份，送别的远近也有所不同，或送至屋门，或送至家门，或送至路口等。

孔子说："有朋自远方来，不亦说乎！"拜访礼是人们社交活动中应该遵守的礼节，主人是否殷勤周到也体现了客人受欢迎的程度。

延伸阅读

古代迎宾之"拥彗礼"

迎接客人，古代有拥彗之礼。"彗"就是打扫清洁用的扫帚。

古人不论贫富，往往独门独院，所以，有客人来拜访时，为了表示敬意，就要把大门口清扫干净，这也称"扫门"。据《周书·儒林·熊安生传》记载，北周高祖武皇帝宇文邕得国后，初次到邺地（原属北齐）。曾经为北齐做过国子博士的熊安生听到消息后，赶紧吩咐众人扫门。家里人都觉得很奇怪，不知道这究竟是为了什么。熊安生便解释说："当朝周皇帝是一位重道尊儒的皇帝，他来到邺地，一定会来我家。我要快点把门口扫干净，提前做些准备。"果然，没多久宇文邕就到了熊安生的家。

熊安生为了表示欢迎，他是实实在在扫地，而"用彗之礼"还有一种是虽然手里拿着扫帚，但并不扫地，只是表达迎人的意思而已。

礼尚往来的回访礼

在我国古代,人们在礼上,崇尚相互往来,即认为在纯粹的人情上给予平等的回报,这样才可融洽亲戚朋友关系,从而进一步加深情感。

在《仪礼·士相见礼》中,主人经过两次婉言请返、两次"辞贽",然后接受礼物、会客、送客,在今天看来,士相见的礼仪应该已经结束了,其实不然。《礼记·曲礼》中说:"礼尚往来。往而不来,非礼也;来而不往,亦非礼也。"也就是说,上古礼仪讲究对等,只有拜访者单方面的行为,那就是不懂礼。因为双方地位大致相等,既然对方屈尊来访,那么,自己就应当登门回访,否则会给来访者自高自大的印象。而且,在上古时代,只有君王才可以接受拜访而不回访,士如果有此行为,就是礼的一种僭越。所以,在主人、拜访者相互见面之后,还应该有一个"回访礼",这样,"士相见礼"才宣告完毕,这大概也是此礼仪名为"士相见礼"而不是"士见面礼"的缘由吧。

"回访礼"进行的最佳时间,一般是在拜访者来访的第二天。回访之日,主人和拜访者的身份发生了调换,昨日之宾为今日之主,昨日之主为今日之宾。不仅如此,回访者还要带着昨日之宾所携带的雉前往。这

◆ 古代人来访的场面

和我们今天的礼仪完全相反。现代的人们回访时忌讳原物奉还,除非要表示拒绝之意。在古代,将礼物原物奉还并不表示拒绝之意,这是因为,古人讲究以德义相交,而不以财物为重,因此,受礼后一定要奉还。

回访时,回访者来到主人家的大门外,通过傧者与主人对话,说:"昨日,承蒙屈尊光临,使某人得以与您拜见。现在请允许某人将雉奉还给您的傧者。"这是一种

了。由"拜访礼"和"回访礼",我们不难看出,上古时代的"士相见礼"十分强调人际交往中的真诚与敬意。首先,拜访时一定要携带"雉",前往拜访时,拜访者一定要三次请求见面,这是对主人的一种真诚与敬意的表示;而主人则一定要三次辞谢,这既是对拜访者敬意的表示,也是自谦的一种表示。最后,在回访时,归还雉,以实际行动表示古人的重情重义而不重物,物只是一个媒介。这些虽显繁琐复杂,但其中的真情厚谊却能让处于物欲横流时代的现代人有所深思。

◆ 柴门送客图

谦卑的说法。主人得到传话后说:"某也荣幸地与您见过面了,现在您又屈驾来访,实不敢当。"这是一种诚敬的说法。这样的礼节同"拜访礼"相同,要经过两次婉言"请返",两次"辞贽",然后,主人回答说:"某人一再地推辞而不能得到您的允许,敢不恭敬从命?"这便是对客人的一种应允,在得到主人同意后,回访者带着贽入门。主人向回访者再拜后收下雉。回访者出门,主人送回访者到大门之外,并行再拜之礼。

到此时,"士相见礼"也就宣告结束

延伸阅读

待客礼之敬茶

客来敬茶是我国千百年来形成的待客常礼。据史书记载:早在东晋时,太傅桓温就"用茶果宴客"、吴兴太守陆纳也"以茶果待客"。其实,客来敬茶就是一种礼俗。客人饮与不饮,无关紧要,最重要的是敬茶的行为表现对客人的尊敬与欢迎。古人通常是在客人入座时,奉上一杯芳香扑鼻的清茶。敬茶时要双手奉上,满面笑容地说:"请用茶!"客人也应微微欠身,双手接茶,说:"谢谢!"在很多地方还有"敬三道茶"的规矩。第一道茶,客人略略品尝一下。第二道茶期间,茶香进入充分散发状态,主宾的交谈也进入了正题。等到主人为客人斟下第三道茶时,客人就该起身告辞了。因此,在古代达官贵人中,有了"端茶送客"的不成文规矩。即主宾相谈不欢或者主人有结束交谈之意时,就会端起茶杯,主人家的仆人就会意地喊一声"送客",客人也就不得不离开了。

宾至如归的待客礼

> 在社交活动中，设宴待客是最为普遍的一种，我国传统礼仪要求对待客人要周到、体贴，要让客人有宾至如归的感觉。

人与人之间相互交往是人类社会生存的必需，因此有主有宾的宴饮也成为一种非常普遍的社会活动。当客人到来时，如何招待客人使宾主尽欢，这在中国古代也受到礼仪规范的约束。作为汉族传统的待客礼仪程序是，主人折柬相邀，到期在门外迎客；客到后表达问候，请入客厅小坐，先敬以茶点；客人到齐后，导客入席。席中的座次，以左为首座。席间斟酒上菜，也有一定的规程。对此，《周礼》《仪礼》与《礼记》这些礼学经典中都有详细规定与描述。

◆ 宴饮准备图壁画 辽

座席及肴馔的安放

古人认为"礼"为内涵，"仪"为形式，从内涵到形式都必须符合要求才能算是真正懂得礼仪。在宴饮待客方面也是如此。先秦人们是席地而坐，所以就有"席不正不坐"之说，筵席的四边应与屋子的四边保持相应平行，铺放端正，如果席子摆得歪歪斜斜的，有损于饮食的形制，那就体现为主人对客人的不尊重，那么客人就不会入席。对于肴馔的摆放位置也要按规定进行。按《礼记·曲礼》的记载：凡是陈设便餐，带骨的菜肴放在左边，切的纯肉放在右边。干的食品菜肴靠着人的左手方，羹汤放在靠右手方。细切的和烧烤的肉类放远些，醋和酱类放在近处等，都是为了客人取食方便，也是尊重客人的一种表现。

宴饮中的布菜

在宴饮活动中，布菜通常都由仆从来做，所以，贵族之家的仆从都懂得端菜的姿势以及重点菜肴的位置。端菜上席时，不能面向客人和菜肴大口喘气，如果此时客人正

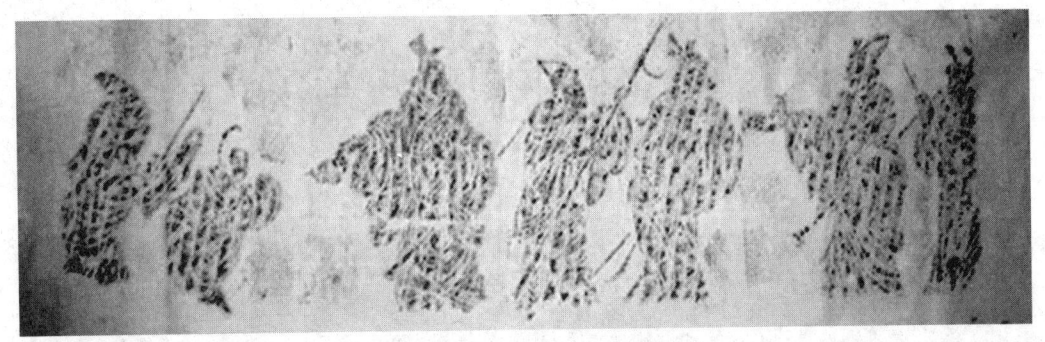

◆ 新津汉代石棺画像《馈鱼图》

巧有问话，必须将脸转向一侧，避免呼气和唾沫溅到盘中或客人脸上。如果上鲜鱼菜肴，要将鱼尾指向客人，因为鲜鱼肉由尾部易与骨刺剥离；如果上干鱼，要将鱼头对着客人，干鱼由头端更容易剥离。主人的谦恭之意都在这细微之处体现出来。

陪客进餐

宴饮活动的主人不仅要准备美味佳肴供客人享用，最重要的是陪客进餐。这中间有很多细微的礼仪体现之处，尤其是老幼尊卑共席时。

陪长者饮酒，少者酌酒时必须起立，离开座席面向长者拜而受之。长者表示不需如此，年少者才能返回入座饮酒。如果长者举杯一饮未尽，少者不得先饮尽。陪伴年长位尊的人吃饭，少者要先吃几口饭，这被称为"尝饭"。在吃饭的过程中，不能自己先吃饱就停下，必须等年长位尊的人吃饱后才能放下碗筷。

对于宴席上的熟食制品，陪客者都要先尝尝。如果是水果之类，就要让尊者先食。古代人重生食，年长位尊的人如果赐予水果等，吃剩下的果核不能随手扔下，要装起来，否则就是不尊重的表现。如果尊者赐予未吃完的食物，那就要将其从盛器中倒入自己所用的餐具中才可享用。

宴饮过程中，如果有客人调和菜汤，主人要道歉说是烹调得不好；如果客人喝到酱类的食品，主人也要道歉，说是备办的食物不够。

总之，古人处处以礼仪来要求自己的行为，种种细微的待客礼仪，不仅能让宾客产生宾至如归的感觉，也能让客人有受到尊重的心理感受。

延伸阅读

古代宴饮活动中的"射覆"游戏

射覆，是古代宴饮活动中的一种游戏，即把某物覆盖起来让他人猜。因古人称"猜"为"射"，所以猜所罩物品的游戏也就叫"射覆"。

射覆大约始于汉代。据《汉书·东方朔传》中记载，汉武帝喜好神仙之道。有一次，他把一些以占卜闻名的术士请到皇宫里，把一条"守宫"（即壁虎）覆盖在盆下，让术士们来猜。结果术士们谁也猜不中，只有东方朔排出卦象，然后作歌答道："谓之为龙又无角，谓之为蛇又有足。脉脉善缘壁，是非守宫即蜥蜴。"汉武帝听后很高兴，重赏东方朔，并继续玩射覆游戏。此后这一游戏传出了宫中，很快被宴饮所吸收，作为一种娱宾活动并流传至后代。

谦尊儒雅的饮食礼

> 饮食行为的实行者本是独立的个人，所以表现出较多的由个人习惯形成的个体特征，但是，饮食行为又往往是在一定的群体范围内进行的，所以，它也受到社会认可的礼仪的约束。

"衣食既足，礼让以兴"，礼是社会生产和社会生活发展到一定历史阶段以后的产物。但当礼发展到一定程度以后，就开始反作用于社会生活。就如同饮食。礼原本由饮食产生，随着人们社会活动及社会交往的增加，人们群居而食的次数越来越多，在这样的行为中如何显示出等级身份、社会秩序以及儒雅的状态，上层社会中就开始规范出一套进食礼仪，然后逐渐推广到下层社会中。

最早在《礼记》中就有进食礼仪的详细记载。这里挑选其中主要的一些做详细解释。

虚坐尽后，食坐尽前——在平时，坐得要比尊者长辈靠后一些，表示谦恭；但进食时则要尽量坐得靠前一些，以免不慎掉落食物而弄脏座席。这与古人席地而坐有关。

食至起，上客起，让食不唾——宴饮开始，酒馔果品端上来时，作为客人需起立；有贵客到来时，其他客人也需起立，表示恭敬。主人让食，要热情取用，不可置之不理。

客若降等，执食兴辞。主人兴辞于客，然后客坐——如果客人地位比主人低，客人要双手端起食物面向主人道谢，等主人寒暄结束后，客人方可入席落座。

主人延客祭，祭食，祭所先进，殽之序，遍祭之——酒馔果品摆好后，进食以前，主人引导客人行祭。食祭于案，酒祭于地，先吃什么就先用什么行祭，按进食的顺序遍祭。

三饭，主人延客食胾，然后辨殽，客不虚口——所谓"三饭"，指一般的客人吃三小碗饭后便说饱了，在主人劝让下开始吃肉。宴饮将近结束，主人不能先吃完而撇下客人，要等客人食毕才停止进食。

◆ 夫妇宴饮图壁画　东汉

共食不饱——与他人一起进食,不能吃得过饱,要注意谦让。

毋抟饭——吃饭时不可将饭抟成大团,大口大口吃,这样有争饱的嫌疑。

毋放饭——要入口的饭,不能再放回饭器中。

毋流歠——不要长饮大嚼,让人觉得是想多吃快吃。

毋口它食——咀嚼时不要让舌在口中发出响声,这会让主人觉得客人对饮食不满意。

毋固获——不要喜欢吃某一种肴馔便只吃那一种,或者争着吃。

毋扬饭——不要因为想吃快些,就用食具扬起饭粒以散去热气。

饭黍毋以箸——吃黍饭不要用筷子,筷子是专用于食羹中之菜的,食饭要用匙。

羹之有菜者用梜,无菜者不用梜——梜指的是筷子。羹中有菜,就用筷子取食;没有菜就直接饮用。

毋嚺羹——饮用肉羹,不可过快,不能出大声。

毋刺齿——进食过程中不能随意剔牙齿,一定要等到饭后再剔。

濡肉齿决,干肉不齿决——湿软的烧肉炖肉,可直接用牙齿咬断,不必用手;干肉不能直接用牙咬断,要用刀匕来辅助。

毋嘬炙——大块的烤肉和烤肉串,不要一口吃下去,狼吞虎咽的饮食方式非常不雅观。

当食不叹——吃饭过程中不要唉声叹气。

◆ 《韩熙载夜宴图》(局部) 五代

以上这些饮食礼仪体现出,在中国古代不同阶层的饮食活动中,都普遍遵循着礼的规范,体现出尊卑等级的差别,当然,这对人们讲礼貌、谦恭、尊敬长辈风气的形成也有着显著作用,因而对后世产生过很大的影响。

延伸阅读

"鱼不献脊"的由来

《礼记·少仪》中说:在上鱼菜时,"羞濡鱼者进尾,冬右腴,夏右鳍。"即如果是烧鱼,以鱼尾向着宾客,冬天鱼肚向宾客右方,夏天鱼脊向着宾客右方。民间也有"鱼不献脊"的习惯。之所以有这一饮食礼仪,是因为曾经发生过一段惊心动魄的故事。

据说,春秋末年,吴国苏州太湖有一位叫太和公的厨师擅长烹调炙鱼。吴王僚非常喜欢吃这种炙鱼,吴公子光想要夺得霸主地位,就请勇士专诸去刺杀吴王僚,但专诸一直没有机会接近吴王僚。后来吴公子光听说吴王僚爱吃鱼炙鱼后,就让专诸拜太和公为师,学到了做炙鱼的手艺。有一天,专诸乘吴公子光请吴王僚到家里吃饭的时机,做好一条炙鱼,将匕首藏在鱼腹中。上菜的时候,专诸取出匕首刺死了吴王僚,但他自己也被吴王的卫士杀死。后来,人们在宴席上菜时,都不将鱼脊对着客人,表示以诚相待。而鱼腹味道肥美,对着客人,既便于客人品味,也表达好客之情。

第九讲 社交礼仪篇

尊卑有序的座次礼

> 传统礼仪渗入了古人社会生活的方方面面。不同场合、不同地位的人，他们在宴饮活动中的座次顺序也不同，这是在等级观念较强的古代社会中区别尊卑的一项重要礼俗。

古代最早的，也是最普泛、最重要的礼，可以说就是食礼，"夫礼之初，始诸饮食"，用食来敬神，表明"礼"是极其隆重的，并且是起源很早的。而社交活动中必不可少的宴会上的座次之礼——安席则是食礼的基础仪程和中心环节。

要了解古人的座次礼仪，首先要了解古代的堂室制度。在古代，贵族所居房屋都是堂室结构，即建筑中既有堂也有室。堂与室同建在一个高出地面的台基上，台基根据主人地位的尊卑，有高低的不同，所以堂有前阶。要进入堂室必须升阶，这就是"升堂入室"的根源。堂和室共有一个房顶，堂在前，室在后，堂大于室。堂通常是贵族用于议事、行礼、交际的场所，不住人。室有寝室和庙室之分，前者日常居住，后者用于祭祖。

古人在室中举行礼仪活动时，座位次序非常重要，它显示了宾与主、显示了尊与卑。通常是面东背西是最尊之位，即所谓东向坐(在室的西墙前)；其次是面南背北之位(在室的北墙前)；再其次是面北背南之位(在室的南墙前)；最卑之位是面西背东的席位。

《史记·项羽本纪》中记载的"鸿门宴"的座次顺序，可以说是古人室内礼节性座次的真实写照：

"项王即日因留沛公与饮。项王、项伯东向坐，亚父南向坐，沛公北向坐，张良西向侍。"东向坐是最尊之位，由于项

◆ "鸿门宴"图

羽是霸王,又是胜利者,再加上他刚愎自用、自高自大,所以毫不客气地坐在了最尊的位置;项伯是项羽的叔父,自然不能坐在低于项羽的座位上,只好稍加权变,与项羽同坐东向;范增虽是谋士,却号称"亚父",地位仅次于项羽,所以在北面朝南而坐;刘邦虽是客人,但项羽却不把他放在眼里,让他朝北面南而坐,地位低于范增;张良作为刘邦臣僚,地位自然更低,只能坐在西向的最卑的位置上。

不仅古代这种席地而坐的宴饮活动中有座次礼仪,在后来的八仙桌和圆桌上进行的宴饮活动也依然有座次礼仪。

八仙桌一般呈四方形,是旧时厅堂的主要家具,至今已有一千多年历史。一般被放置在客厅的大条案前,左右置太师椅,显示着庄重的气派。八仙桌的四围常饰以灵芝、铜钱及花草等吉祥图案。做工精巧,美观性很强。如果用八仙桌来进行宴饮活动,那么,通常正对大门一侧的右位为主位尊位,如果不正对着大门,那么,面东的一侧右席为主位尊位。然后,主位左手边坐开去为2、4、6、8,右手边为3、5、7。

圆桌通常是不分座次的,但在某些特殊情况下也显示着尊卑。如《红楼梦》第七十五回写贾母等人在中秋之夜赏月时,"凡桌椅形式皆是圆的,特取团圆之意。上面居中,贾母坐下,左边贾赦、贾珍、贾琏、贾容,右边贾政、宝玉、贾环、贾兰,团团围坐。"贾府是一个等级、尊卑秩序严格的家族,虽然赏月时用的是圆桌,但由于是祖母、父辈、孙儿三代人相

◆ 清代八仙桌

聚,因此座次仍须分清尊卑。贾母是家中最年长的,自然居中而坐;贾赦等是长子及其血脉,所以居左,依年龄、辈分区分尊卑而坐;贾政等为次子及其血脉,所以居右,依辈分区分尊卑而坐。

总而言之,在古代分主宾的宴饮活动中,座次礼仪是"尚左尊东""面朝大门为尊";而家宴中则是辈分最高者坐首席。

延伸阅读

"八仙桌"的由来

八仙桌可以说是结构最简单,用料最经济,也最实用的家具。它亲切、平和又不失大气,能给人极强的安定感。如果用八仙桌来宴请客人,可以围坐八人,那为什么它不叫"八人桌"而叫"八仙桌"呢?原因在于它其中包含的一个美丽传说。

据说,铁拐李、张果老、何仙姑等八仙相伴云游天下,路过杭州时,听说画圣吴道子运笔如神,其画千金难求。八仙就商议去看看吴道子究竟神在何处。当时,吴道子正在家中作画,忽见这么多客人来访,而且还是八仙,连忙将他们迎入房内。相谈甚欢间,不知不觉已经暮色降临,吴道子决定挽留八仙用饭,可是却没有一张足够大的桌子用来招待八仙。苦恼间,灵机一动,马上挥笔画成一桌,经八仙点化后成为实物。此桌因为是为了招待八仙所画,所以名为"八仙桌"。

社交活动中的茶礼

中国是茶叶的原产地,产量堪称世界之最。饮茶在中国,不仅是一种生活习惯,更是一种源远流长的文化传统,而且,茶在很多礼仪场合也都得到了广泛运用。

我国是茶的故乡,有着悠久的种茶历史,几千年来,由于人们对茶的精神品格的深刻认识以及自然条件、社会环境、文化背景的差异,形成了多种多样的饮茶礼仪,这主要体现在待客、婚俗、祭祀、送礼等几个方面。

以茶待客

中国人自古以来就有以茶待客的风俗,即凡有客来,主人定会送上一杯热气腾腾的清茶,这一传统礼仪至少已有上千年的历史。据史书记载,早在东晋,太子太傅桓温就"用茶果宴客",吴兴太守陆纳则以茶招待来访的谢安。宋代盛行饮茶之风,所以这种茶礼也就沿袭下来。

◆ 中国古代茶具

以茶待客非常讲究真诚。首先要注重茶的质量。有宾客上门,主人往往将家中最好的茶叶拿出来款待客人。敬茶以沸水为上,用未开的水冲茶,茶叶一定浮在杯面,这是不礼貌的。其次要讲究敬茶礼节。敬茶时必须恭恭敬敬,用双手捧住茶托或茶盘,举到胸前,说"请用茶。"这时客人轻向前移动一下,道一声"多谢!"或者用右手食指和中指并列弯曲,轻轻叩击桌面,表示"双膝下跪"的感谢之意。

以茶议婚

以茶议婚这一风俗在唐代最为流行。文成公主入藏就是以茶作为陪嫁。唐代以后,"茶礼"(俗称"下茶")更加盛行。如清代福格《听雨丛谈》中说:"今婚礼行聘,以茶叶为币,满汉皆然,且非正室不用。"

茶叶之所以能在婚礼中占据一席之地,明代许次纾在《茶疏考本》中解释说:"茶不移本,植必子生。古人结婚以茶为识,以为茶树只能从种子萌芽成株,不能移植,否则就会枯死",因此把茶看作是一种

◆《斗茶图》 明 顾炳版画

至性不移的象征。所以，民间男女订婚以茶为礼，女方接受男方聘礼，叫"下茶"或"茶定"，有的叫"受茶"。同时，还把整个婚礼称为"三茶六礼"。

以茶祭祀

在中国古代祭祀及丧葬习俗中，茶的使用也非常普遍。以茶为祭的历史至少可以追溯到南北朝时期。南朝梁武帝萧衍曾立下遗嘱："我灵上慎勿以牲为祭，唯设饼、茶饮、干饭、酒脯而已。天下贵贱，咸同此制。"自此，以茶为祭逐渐形成一定制度。

茶可用来祭天、祭地、祭神、祭佛，也可用来祭鬼魂。上至皇宫贵族，下至庶民百姓，在祭祀中都离不开茶。以茶祭祀，通常有三种方式：以茶水为祭，放干茶为祭，以茶壶、茶盅象征茶叶为祭。第一种是最常见的，我国江南地区在除夕的晚上，还有以茶祭祖的习俗。清代宫廷祭祀祖陵时用干茶。

以茶赠友

在中国茶文化史上，以好茶作为礼物馈赠亲朋好友也是一个悠久的传统，唐代诗人白居易在《萧元外寄蜀新茶》中写到："蜀茶寄到但惊新，渭水煎来始觉珍。"清代扬州八怪之一的郑板桥也写有谢赠茶的诗句，如"此是蒸丁无上贡，何期分赐野人家。"品茶往往是高雅之人的一种精神性质的活动，赠人以好茶，既是对人品性的一种赞誉，也以茶为媒介沟通了人际感情关系。

总之，无论是在社交活动中，还是在礼仪活动中，茶作为一种媒介而成为一种必需品，在此过程中，茶传递着情意、也传递着敬意，茶成为了感情的载体。

延伸阅读

苏轼遭遇"看人待客"

宋神宗熙宁四年，苏轼任杭州通判。在杭州为官三年中，他经常微服出游。一天，他到一座寺庙游玩，方丈看到陌生人来访，非常简慢地说："坐！"然后跟小和尚说："茶！"小和尚端上一碗很普通的茶。

方丈和苏轼交谈几句后，觉得此人谈吐不凡，并非等闲之辈，又跟苏轼说："请坐！"同时叫来小和尚说："敬茶！"小和尚又重新泡上一碗好一点的茶。

交谈一阵后，方丈终于明白来者就是本州长官、大名鼎鼎的苏轼，便忙起身说："请上座！"并叫小和尚："敬香茶！"

临别，方丈捧上文房四宝希望苏轼留下墨宝。苏轼对方丈看人待客的行为非常鄙视，转念一想就提笔写下一副对联：坐请坐请上座，茶敬茶敬香茶。

方丈看后，心下了然，脸上只有羞愧、尴尬之色。

客来敬茶本是传统礼仪，要表达一种尊敬、友好、平等的内涵。可是这位方丈却看人待客，这既是对客人的不尊重，也是对自身的不尊重。

三爵为限的饮酒礼

中国是酒的故乡,在中华民族五千年的历史长河中,酒和酒类文化一直占据着重要地位。同时,饮酒作为一种食文化,早在远古时代就形成了一套需要遵守的礼节,以使饮酒者的行为得到自我控制。

我国有着很悠久的酒的历史和酒的文化,酒在古代被视为神圣的物质,酒的使用,更是庄严的事,但是,由于酒精的缘故,酒又能令人精神兴奋,甚至神志恍惚,所以,儒家就提倡饮酒要有"酒德",也要遵循"酒礼"。

所谓"酒德"就是说饮酒者要有德行。"酒德"二字,最早见于《尚书》和《诗经》,《尚书·酒诰》中集中体现了儒家所要求的酒德是:只有在祭祀时才能饮酒;不要经常饮酒,平常少饮酒,以节约粮食,只有在有病时才宜饮酒;禁止聚众饮酒;禁止饮酒过度。

所谓"酒礼",就是在饮酒场合需要遵循的礼仪,它包括多方面的内容。

首先,《礼记·曲礼》中说:主人和宾客一起饮酒时,要相互跪拜。晚辈在长辈面前饮酒,叫"侍饮",通常要先行跪拜礼,然后坐入次席。长辈命晚辈饮酒,晚辈才可举杯;长辈酒杯中的酒尚未饮完,晚辈也不能先饮尽,即"长者举未釂,少者不敢饮"。这与今人饮酒时说"先干为敬"正好相反。

其次,古代去做客时饮酒的礼仪大约有四步,即"拜""祭""啐""卒爵"。具体而言,就是先作出拜的动作,表示敬意,接着把酒倒出一点在地上,祭谢大地生养之德;然后尝尝酒味,并加以赞扬使主人高兴;最后仰杯而尽。

再次,在酒宴上,主人要向客人敬酒,这在礼经中成为"酬",客人要回敬主人,礼经中称为"酢",敬酒时还要说上几句敬酒辞。客人之间相互也可敬酒,

◆ 古人行酒令

◆ 太白醉酒图

府"等。他们的职责，一般是纠察酒筵秩序，将那些违反礼仪者撵出宴会场合。不过有时他们又要纠举饮而不醉或醉而不饮的人，以酒令为军令，甚至闹出人命来。《汉书·高五王传》中就记载了这样一件事。齐悼惠王次子刘章，是一个刚烈的人，办事非常认真果敢。有一次，他在宫中侍筵，吕后让他担任酒吏。他对吕后说："臣为将门之后，请允许以军法行酒。"吕后未加思索就同意了。在酒宴过程中，刘章叫出歌舞助兴，这时吕后宗族中有一人乘机逃酒，溜出了宴会大殿。刘章发现后，紧追出去就拔剑斩杀了那人。吕后闻听后目瞪口呆，但又无法怪罪刘章。

礼经称为"旅酬"，有时还要依次向人敬酒，礼经中叫"行酒"。敬酒时，敬酒的人和被敬酒的人都要"避席"，即起立。

最后，古代饮酒倡导"温克"，即是说虽然多饮，也要能自持，要保证不失言、不失态。饮酒过了三爵就应该止饮离席。这是因为如果酒过三巡仍然酗饮，量浅的人难免会失态。《左传》记载，晋灵公赐赵盾饮酒，其实是埋伏了甲兵要攻杀赵盾，赵盾的贴身侍卫提弥明察觉阴谋后，急忙登阶入堂，说："臣侍君宴，过三爵，非礼也。"于是扶出赵盾，总算避过一难。

在古代，只要是正式筵宴，尤其是御宴，都要设立专门监督饮酒仪节的酒官，被称为"酒监""酒吏""酒令""明

延伸阅读

袁宏道的《觞政》

"觞政"原本指的是宴饮中的酒令官，即在酒宴上执行觞令，对不饮尽杯中酒的人实行某种处罚。后来，明代的袁宏道，专门写了一篇文章叫《觞政》。

关于《觞政》的写作目的，作者是这样说的："社中近饶饮徒，而觞容不习，大觉卤莽。夫提衡糟丘，而觞宪不修，是亦令长者之责也。今采古科之简正者，附以新条，名曰《觞政》。"为饮酒之人编了一本关于饮酒的礼仪法则。

《觞政》中列了"酒宪"十六条，广泛涉及选择同饮者的条件、饮酒地点的选择、时令的估量、酒质判断以及酒器的考究等，在文中，作者将不同境遇下的饮酒适度表达得淋漓尽致，如"饮喜宜节，饮劳宜静，饮倦宜恢，饮芬宜洒脱，饮乱宜绳约，饮新知宜闲雅真率，饮杂揉宜逡巡却退。"

尊师重教的敬师礼

> 老师因其"传道授业解惑"而成为人们顶礼膜拜的对象,我国自古也有尊师重教的礼仪,而且它也应该成为万古不废的礼仪。

很久以前,人们就已经认识到了老师的重要性,以及尊师重道的重要性。这表现在以下几个方面。

在理论上,《尚书·泰誓》中说:"天佑下民,作之君,作之师。"其中把君与师相提并论。而战国时代的荀子则进一步把"天地君亲师"相提并论,他说:"礼有三本:天地者,生之本也;先祖者,类之本也;君师者,治之本也。无天地恶生,无先祖恶出,无君师恶治。三者偏亡,焉无安人。故礼上事天,下事地,尊先祖而隆君师,是礼之三本也。"他还进一步指出:"国将兴,必贵师而重傅;贵师而重傅则法度存。国将衰,必贱师而轻傅;贱师而轻傅则人有快,人有快则法度坏。"这里的"快"是指放肆的意思。在这里,荀子把尊师提到了国家兴亡的高度去认识。后代儒生大都遵循荀子的教诲,在家中供奉"天地君亲师"的牌位,一刻也不敢忘怀。这种风气还蔓延到了社会各阶层。

在礼仪典籍的规定上,《礼记·学记》中提到:对皇帝来说,有两种人,他是不能将他们当成臣子看待的。一种是在古代祭祀仪式中代表祖先的"尸",一种就是皇帝的老师。在古代,皇帝接见臣下都是朝南坐的,但是见了自己的老师却不敢朝南坐,而要让老师朝南坐了。

在具体行为表现上,古代学生在与老师相遇、相交之时,在举止言谈上,学生皆要以老师为尊。《礼记·曲礼》曰:"从于先生,不越路而与人言。遭先生于

◆ 程颐像

道，趋而进，正立拱手，先生与之言则对，不与之言则趋而退。"也就是说，学生对老师要毕恭毕敬才合于礼仪。

"老师"这一概念，在古代不仅指传授知识的人，还指手工业等行业中传授技能的人，所以，古代商店和手工业行业的学徒，在侍奉老师上有着更为苛刻的规矩。如《管子·弟子职》中甚至规定，从老师起床盥洗开始，到吃饭，到夜晚入睡，学生都得在边上恭恭敬敬地侍奉，"朝益暮习，小心翼翼"。如师徒在一起吃饭，学生要给师父盛饭，一定得等师父动筷吃了之后才可以动筷，而且又必须在师父吃完之前就先放下碗筷。学徒在平时不但要侍奉师父，还要侍奉师娘以及师父的一家人，学徒和佣人几乎没有什么区别。

此外，自孔子始，为了表达对老师传授知识的感谢，开始实行束脩礼之仪，并且一直延续到后代。所谓"束脩"，就是以十条干肉，作为学生拜见老师的礼物。后来人们便把学生送给老师的酬劳统称为"束脩"。如《全唐文·中宗》记载，天子中宗发布诏令："学生在学，各以长幼为序。初入学，皆行束脩之礼于师。国子太学各绢三匹，四门学一绢二匹，俊士及律书、算学，州县各绢一匹。皆有酒脯。"这也是表达对老师敬意的一种方式。

在民间俗语和日常用语中，也能表现出人们尊师重教的礼仪观念。如民间俗语中有"师徒如父子"，以及"一日为师，终身为父"等说法。此外，人们往往把老师称为"先生""师父""恩师""严

◆ 拜师图　汉代画像石拓片

师""良师"等，把老师的话称作是"教导""教诲""训诫""赐教"等，这些都能体现出老师在古人心目中非常之高的地位。

延伸阅读

敬师典范杨时之典故"程门立雪"

"程门立雪"这个典故出自《宋史·杨时传》："见程颐于洛，时盖年四十矣。一日见颐，颐偶瞑坐，时与游酢侍立去。颐既觉，则门外雪深一尺矣。"

杨时，是北宋时期一位非常富有才华的人，他年轻时很仰慕"二程"即程颐、程颢的学识，就投奔到洛阳程颢门下，拜师求学。杨时学习了4年之后程颢去世，杨时又继续拜程颐为师。这时他也年过四十。有一天，大雪纷飞，天寒地冻，杨时碰到疑难问题，便冒着凛冽的寒风，约同学游酢一同前往老师家求教。当他来到老师家时，看到老师坐在椅子上睡着了，他不忍打搅，就静静地侍立门外等候。当老师一觉醒来时他们的脚下已积雪一尺深了，身上也积满了雪。老师忙把杨时他们请进屋去，为他们讲学。后来，"程门立雪"成了广为流传的尊师典范。

不忘师恩的释奠礼

> "释奠礼"是中国古代学礼制度的核心内容，随着时代的演变，它逐渐变成"祭孔"的专用词并在唐代得到了定型，此后"文庙"释奠成为中国传统文化的标志，其影响遍及东亚各国。

尊师重教是传统礼仪中闪烁着璀璨光芒的重要部分，他不仅表现在尊师与敬师上，还表现在报师与祭师中。

所谓报师，是指学生在离开老师之后，如果取得了什么成就，或是遇到老师生日，或是遇到年节等，仍要去问候、探望老师，向老师汇报，以此表示自己不忘报答师恩。

所谓祭师，就是对老师亡灵的祭祀。这种礼仪在我国历史上很早就存在了，即祭祀至圣先师的释奠礼。

《礼记·文王世子》中说："凡始立学者，必释奠于先圣、先师。""先圣"是指各种礼仪制度、工艺技能的发明或首创者；"先师"则是指传经授业的人。

至于"释奠礼"究竟是怎样一种礼仪，汉代经学大家郑玄所作注解说："释奠者，设荐馔酌奠而已，无迎尸以下之事。"结合其他人的解释，释奠礼大概是一种只是将祭品直接放在神主之前，礼毕，祭祀者之间不需要酬酢。可以说是一种相当简略的仪式。此外，古书中还记载有一种"释菜礼"。有人说，释奠礼有音乐但无尸，释菜礼更简单，连尸也没有，只是在神主面前放一些蘋、蘩之类的菜。

释奠原本是在学宫中举行的祭祀"先圣先师"或"先老"的一种仪式，但在唐宋明清时期得到相应的发展，统治者也对它做了相应的改革，所以，释奠礼最后成了孔子祭祀的专称。

之所以将孔子作为至圣先师来祭祀，

◆ 孔子像

是因为孔子在年轻时候以"三人行必有我师"的态度,虚心向一切人学习。30岁左右,学业有成,开始招徒授业。当时,学术由官府掌控,只有贵胄子弟才有资格学习,即所谓"学在官府"。孔子以个人之力开创私学,打破了文化垄断,使学术下移到民间,推动了思想文化的普及和繁荣,这可堪称"万世之功"。孔子实施"有教无类"的方针,广泛招收学生,相传他有三千弟子,其中有72贤徒。后世把孔子作为伟大的教育家,教育的至圣先师,也绝非言过其实。

从汉代开始,有11位帝王、共18次到曲阜孔庙祭祀过孔子。首开先河的是汉高祖刘邦。据《汉书·高祖本纪》记载,汉高祖十二年(前195年),刘邦从淮南返回京城经过曲阜时,用太牢之礼祭祀孔子,当时孔子的地位并不高。汉平帝后来追谥孔子为褒成宣尼公。东汉明帝永平二年(59年),学校开始祭祀先圣先师周公、孔子。南北朝时,太学内已经立有宣尼庙,祭祀时设轩悬之乐,用六佾之舞。元世祖时,虽然一度有过贬黜孔子及儒家的举动,但成宗即位后立刻恢复尊孔的礼仪。直到明朝嘉靖时,世宗才废除所封孔子王号,取消了塑像,降低了原用天子之礼的祀典规格,称为"至圣先师"。清初的盛京也建有孔庙,定都北京后,将京师国子监定为太学,立文庙,孔子被称为"大成至圣文宣先师"。祭祀礼仪的规格又有所上升,奠帛、读祝文、三献奠爵,行三跪九拜之礼等。

◆ 孔子讲学图

孔子是华夏文化的象征。后代以孔子为对象的释奠礼所要表达的也是对古老中华文明的敬意,具有鲜明的提倡文教意义。大约从唐代开始,释奠礼仪开始传向海外,至今在朝鲜、日本、新加坡、越南、马来西亚等亚洲国家的孔庙和学堂,仍然可以看到释奠祭孔的影子。

延伸阅读

释奠礼举行的时间

祭祀孔子的释奠礼最初只是在每年秋季有一次祭祀活动,到东汉时开始实行春、秋两祭制,其后又发展到春、夏、秋、冬逢节必祭,但都以春、秋两祭为主。这被称为"四大丁祭"。这是因为一年有春、夏、秋、冬四季,每季三个月,古人称之为"孟月""仲月""季月"。古代又用干支纪日,每月不超过三十天,所以甲、乙、丙、丁等天干一般会出现三次,祭孔就用第一个丁日,称为"上丁"。四大丁祭,就是在四季仲月上丁日举行的祭祀。这一传统一直延续到近代。

现代人们将祭孔之日定在9月28日,这是因为古代祭孔都以每年农历8月27日作为孔子诞辰日,民国期间,政府曾定夏历8月27日作为教师节,后又把它换算为西元的9月28日。这成为一种传统习惯,人们也从心理上认可了它,虽然在学者范围内对于孔子诞辰一直存在争议。

鱼雁相酬的书信礼

> 书信是传统中国文化中最为源远流长的一部分,可以说,古代书信体现了中华民族的儒雅风范和斯文气质,展示了中华礼仪的魅力,因为传统书信中的用语礼仪彰显了尊重长者、孝敬父母、感恩知耻、揖让进退、谦谨礼貌等主流价值观。

古代书信作为一种人们相互交往、联系的形式,其中的用语非常讲究修辞、文法,也体现出人与人之间的谦敬、尊卑等礼仪关系。

古代书信通常由称谓语、提称语、思慕语、正文、祝愿语和署名六个部分组成。由于收信人年龄、身份的不同,写信时所使用的称谓语、提称语、思慕语、祝愿语等也都有相应的区别,如果用错就不仅会贻笑大方,还让对方感觉到写信人的失礼。

称谓语

在书信的称谓语中,主要是写信方和收信方的两种称谓,即"谦称"和"敬称"。关于谦称和敬称在"传统社交礼仪"一章中已经提及,这里需要指出的是书信中的个别称谓语。

古代书信中会用"台"字来表示尊敬,如台启、台端、台甫、台安等。书信中的"台",是"三台"的简称,三台是天上的三颗星,古人用来指"三公",所以在书信里当作尊称。

古人的书信中在提及对方时,会用阁下、仁兄、先生等词;提及自己时,会用在下、小弟、晚辈等;提及第三方时,通常用"彼"或"渠"。

古代学生给老师写信,称谓语是"夫子、函丈"。"函丈"一词源于《礼记·曲礼上》:"席间函丈。"函是容纳的意思,学生与老师讲问,彼此之间应该留有一丈左右的距离,以便尊者有所指画,所以,后代作为对老师的尊称。

提称语

提称语用于称谓语之后,如运使学士阁下、某公百道席、某先生台鉴、贤弟如晤等。古

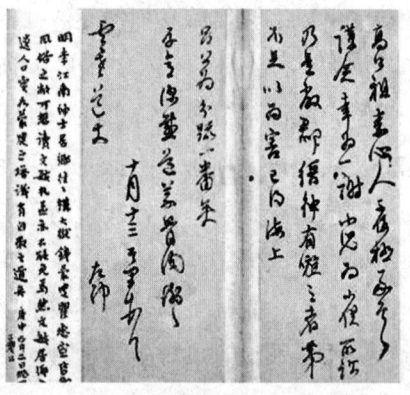

◆ 董其昌书信　明代

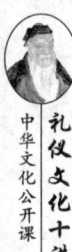

代常见提称语有以下几种：

"足下"在书信中多用于同辈之间，"膝下"用于古代子女致父母的信中，如"父母亲大人膝下"，这样既表示敬重，又表达出了对父母的眷依之情。

"鉴"在古代指镜子，有审察的意思。用于书信提称语就是请阅看的客气说法。与"鉴"有关的提称语有垂鉴、赐鉴、钧鉴、尊鉴、台鉴、勋鉴、道鉴、惠鉴、大鉴、英鉴、伟鉴、雅鉴、慈鉴、爱鉴、双鉴、芳鉴、礼鉴、公鉴等，它们之间的区别就是使用对象的不同，如对母亲可用"慈鉴"、夫妻之间可用"爱鉴"、对居丧者可用"礼鉴"等。

此外，"道席"多用于学生对师长的书信中；"撰席、著席、史席"都用作对文士的敬称，文人间也常互用；"览、阅、知、悉"一般用于长对幼、前辈对晚辈的称呼之后。

思慕语

所谓"思慕语"就是在提称语之后述说对对方的思念或者仰慕之情的简练文句，这是为了切合书信进行情感沟通的基本功能。古代的思慕语中使用最多的是从时令、气候切入倾吐思念之情，如《十二月相辩文》中记载不同气候时的思慕语，二月（仲春）："仲春渐暄，离心抱恨，慰意无由，结友缠怀，恒生范想。"这些思慕语读来令人倍感亲切。

祝愿语及署名敬词

正文结束后，古代书信还要写祝愿语，如同人们分别之前互道"珍重"一般。祝愿语因辈分、性别、职业的差别而有区别，比较常用的有：

对父母用"恭请福安、叩请金安、敬叩提安"；对长辈用"恭请崇安、敬请福祉、敬颂颐安"；对师长用"敬请教安、敬请教祺、敬颂诲安"；对平辈用"顺祝时绥、即问近安、敬祝春祺"；对同学用"即颂文棋、顺颂台安、恭候刻安"等。

◆ 苏轼的《人来得书帖》

古代书信在署名落款后，还要根据彼此关系写上敬词，如对长辈写"叩禀、敬叩、拜上"，对平辈写"谨启、鞠启、手书"，对晚辈写"字、示、白、谕"等。

延伸阅读

古代书信的信封用语

古代不仅书信的内容用语非常讲究礼仪，即便是信封的用语也要体现出自谦而敬人的礼仪。体现的方式主要有两种：一种是在收信人姓名、称谓之后使用特定用语"俯启"或者"赐启"。"俯启"表示对方十分高大，必须俯下身子来接信的意思。"赐启"是请对方赏光、恩赐启封。另一种方式是使用"某某先生将命"之类的用语。"将命"是指古代士大夫家中为主人传话的人。在信封上写收信人的将命者收，是表示不敢让对方直接收信，而只能将信交由传话者转呈，这是一种自谦的表达方式。与此类似的还有"某某先生 茶童收""某某先生 书童收"等。

第九讲 社交礼仪篇

第十讲
节俗礼仪篇

一岁之首的春节礼

> 春节是中华民族很古老且非常隆重、热闹的一个传统节日，在这一天，有种类繁多、内容丰富的礼仪活动，并赋予这些活动蕴含驱邪、喜庆等多种象征意义。

春节，在古代称为"元旦"，具体指农历新年的第一天。"元旦"一词，最早出自南朝梁人萧子云《介雅》诗："四气新元旦，万寿初今朝。"隋代杜台卿在《玉烛宝典》中说："正月为端月，其一日为元日，亦云正朝，亦云元朔。""元"的本意为"头"，后引申为"开始"，因为这一天是一年的第一天，春季的第一天，正月的第一天，所以称为"三元"；由于这一天还是岁之朝、月之朝、日之朝，所以又称"三朝"；又因为它是第一个朔日，所以又称"元朔"。如此众多的开端，让人们都对它寄予了很多希望。所以，上至国家、下至平民百姓都会奔走相贺。

其实，历代元旦的日期不尽相同。夏朝以正月初一为元旦，商、周、秦则分别以腊月初一、十一月初一和十月初一为元旦，直到汉武帝时，才重新将正月初一恢复为元旦，此后一直沿袭到清末。辛亥革命之后，我国又将春、夏、秋、冬定为四节：元旦为春节、端午为夏节、中秋为秋节、冬至为冬节。于是"春节"就成了正月初一的名称。

虽然各地在庆贺春节时会有自己的风俗习惯在其中，但是主要礼俗还是相似的。春节的重要礼仪大概有以下几项。

放鞭炮

古代民间有"开门爆竹"一说，即在新的一年到来之际，家家户户开门的第一件事就是燃放爆竹，以哔哔叭叭的爆竹声除旧迎新。放爆竹庆贺春节的习俗，在中国已有两千多年的历史。《通俗编俳优》载："古

◆ 春节放爆竹

时爆竹，皆以真竹着火爆之，故唐人诗亦称'爆竿'。后人卷纸为之，称曰'爆竹'。"爆竹原意在于惊惮和驱逐恶鬼。《荆楚岁时记》记述："正月一日，是三元日也，鸡鸣而起，先于庭前爆竹，以辟山魈恶鬼。"此外，放爆竹还可以创造出喜庆热闹的气氛。如王安石的《元日》诗：爆竹声中一岁除，春风送暖入屠苏。千门万户曈曈日。总把新桃换旧符。不仅如此，放鞭炮可能还隐含着混沌初开、宇宙起源的象征意义。

祭祀祖先

祭祀祖先是春节的重要礼仪活动之一。这一天的皇宫里，皇帝、皇后要进行祭祀活动，接受皇室宗亲及文武百官的祝贺，普通百姓家中也要将祖宗遗像或牌位供在正厅，摆上供品、点香、燃烛。全家人在家长的带领下共同祭拜本家祖先。如果是大家族，族人还要在族长的带领下，去祠堂或坟前祭祖。祭祖后，按历书所指示的吉利方向，点灯笼火把，燃香鸣炮，迎接喜神，祈求一年的平安和顺利。

拜年

拜年也是春节期间的重要仪式之一。南宋吴自牧《梦粱录》载："正月朔日，谓之元旦……士大夫皆交相贺，细民男女亦皆鲜衣往来拜节。"拜年又叫"探春"或"走春"。一般是初一一早给长辈叩头拜年，祝长辈身体安康，万事如意。长辈也趁这个时候给孩子们压岁钱。之后，晚辈在长辈带领下，前往亲朋家拜年。人与人相遇后，要互相行礼并致新年问候。

除了以上几种非常重要的礼仪之外，

家和萬事興

一家和睦一家福　　**四季平安四季春**

◆ 每逢春节，家家户户都要贴春联

在春节还有吃年夜饭、守岁、饮屠苏酒等多种礼俗，这里不一一赘述。

延伸阅读

春节的起源

关于春节起源，有几种说法。一说春节起源于原始社会的"腊祭"，传说那时每逢腊尽春来，人们便要杀猪宰羊，祭祀天地和祖先，祈求来年风调雨顺，免祸免灾。人们用朱砂涂脸，鸟羽装饰，又唱又跳，热闹非凡。夏朝建立后，这种习俗就流传下来。

还有一种说法是春节的起源与"年"有关。古代有一种动物叫"年"。它异常凶猛，长年深居海底，每到除夕这一天就爬上岸伤害牲畜及人命。为了保住性命，人们每到这天就扶老携幼逃往深山。有一年除夕，一个乞讨的老人在一位老婆婆家住下，他在门上贴大红纸，到了晚上让屋内烛火通明。"年"来后先被红纸和灯光惊得浑身一抖，将近门口时，院内突然传来"噼里啪啦"的炸响声，"年"浑身战栗，就转身逃跑了。第二天，人们回来，发现村里安然无恙。经老婆婆转述后，人们学会了驱赶"年"的方法，即家家贴红对联、燃放爆竹；户户烛火通明、守更待岁。

正月初七"人日"节

> "人日"起源于人们对人自身的重视、对幸福美好生活的追求,人日具有节日饮食、节日装饰、登高赋诗与出游踏青、拜神及驱鬼除秽等多项礼俗内容。

农历的正月初七是中国传统习俗中的"人日",即"人类的生日"。这个节日在我国至少有两千多年的历史了。

关于"人日"的起源,有一些不同的说法。有一种是说"人日"来源于古老的神话。据《庄子·应帝王》记载,古时候有三位神仙,倏帝、忽帝和混沌。倏和忽常去混沌家做客并受到热情的款待。两位神仙为感谢混沌就对他说:"人皆有七窍,以视听食息,此独无有,尝试凿之。"混沌按照他们的说法在自己身上一天凿一窍,七天凿好七窍,人就诞生了,但是混沌却因此而死去。所以第七日就为"人日"。

还有一种流传更广的关于"人日"节来源的说法,晋人董勋的《答问礼俗》记载说:"(女娲造人过程中)正月一日为鸡,二日为狗,三日为猪,四日为羊,五日为牛,六日为马,七日为人。正旦画鸡于门,七日贴人于帐。"

古人认为"人日"这一天非常重要。西汉东方朔的《占书》中说:"岁后八日,一日鸡,二日犬,三日豕,四日羊,五日牛,六日马,七日人,八日谷。其日清明,则所生之物育;阴则灾。"也即是说,古人以正月初七这天天气的阴晴来占卜当年人的凶吉状况。为讨吉利,古人后来有了正月初一不杀鸡、初二不杀狗、初三不杀猪、初四不杀羊、初五不杀牛、初六不杀马、初七不行刑的习惯。由此,正月初七便渐渐演变为古代相当隆重的一个民间节日。每逢"人日",人们都盼望天气清明,并举行各种风俗活动,以寄托思念亲友、祈求亲人安康幸福的心愿。

◆ 古时骚人墨客于"人日"云集的杜甫草堂

戴"人胜"

从晋代开始,在"人日"这一天有戴"人胜"的习俗。晋刘臻妻陈氏《进见仪》说:"正月七日,上人胜于人。"《荆楚岁时记》也说:人日"又造华胜以相遗"。所谓"人胜",就是一种头饰,又叫"彩胜""华胜"。即妇女剪彩为花、剪彩为人,或将金箔刻镂成人形贴于屏风或窗户上,也戴在头发上。唐代非常重视这一风俗,甚至将"人日"也称为"人胜节"。

举行宴会

唐代人非常注重"人日"。在这一天,宫廷中要举行宴会。唐代宗楚客的《奉和人日清晖阁宴群臣遇雪应制》就反映了宴会时的盛况。后来不仅宫廷中举行宴会,民间在这一天也要举行宴会。鲍防的《人日陪宣州范中丞传正与范侍御传真宴东峰亭》:"人日春风绽早梅,谢家兄弟看花来。吴姬对酒歌千曲,秦女留人酒百杯。"就体现了这种景况。

出游登高

"人日"出游登高的习俗,在晋代就有了。东晋李充《正月七日登剡西寺诗》说:"命驾升西山,寓目眺原畴。"在"人日"这天,他赶着马车,登上西山,极目远眺。隋、唐、宋三代,文人墨客也有在"人日"这天出游的习惯。据说,他们出游是为了躲避瘟气,丢弃晦气、踏死丧气,能够在新的一年里,仕途顺利、健康快乐、一帆风顺。

"人日"这天,有些地方要吃用七种菜做的"七宝羹",据说吃了可以延年益寿。有些地方还有"麻秆点天灯""用豆熬

◆ 民间习俗,正月初七戴"人胜"

粥治头疼"等说法。

"人日"节虽然日渐衰落,到今天也仅仅成为一种传统文化,但是,"人日"所反映出的对"人类诞生日"的重视以及思亲、重谊的情感还是值得回味的。

延伸阅读

"人日"为何拜谒杜甫草堂?

唐代大诗人杜甫旅居成都时,在好友高适等人的资助下,在西郊浣花溪畔修建了一座草堂居住。761年的"人日"那天,当时在蜀州任刺史的高适写了一首题为《人日寄杜二拾遗》的诗寄赠杜甫,诗中有"人日题诗寄草堂,遥怜故人思故乡……今年人日空相忆,明年人日知何处?"的句子,表达对杜甫的思念之情,当时杜甫未及时作答。后来杜甫离开四川,漂泊湖湘。770年,整理文稿时重读到高适这首诗,不仅睹物思人,于是挥毫写下《追酬故人高蜀州人日见寄》诗:"自蒙蜀州人日作,不意清诗久零落。今晨散帙眼忽开,迸泪幽吟事如昨。"

清代咸丰四年(1864年),时任四川学政的何绍基特地在人日拜谒杜甫草堂,留下了一副对联:"锦水春风公占却,草堂人日我归来。"此联一出,骚人墨客竞相效仿,于每年"人日"云集草堂,挥毫吟诗,凭吊诗圣,久而久之,这便成了当地的风俗。

火树银花元宵节

> 农历的正月十五，是我国重要的传统节日元宵节。由于正月十五日是新年的第一个月圆之夜，也是一元复始、大地回春的夜晚，故人们对此加以庆祝，也是庆贺新春的延续。

每年农历的正月十五日，春节刚过，就迎来了我国另一个传统节日——元宵节。"元宵"一名的来源是因为正月是农历的元月，古人称夜为"宵"，所以正月十五就被称为"元宵节"。

元宵节在我国有着悠久的历史，早在2000多年前的西汉就已经存在了。元宵节的产生还有着一段不平凡的历史。

汉高祖刘邦死后，朝政大权渐渐落到了吕氏手中。齐王刘襄为保刘氏江山，和开国老臣周勃、陈平等设计平定了"诸吕之乱"，并拥立刘邦的第二个儿子刘恒登基，称为"汉文帝"。汉文帝深感太平盛世来之不易，便把平息"诸吕之乱"的正月十五定为与民同乐日，京城里家家张灯结彩，以示庆祝。从此，正月十五便成了一个普天同庆的民间节日——"元宵节"。

点燃彩灯

元宵节也叫"灯节""灯夕"，因为这个节日的主要活动就是点燃彩灯。对于为何要在元宵节点彩灯，有着不同的说法。第一种说法是，汉武帝在农历正月十五日这一天，在皇宫设坛祭祀当时天神中最为尊贵的太一神。由于要彻夜举行，所以必须终夜点灯照明。第二种说法是，东汉明帝提倡佛教，听说佛教有正月十五日僧人观佛舍利、点灯敬佛的做法，就命令这一天夜晚在皇宫和寺庙里点灯敬佛，令士族庶民都挂灯。以后这种佛教礼仪逐渐成为元宵节的主要习俗。第三种说法是，道教将正月十五日叫做"上元节"，七月十五日叫做"中元节"，十月十五日叫做"下元节"，这就是"三元说"。由于主管上、中、下三元的分别是天、地、人三官，天官喜乐，所以上元节要点燃彩灯。

◆ 庆赏元宵图

◆ 汤圆摊

元宵节点燃彩灯的风俗虽然起自汉朝，但到了唐代，赏灯活动更加兴盛。每到这一天，皇宫里、街道上处处挂灯，还要建立高大的灯轮、灯楼和灯树，唐朝大诗人卢照邻曾在《十五夜观灯》中将元宵节燃灯的盛况描述为"接汉疑星落，依楼似月悬。"

猜灯谜

"猜灯谜"又叫"打灯谜"，是中国独具民族风格的一种文学形式。它来源于民间口谜，三国时候盛行猜谜。到了南宋，谜语变成元宵节里必不可少的游戏方式。通常是把谜语写在纸条上，贴在五彩缤纷的彩灯上供人猜。由于谜语能启迪智慧又饶有兴趣，所以深受社会各阶层的欢迎而流传下来。

吃元宵

我国民间有在农历正月十五这一天合家团聚吃元宵的习俗。元宵又叫"浮圆子""汤团""汤圆"，由糯米做成，或实心，或带馅。馅分白糖、玫瑰、芝麻、豆沙、黄桂、核桃仁、果仁、枣泥等不同种类，食用时可以煮、煎、蒸、炸等。元宵又取团圆之意，象征全家人团团圆圆，和睦幸福，人们也以此怀念离别的亲人，寄托对未来生活的美好愿望。

走百病

"走百病"是个别地方在元宵节的礼俗，也叫"烤百病"或"散百病"，参与者通常是妇女，她们结伴而行或走墙边，或过桥，到郊外等，目的就是祛病除灾。

随着时间的推移，元宵节的风俗活动日益增多，如很多地方有耍龙灯、耍狮子、踩高跷、划旱船、扭秧歌、打太平鼓等传统民俗表演。

延伸阅读

"元宵"的由来

汉武帝时有个叫东方朔的大臣，他很善良。有一天进宫时，他发现有个宫女泪流满面准备投井，就慌忙上前搭救，并询问自杀缘由。原来，这个宫女名叫"元宵"，自进宫后，就再也不能和家人见面，悲伤至极欲一死了之。东方朔决定帮她。

一天，东方朔让人将一个写有"长安在劫，火焚帝阙，十五天火，焰红宵夜"的纸条辗转传递给汉武帝。汉武帝看后大惊，连忙召集群臣商议对策，问及东方朔时，东方朔说："火神君最爱吃汤圆，宫中的元宵姑娘不是擅长做汤圆吗？正月十五晚上让元宵做好汤圆。万岁焚香上供，同时京城家中也都做汤圆，一齐敬奉火神君。"汉武帝听后采纳了东方朔的建议。

正月十五晚上，长安城里张灯结彩，游人如织。元宵的家人也进城观灯。当他们看到写有"元宵"字样的大宫灯时，惊喜地高喊："元宵！元宵！"元宵就这样和家人见面了。

由于长安城安然无恙，汉武帝大喜之下便命令每到正月十五都做汤圆供火神君。由于元宵做的汤圆最好，人们就把汤圆叫"元宵"。

立春时节的迎春礼

> 中国古代社会是以农业为主的，立春作为一个节气，象征着春天的到来，预示着一年农事活动的开始。所以，自古以来，人们就把立春作为一个很重要的节日。

"立春"位居二十四节气之首，是我国重要的岁时节日。大约在3000年前就有在"立春"之日举行庆祝活动的仪式，在此基础上孕育发展的"立春"民俗风情及文化内涵也日益丰富。

祭春仪式

周代的祭春仪式是：立春前三天，天子开始斋戒，到了立春日，亲率三公九卿诸侯大夫，到东方八里之郊祭祀句芒神，祈求丰收。回来之后，要赏赐群臣，施惠兆民。

句芒神，是中国古代神话中的木神，也称为"春神"，主管树木的发芽生长。

◆ 打春牛

太阳每天早上从扶桑上升起，神树扶桑就归句芒管，太阳升起的那片地方也归句芒管。句芒在古代非常重要，每年立春都会受到祭祀。因为芒神住在东方，所以，古人在东郊祭祀他。

明、清两代，从京师到县城都特修专供祭春用的宽阔的"春场"。每到立春这一天，人们穿着同一颜色的衣服，打着旗、幡、伞盖，牵着纸糊的春牛、春象，用彩仗鞭打，吹吹打打，载歌载舞，甚是热闹。祭坛上香烟缭绕，供有猪头、牛头等祭品。主祭官在四大礼宾的陪同下宣读祭词，以示对春之神的虔诚。明人刘侗《帝京景物略》中记述了当时的祭春活动："立春候，府县官吏具公服，礼勾芒，各以彩仗鞭牛者三，劝耕也。"

打春牛

打春牛又叫"鞭春"，即在立春日用黄泥抟土造成土牛以劝农事，使人们重视农业生产，不违农时。据《礼记·月令》记载，早在周朝就有"出土牛以示农耕之早晚"的风俗习惯。清代富察敦崇的《燕京岁时记》也说："立春前一日，顺天府官员至东直门外一里春场迎春。立春日，礼部呈进春山宝座，顺天府呈进春牛图。礼毕回署，引春牛而击之，曰打春。"

打春牛的含义，不限于促春耕，可能含有一定的祈福意义。如山东民间在打春时，要把土牛打碎，人们争抢春牛土，这叫做"抢春"，抢到牛头的最为吉利。人们抢到春牛泥土回家后就撒在牛栏里，期待着牛能健康并繁衍生息。还有的地方，将五谷盛放在牛的体内，土牛被打烂后，人们抢到五谷作为种子，希望这种种子能带来一年的好收成。这种方式体现了人们对五谷丰登的美好期盼。

咬春

立春这一天还有"咬春"的习俗，要吃萝卜、五辛盘和春盘。之所以要吃萝卜，比较普遍的说法是可以解春困。其实除了解困之外，主要是通气，使人保持青春不老。据记载，吃五辛盘，即五种辛荤蔬菜：小蒜、大蒜、韭、芸薹、胡荽，供人们在立春之日食用后发五脏之气的。

吃春盘的习俗大约始于唐代。唐代《四时宝镜》中说："立春日，食芦菔、春饼、生菜，号春盘。"春饼是以麦面烙制或蒸制的薄饼，以豆芽、韭黄、粉丝等炒成的合菜做馅儿包着食用。清代，春盘中的青菜常由芹、韭、笋组成，象征勤劳、长久、兴旺。

除了以上几种礼俗活动外，还有喝春酒、贴"宜春帖"等习俗。这种种活动，

◆ 春饼

都体现了人们对春天的重视、对春天的喜爱。对今天的大多数人来说，立春也应当受到重视。因为无论是否耕种，"一年之计（均）在于春"。

延伸阅读

《春牛图》

《春牛图》，是古代用来预知当年天气、降雨量、干支、五行、农作物收成等资料的一种图鉴。

清朝年间，每年六月，由掌管天象、历法的朝廷官员设计来年春牛芒神的造型、颜色，命令各府州县依照制作"春牛图"。"春牛图"的各部尺寸都有一定的规格和象征意义。如牧童身高三尺六寸，象征农历一年的三百六十日。牧童戴草帽表示春暖，不戴草帽表示春寒；牧童双足穿草鞋表示该年干旱，穿草鞋裤管束高表示该年多雨水；一只脚光着，一只脚穿草鞋，表示该年是雨量适中的好年景。牧童的衣服以及腰带的颜色，甚至头上所束的发髻的位置，也要按立春日的五行干支来定。

除了皇历上有"春牛图"外，年画中也普遍刻印春牛图。在杨柳青年画中，《春牛图》是经典作品之一，表现了人们心目中饱含丰收的希望、幸福的憧憬以及对风调雨顺的祈求，是千百年来长盛不衰的绘画内容。

在立春日，顺天府要向皇帝呈进"春牛图"，百姓中也有春官送《春牛图》预兆丰收的风俗。

慎终追远的寒食清明节

清明既是二十四节气之一，也是历史悠久的传统节日之一。清明的前一两天是寒食节。清明寒食期间，既有祭扫新坟时生别死离的悲酸哀泣声，又有踏青游玩的欢笑声，这是一个富有特色的节日。

清明节，又称"鬼节""冥节"，是我国重要的传统节日之一，已有两千多年的历史。一般是在公历4月5日前后，但其节期很长，有"十日前八日后"及"十日前十日后"两种说法，也就是说，近二十天内均属清明节。

在我国历史上，清明节和寒食节原本是两个节日，但由于时间上过于接近，到了唐代，两个节日就合流了。寒食节，又称"熟食节""禁烟节""冷节"。具体日期是距冬至105天，即距清明不过一天或两天。寒食节日的主要礼俗就是禁火，即不能生火烹煮食物，只能吃预备好的熟食、冷食，"寒食节"因此而得名。

清明、寒食的来历

作为既是节气又是节日的清明，在周代已经开始流行了。据说，清明节起源于古代帝王将相"墓祭"之礼，后来民间亦争相仿效，在这天祭祖扫墓，于是历代沿袭而成为中华民族的一种固定风俗。

寒食节的起源与古代的钻木、求新火的制度相关。由于季节不同，古人就用不同的树木取火，所以有改季改火的习俗。每次改火后，就要换用新火。新火未至，就禁止人们生火。这在当时是一件大事。《周礼·秋官·司烜氏》中说："中春以木铎修火禁于国中。"可见，当时是摇着木铎宣禁火令。在禁火期间，人们就准备一些冷食以供食用，这样慢慢就成了一种固定风俗了。以后，才与介子推的传说相联系，成了寒食节。

清明扫墓

清明节作为传统节日，它最主要的礼仪活动就是祭祖扫墓，而且这一活动由

◆ 寒食

来已久。据史书记载，秦汉时，墓祭就已经成为不可或缺的礼俗活动了。唐代开始广泛盛行。据南宋吴自牧的《梦粱录》记载：在古代，清明节这一天，无论"官员士庶，俱出郊省坟"。祭祖、上坟、扫墓，表示对先人的敬意和孝思。《旧唐书》中也说："寒食上墓，礼往无文，近代相沿，寖以成俗，士庶之家，宜许上墓，编为五礼，永为常式。"

之所以要在清明节时扫墓，可能是因为冬去春来，草木萌生。人们不由想到祖先的坟墓是否有狐兔穿穴打洞，是否会由于雨季来临而塌陷，于是亲临察看。一方面给坟墓添土除草；另一方面也供上祭品，烧些纸钱，或在树枝上挂纸条，举行简单的祭祀仪式，表示对死者的怀念之情。"清明时节雨纷纷，路上行人欲断魂"就是对这种情形的描述。

清明插柳与戴柳

清明时节，古人有插柳与戴柳的习俗，据说，这一礼俗，是为了纪念"教民稼穑"的农事祖先神农氏。因为杨柳有强大的生命力。柳条插土就活，插到哪里，活到哪里，年年插柳，处处成阴。

此外，对于清明节插柳和戴柳还有一种说法：古人认为清明、七月十五和十月初一是三大鬼节，是百鬼出没索讨的时候。受佛教的影响，柳在人们心目中有辟邪的功用，认为它可以却鬼，所以，为了防止鬼的侵扰与迫害，人们头上插柳或戴柳。北魏贾思勰的《齐民要术》中说："取柳枝著户上，百鬼不入家。"

◆ 清明戴柳

除了以上两种主要礼俗之外，清明前后还流传着其他的传统风俗活动，如荡秋千、踏青郊游、蹴鞠、放风筝、斗鸡、拔河、植树等。这些活动随着岁月的赓续交替，社会的嬗递变化，虽然有的已被淘汰，但有的仍遗留至今并被赋予了新的内容。

延伸阅读

寒食节的另一种起源

寒食节的另一种起源，相传是为了纪念春秋时代的晋国公子的臣子介子推。晋国公子重耳，被迫流亡外国19年，他的臣子介子推一直相伴跟随。有一次，他们在山中迷路了，由于炊断粮绝，重耳奄奄一息。这时，介子推毅然割下自己腿上的肉，用火烤熟，为重耳充饥。重耳复国后称为"晋文公"，他在封赏功臣时忘了介子推。有人替介子推叫屈，介子推却为了躲避利禄而背着母亲躲入绵山。晋文公前往寻找，却怎么也找不到。于是他放火烧山，想把介子推逼出来。可是介子推和母亲宁愿被烧死也不出山。晋文公看到他们烧焦的尸体非常伤心，于是发布禁火令，以表示追怀之意，从此便有了一年一度的寒食节。

辟邪念贤的端午礼

> 端午节是中华民族的传统节日之一，2000多年来，它不仅是一个多民族的全民防疫祛病、避瘟驱毒、祈求健康长寿的大节日，还因起源的不同而有着不同的文化内涵。

端午节是在农历的五月初五，这是我国传统节日中比较大的一个节日。它的历史悠久，含义丰厚。

端午，也称为"端五"，"端"的含义与"初"相同，"端五"也就是"初五"；"五"与"午"相通，按地支的顺序推算，五月也正是"午"月，同时，又因午时为"阳辰"，所以端五也叫"端阳"。五月五日，月、日都是五，所以还称为"重五"，也称重午。除此之外，端午还有许多别称，如夏节、浴兰节、女儿节、天中节、地腊、诗人节等。之所以会有如此多的别称，这与端午节起源的不同说法相关。

端午节的来历

迄今为止，关于端午节的来源有很多种说法，其中影响最大的观点是纪念屈原说。这一说法最早出自南朝梁代吴均《续齐谐记》和北周宗懔《荆楚岁时记》中的相关记载。

屈原是春秋时期楚国的贵族大臣。他主张举贤授能，力主富国强兵并联齐抗秦，结果遭到贵族子兰等人的强烈反对。屈原在谗言陷害中被流放到沅、湘流域。在流放途中，他写下了忧国忧民的《离骚》《天问》《九歌》等不朽诗篇。公元前278年，楚国都城郢被秦军攻破。屈原悲痛万分，就在五月五日写下绝笔之作《怀沙》后，抱石投汨罗江身亡。屈原以自己的生命谱写了一曲壮丽的爱国主义乐章。

此外，关于端午节来历的说法还有以下几种：春秋时吴国忠臣伍子胥含冤而死，世人纪念他，所以有了端午节；纪念东汉时

◆ 屈原

期的孝女曹娥，她因救父而投江；端午节是龙的节日，因为端午节两个最主要的活动吃粽子和龙舟竞渡都与龙相关；五月初五是恶日，在这一天要插菖蒲、艾叶以驱鬼，薰苍术、白芷和喝雄黄酒以避疫等。

端午节的礼俗

普遍存在的端午节礼俗主要包括以下几个方面：

◆ 包粽子

悬挂艾叶、菖蒲。俗语说："清明插柳，端午插艾"。古人相信菖蒲、艾蒿具有巫术和药用的双重价值，因而出现许多利用菖蒲、艾蒿辟邪保健的习俗。还有用菖蒲作剑，插在门楣上的，认为有驱魔祛鬼的神效。

小孩缠挂五色线或者佩戴香囊。香囊里装着朱砂、雄黄、香药等，外面包着丝布，清香四溢，再用五色丝线弦扣成索，做成各种不同形状，结成一串，形形色色，玲珑夺目。不但有避邪驱瘟之意，而且有点缀的作用。

吃粽子。据记载，早在春秋时期，就有用菰叶（茭白叶）包黍米成牛角状，称"角黍"；用竹筒装米密封烤熟，称"筒粽"。到了晋代，粽子被正式定为端午节食品。传说，屈原死后，人们为了防止水中的鱼龙虾蟹咬噬屈原的遗体，就将饭团包起来丢进江里，后来发展成了"粽子"。

赛龙舟。据说，楚国人因舍不得屈原死去，就争相划船追赶着拯救他。后来人们便在每年的五月五日划龙舟来纪念屈原。虽然有这种说法，但是在很多人的心目中，赛龙舟的真正目的是"送瘟神"。

此外，还有挂道教符图驱邪；喝药酒，主要是蒲酒和雄黄酒，目的是驱邪保健；游百病，即出门游玩，这在上古时代也是为了回避疾病和邪气；亲友互相赠送礼物，因为端午日不祥，所以亲友之间要互赠礼物来表示互相关心。

以上八项端午节礼俗都以辟邪、辟瘟、保健为目的，但端午节从战国时代到今天的发展演变过程中，已经从单一的辟邪驱瘟主题，逐步发展到兼顾辟邪驱瘟和纪念先贤两个主题并重了。所以，端午节也就有了更多的文化含义。

延伸阅读

"恶日"和汉代食枭羹的皇家礼仪

端午这一时段，气温骤然上升，令人难以适应；同时，蚊虫开始肆虐，细菌开始泛滥。生活的经验使人们认识到这是一个疾病高发期。此外，"五"是阳数，五月初五也有"极阳"的含义。中国传统文化讲究阴阳和谐，所以认为这种阳气极盛的日子一般都不吉利，于是，五月初五被认为是一个"恶日"。

在汉代，五月初五有一个官方礼仪，即皇帝命令郡国召集百官，赏赐枭羹，也就是猫头鹰汤。这是因为在古代传说中，猫头鹰吃自己的母亲，古人认为它是恶鸟。为了灭绝它，特意选择在端午这个"恶日"来吃。在官廷中，皇帝赏赐枭羹，其实也包含着教训大臣，不要做恶人、奸臣的政治涵义。

浪漫温馨七夕节

> 七夕是最具浪漫色彩的传统节日，也是一个以女性为主角的传统节日。节日中种种趣味盎然的礼俗，体现了人们追求幸福生活的朴素情感，也给我国的民间节日增添了丰富多样的色彩。

七夕节源于汉代，盛行于唐宋，在中国已有2000多年历史，也被称为"女儿节""少女节""乞巧节"。

七夕节的传说

在人们的观念里，七夕节始终和《牛郎织女》的传说相连在一起。相传，很久以前，有一个孤儿跟着哥哥嫂子生活，每天总是放牛，人们叫他牛郎。虽然他既聪明又勤快，但哥哥嫂子最后还是和他分了家。分给牛郎的只有一间茅房、一头老牛。从此牛郎就和老牛生活在一起，对老牛非常照顾。一天，牛郎无意中看到七个仙女驾着祥云落在河边草地上，她们脱去五彩霓裳，跳进河水嬉戏。牛郎盯着一个最年轻美丽的仙女看得入神，这时老牛突然说："她是天上的织女，只要拿走五彩霓裳，她就会做你的妻子。"牛郎听从了老牛的建议。找不到五彩霓裳的织女最终留下来成了牛郎的妻子。他们男耕女织，互敬互爱，并有了一双儿女。但玉皇大帝知道后勃然大怒。七月初七，王母奉旨带着天兵天将将织女从人间带走了。悲痛欲绝的牛郎在老牛的帮助下，用箩筐挑着儿女追上天去。眼看就要追上了，王母拔下金簪一划，牛郎脚下立刻出现一条波涛汹涌的天河。肝肠寸断的织女和牛郎，在天河两岸遥望对泣。他们的忠贞爱情感动了喜鹊，霎时，无数喜鹊飞向天河，搭起一座鹊桥，牛郎、织女便在鹊桥上相会了。王母无奈，只好允许牛郎、织女每年的七月初七在桥上相会一次。

这个动人的传说始于汉朝，经过千余年的代代相传，深入人心。每到农历七

◆ 宫廷乞巧

月初七，姑娘们就会来到花前月下，抬头仰望星空，寻找银河两边的牛郎星和织女星，希望看到他们相会，并寄予自己的愿望，由此形成了"七夕节"。

七夕节礼俗

七夕风俗中流传最久、最广的是"乞巧"。乞巧指的是向织女乞求一双巧手、巧艺。因为传说中织女美丽聪明，心灵手巧，能织出彩霞般的锦绣，令人间女子羡慕不已。民间乞巧的习俗，便是在这种向往心理下形成的。梁宗懔的《荆楚岁时记》说七月初七夜晚，家家户户妇女结彩缕，穿七孔针。有的人用金、银、黄铜做成针，把瓜果等摆列在庭院中以乞巧。如果有蜘蛛在瓜果上织网，就认为是织女星神降临的显示。这种在南朝形成的活动一直留传到后世，民间将穿针乞巧作为七夕的代表性行为，宫廷建有进行乞巧活动的楼台，如唐玄宗建乞巧楼，元代在九行台乞巧，明代设乞巧山子。

除乞巧外，民间还有拜月的习俗。女孩子们在七夕之夜，仰望天空明月，摆上时令瓜果，朝天祭拜，乞求姻缘巧配。在古代，婚姻是决定女孩一生幸福的大事，所以，世间痴情女孩会在七夕这天晚上，对着星空祈祷自己的婚姻幸福美满。

七夕节还有求子的习俗。如《风土记》记载："七月七日，其夜洒扫于庭，露施几筵，设酒脯时果，散香粉于筵上，以祀河鼓、织女，言此二星神当会，守夜者咸怀私愿，或云见天汉中有奕奕白气，有光耀五色，有为征应者，便拜而愿乞富

◆ 牛郎织女图 清 黄山寿

乞寿，无子乞子，唯得乞一，不得兼求，三年后言之，颇有受其祚者。"

此外，七夕节在不同地方有不同的礼俗，"乞巧"的方式也有所不同，如生豆芽、浮巧针等。

延伸阅读

为何"七月初七"能够成为节日？

农历七月初七作为"七夕节"，这个节日的起源虽然与传说有关，但民俗专家也认为它与古人对数字的认识有很重要的关系。

在中国古代，尤其是秦汉以前，类似一月初一、二月初二、三月初三、五月初五、七月初七、九月初九等的"重日"，大都被认为是天地交感、天人相通的日子。因此，人们会在这样的日子里多做祈福、祭祀或纪念活动，以求幸福、安康。七月初七作为节日应该与此相关。

"七月初七"作为节日，可能还与古人对时间的崇拜有关。在古代，人们把日、月与水、火、木、金、土五大行星合称为"七曜"。"七"在民间表现为时间的阶段性，在计算时间时往往以"七七"为终结，如以"七曜"计算现在的"星期"。"七"还和"吉"谐音，所以，"七七"又有双吉含义，人们也认为它是"良日"。

合家团圆中秋祭月礼

中秋节是一个历史悠久的节日。在农耕社会庆中秋是很重要的，因而有着许多丰富多彩的活动，其中也包含着丰富的文化内涵。在今天则更多寄托了人们期盼团圆幸福，对生活无限热爱和对美好生活的向往。

农历的八月十五日，是我国仅次于春节的第二大传统节日——中秋节。之所以称为"中秋"，是因为这是一年秋季的中期。中秋也被称为"仲秋"，因为在中国的农历里，一年分为春、夏、秋、冬四季，每季又分为孟、仲、季三个部分，八月十五正值秋季的"仲"。中秋还被称为"月夕""八月节"，因为八月十五的月亮比其他时期的满月更圆、更明亮。在这个月圆之夜，人们仰望圆圆的明月，自然会期盼家人团聚，故而中秋又叫"团圆节"。

中秋节的起源与发展

中秋节在我国起源的时间很早，它源于人们对月亮的崇拜。我国是古老的农业国家，古人经长期观察认识到月亮的运行与农业生产和季节变化有很大关系。人们为了祈求月神为农业发挥有利作用，或为了庆祝丰收、答谢月神的福佑，就开始祭祀月亮，并成为祈祷国家长治久安的一项重要祭祀活动。据《周礼》记载，周天子每年秋天都要举行"夕月"的仪式，即祭拜月神。北魏、隋唐以来，历代也都有秋分祭月的礼仪。后来这种习俗传到民间，就形成了一个传统的活动，一直到了唐代，中秋节便正式成为一个固定的节日。《唐书·太宗记》中有"八月十五中秋节"的记载，这个节日盛行于宋朝，到明清时，已成为我国的主要节日之一。

中秋赏月

在中秋节，除了帝王祭月，民间百姓

◆ 赏月图　清　冷枚

拜月的活动，还出现了赏月的礼俗。民间中秋赏月活动大约始于魏晋时期，但到了唐代，中秋赏月、玩月才颇为盛行。等到宋代，中秋赏月便成为这一节日的中心。据宋代孟元老的《东京梦华录》记载："中秋夜，贵家结饰台榭，民间争占酒楼玩月，笙歌远闻千里，嬉戏连坐至晓"，也就是说，每到这一天，京城的所有店家、酒楼都要重新装饰门面，牌楼上扎绸挂彩，出售新鲜佳果和精制食品，夜市热闹非凡。而百姓们则多登上楼台，一些富户人家在自己的楼台亭阁上赏月，并摆上食品或安排家宴，在合家团圆中共同赏月叙天伦之乐。

吃月饼

俗语说："八月十五月正圆，中秋月饼香又甜"。月饼是中秋佳节必不可少的美食。据说，中秋吃月饼还与朱元璋有着不可分割的联系。当时，中原广大百姓不堪忍受元朝统治阶级的残酷统治，纷纷反抗。朱元璋联合各路反抗力量准备起义，但朝廷官兵搜查得十分严，传递起义消息十分困难。军师刘伯温想出了一条计策，命令属下把写有"八月十五夜起义"的纸条藏入饼子里，再分头传送到各地起义军中。到了起义那天，各路义军一齐响应，很快就攻下元大都。接到胜利的消息，朱元璋高兴得连忙传下口谕，在即将来临的中秋节，让全体将士与民同乐，并将起兵时秘密传递信息的饼子作为节令糕点赏赐将士。这便是后来的"月饼"。中秋节吃月饼的习俗也在民间流传开来。

随着时代的发展，中秋节祭拜月神的

◆ 兔儿爷

含义日渐减弱，而吉祥、团圆的象征含义逐渐加强，还在各地形成了更多的礼俗，如钱塘观潮、赏月猜谜、燃灯、舞火龙、玩兔儿爷、饮桂花酒、吃芋头等。

延伸阅读

中秋节时的"兔儿爷"

我国古人过中秋节时，祭月是主要活动。家家户户都要在庭院里摆上一张八仙桌，上面摆放供品，其中有一种毛豆枝是专为"兔儿爷"准备的。"兔儿爷"是对玉兔的敬称。之所以为"兔儿爷"准备供品，其中还有一段传说：

有一年，北京城里发生了瘟疫。看到百姓痛苦的情形，嫦娥心里很难过，就派身边的玉兔去为百姓治病。玉兔变身为一个少女，挨家挨户地治好了很多人。人们送很多东西给她以表示感谢，但玉兔什么也不要，只是向别人借衣服穿。所以，她有时候打扮成个卖油的，有时候又像个算命先生……为了能给更多的人治病，玉兔就骑上马、鹿或狮子、老虎等，走遍了京城内外。瘟疫消除后，玉兔就回月宫去了。人们为了酬谢她给人间带来的吉祥和幸福，就用泥塑造了千姿百态的玉兔形象。每到农历八月十五那一天，家家都要供奉她，并亲切地称她为"兔儿爷""兔奶奶"。

第十讲 节俗礼仪篇

九九重阳登高礼

> 农历的九月初九，是我国传统的重阳节。重阳节在发展过程中融合了敬老养老的儒家理想与孝道伦理，融合了道教养生贵生、驱邪求寿的世俗理念，逐渐由最初的天伦祈祀型国家大礼转变为人伦娱乐型的民间佳节，成为一个世俗化的全民传统节日。

农历九月九日是我国的传统节日——重阳节。在古老的《易经》中"六"被定为阴数，"九"被定为阳数，九月九日，日月都是阳数，两九相重，所以叫"重阳"，也叫"重九"。重阳节的别名还有"登高节""茱萸节""菊花节"等，这些名称都与节日当天的礼仪活动相关。

重阳节的历史

重阳节的起源很早。春秋战国时屈原的《远游》中有："集重阳入帝宫兮，造旬始而观清都"，但这里的"重阳"指的是天，而不是指节日。大概在魏晋时期，重阳这一天已经有了饮酒、赏菊的做法。到了唐代，重阳才被正式确定为民间的节日。

到了明代，重阳节时，皇宫上下要一起吃花糕以表庆贺，同时皇帝要亲自到万岁山登高，以畅秋志，这种风俗一直流传到清代。

重阳节的礼俗

重阳节的礼俗活动既多彩又浪漫，通常包括出游赏景、登高远眺、观赏菊花、遍插茱萸、吃重阳糕、饮菊花酒等活动。

插茱萸：这是重阳节的一个标志性礼俗。与重阳节有关的茱萸主要指的是吴茱萸，古名"越椒"。吴茱萸开花艳丽，能给人以很强的视觉美感冲击；吴茱萸的香味浓烈，有很好的提神作用；吴茱萸还有治寒驱毒的药用功效。重阳节为何插茱萸，具体原因现在还没有定论，但是插茱萸这一礼俗在西汉时即已出现，如《西京杂记》曾记载贾佩兰"佩茱萸"，唐代沈

◆ 重阳登高图

佺期《九日临渭亭侍宴应制得长字》诗云:"魏文颂菊蕊,汉武赐萸囊……年年重九庆,月月奉天长",说明唐代之前佩插茱萸的习俗已然成风。到了唐代,佩插茱萸的习俗有了进一步的发展,其盛行情况在唐代诗歌中有着充分体现。由于茱萸在重阳节中具有重要地位,"重阳节"遂也称为"茱萸节","登高会"称为"茱萸会"等。

赏菊及饮菊花酒:这一礼俗据说起源于东晋大诗人陶渊明。陶渊明"不为五斗米折腰",远离官场,隐居田园,他这种高尚的品格影响着后人,他的爱诗、爱酒以及爱菊也都影响着后人。由于重阳节时也正值菊花盛开的时节,后人也纷纷仿效陶渊明饮酒赏菊,久而久之,这在重阳节便成了一种约定俗成。

登高:这是重阳节的主要习俗。它首先是和古代先民的狩猎、采集等活动相关,后来逐渐地与人类关于祭祀、山神崇拜、登高避祸、登高升仙等认识或活动发生了联系,登高也因此富含特殊的含义。重阳登高备受后人重视,唐代文人描写重阳登高的诗非常多,如杜甫的七律《登高》就是其中的名篇。正因为民间有此风俗,所以重阳节又叫"登高节"。

吃重阳糕:重阳糕又被称为"花糕""菊糕""五色糕"等,制作方法比较随意。九月九日天亮时,将一片糕放在儿女头额上,口中念念有词,祝愿子女百事俱高,这是古人九月作糕的本意。有的地方还会在重阳糕上插一小红纸旗,并点蜡烛灯。

◆ 卖重阳糕

这大概是用"点灯""吃糕"代替"登高"的意思。

重阳节的礼俗活动不仅丰富了人们的日常生活,而且逐渐成为一种文化符号。有关重阳节的大量故事、传说和诗歌,既丰富了人们的精神生活,也为中华民族精神的培育和中华传统文化的发展做出了独特的贡献,它无疑是我们民族的一份重要文化遗产。

延伸阅读

重阳节的传说

大多数传统节日都有着美丽动人的古老传说,重阳节也同样。

相传,汉代有一位叫费长房的仙人。他收了一位徒弟叫桓景。春去秋来,桓景跟师傅已经学习了许多年。突然有一天,费长房将桓景叫到身边,对他说,"九月九日你们家将有一场大灾难,如果你带着全家大小,人人用红色的囊袋盛上茱萸,挂在手臂上,登高山饮菊花酒,就能够避祸消灾了。"桓景按照师傅所说的,带领全家上山游玩。等到傍晚,他们回家一看,发现家里所有的鸡、狗、牛、羊等家禽和牲畜全部暴死。这时桓景才明白,这些家禽和牲畜成了他们全家大小的替死鬼。这件事很快流传开来,并且代代相传。每逢九月九,人们就去登高辟邪,相沿成俗,最终演化成为重阳节。

腊祭百神的腊八节

> 腊八节是中国民间一个重要的传统节日,至今已有1000多年的历史。从先秦起,腊八节都是用来祭祀祖先和神灵,祈求丰收和吉祥的。

按照中国农历,每年十二月被称为"腊月",而腊月初八日又被称为"腊八节"。关于"腊八节"的来历,还有一段很长的历史发展过程。

"腊"在《说文解字》中解释为:"腊,冬至后三戌,腊祭百神",《风俗通》中也记载:"夏曰嘉平,殷曰清祀,周曰大腊,汉改曰腊。腊者,猎也,田猎取兽祭先祖也。"可见它本是中国远古时代的一种祭礼。在商代,人们用猎获的禽兽举行每年的春、夏、秋、冬四次大祭,祭祀祖先和天地神灵,其中冬祭的规模最大,也最为隆重,后来称之为"腊祭"。因此,人们就将农历十二月称为"腊月",将举行冬祭这天称为"腊日"。在当时,"腊日"并没有固定在十二月初八。从先秦开始,"腊日"被当作"年节"来欢度。到了汉代,才明确规定冬至过后的第三个戌日为"腊日",不过在这一天并不喝腊八粥,而只是作为祭奉诸神的日子。直到南北朝时,才将农历十二月初八固定为"腊八节",人们借此祭祀祖先和天地神灵,保佑国泰民安,祈求丰收和吉祥。

喝腊八粥

自从佛教传入中国后,"腊八节"又与佛教有了关联,"腊八节"的主要礼俗——吃腊八粥据说也是源于佛教。

相传,释迦牟尼成道之前进行了六年的苦苦修行,六年中他经常挨饿。一次在他快要饿死的时候,一位牧羊女用一碗大米奶粥挽救了他,他也最终在腊月初八这天修道成佛。此后,佛家子弟为了纪念这件事,便在每年腊八节这天,上街浴佛,并熬制腊八

◆ 腊八节祭祖敬神

粥，赠送给门徒和善男信女们。人们之间传说喝了这种粥以后，就可以得到佛祖的保佑，因此，腊八粥也被称为"福寿粥""福德粥"和"佛粥"。腊八粥最终流入民间，成为民间的节令小吃。

我国喝腊八粥的历史，最早开始于宋代。每逢腊八这一天，不论是朝廷、官府、寺院还是黎民百姓家中都要做腊八粥。到了清朝，喝腊八粥的风俗更是盛行。家家户户都要做腊八粥。腊八粥熬好后，要先敬神祭祖，之后要赠送亲友，一定要在中午之前送出去，最后才是全家人食用。吃剩的腊八粥，保存着吃了几天还有剩下来的，还是"年年有余"的好兆头。如果把粥送给穷苦的人吃，那更是积德行善的好事。随着时代的发展，腊八粥原有的宗教意味逐渐隐退，到如今实际上已成为色味俱佳的节令美食。

吃腊八蒜

在腊月初八这一天，华北大部分地区的人们有用醋泡蒜的习俗，叫"腊八蒜"。据说，这种习俗源于"腊八算"，即各家商号在这天算账，把一年的收支算算，看看这一年的盈亏情况，其中包括外欠和外债，都要在这天算清楚。腊八这天要债的债主，要到欠债的债主家中送信儿，准备还钱。北京城有句民谚："腊八粥、腊八蒜，放账的送信儿；欠债的还钱。"后来有债主就用"蒜"代替"算"，以表示忌讳。也因为忌讳的缘故，没有小商贩卖"腊八蒜"，家家户户都要自己腌制。

除此之外，"腊八节"还有"吃冰"

◆ 腊八粥原料

的习俗。腊八前一天，人们舀水结冰，等到腊八节就将冰敲成碎块食用，据说这天的冰非常神奇，吃了它后，在以后的一年里肚子都不会疼。

延伸阅读

清代雍和宫中的腊八盛典

清代的夏仁虎写有一首名为《腊八》的诗：腊八家家煮粥多，大臣特派到雍和。圣慈亦是当今佛，进奉熬成第二锅。其中所描述的就是腊八当天雍和宫中的盛况。

在清代，每年腊月初一起，皇宫总管内务府派司员把粥料和干柴运到雍和宫。粥料品种繁多，有上等奶油、羊肉丁和五谷杂粮以及各种干果等，到初五晚准备就绪，初六皇帝派大臣会同内务府总督大臣，率领三品以上官员及民夫到庙里监督称粮、运柴。初七清晨，皇帝派来的监粥大臣下令生火，并一直监视到初八凌晨，粥全部熬好为止。这时皇帝派来的供粥大臣率领官员开始在佛前供粥，宫灯照耀、香烟袅袅、古乐齐鸣、众喇嘛进殿念经，随后把粥献给宫廷。直到天亮后舍粥完毕，盛典才告结束。对此，清代的《燕京岁时记》中有记载："雍和宫喇嘛于初八日夜内熬粥供佛，特派大臣监视，以昭诚敬。其粥锅之大，可容数石米。"

雍和宫中"腊八节"舍粥的礼俗至今仍在继续。

阴消阳长贺冬至

> 冬至是我国历法中一个非常重要的节气，也是一个有着悠久历史的传统节日，人们在这一天举行许多礼仪活动进行庆祝，表达在这个吉日中的喜悦心情。

冬至的时间在每年阳历的12月22日或者23日之间。早在二千五百多年前的春秋时代，古人已经用土圭观测太阳测定了出来，可以说冬至是二十四节气中最早制订出的一个。之所以叫"冬至"，是因为古人说："阴极之至，阳气始生，日南至，日短之至，日影长之至。"即冬至是北半球全年中白天最短、黑夜最长的一天，过了冬至，白天就会一天天变长。也正因此，《汉书》说："冬至阳气起，君道长，故贺。"即古人认为过了冬至，白昼日长，阳气回升，是一个节气循环的开始，所以是一个吉日，应该庆贺。于是，冬至逐渐演变成为一个节日。"冬至"还有一些别名，如"冬节""长至节""亚岁"等。

在古代，冬至节非常重要，人们一直将冬至当作另一个新年来过，曾有"冬至大如年"的说法。

祭天祭先祖

周朝时期，先民们把"冬至"看作一年的岁首，"冬至日"有"天子率三公九卿迎岁"的盛大典礼，在《周礼》中也规定了"以冬至日，致天神人鬼"的祭天仪式。不仅如此，冬至日还要举行百官和外藩使者都要参加的朝会。

汉代则以冬至为"冬节"，官府要举行名为"贺冬"的祝贺仪式，同时按照惯例放假。《后汉书》中有这样的记载："冬至前后，君子安身静体，百官绝事，不听政，择吉辰而后省事。"即在这一天，朝廷要放假休息，军队待命，边塞闭关，商旅停业，亲朋各以美食相赠，相互拜访，欢乐地过一个"安身静体"的

◆ 祭祀祖先

节日。

唐宋时期，"冬至"也非常重要，孟元老的《东京梦华录》记载说："十一月冬至，京师最重此节，虽至贫者，一年之间，积累假借，至此日更易新衣、备办饮食，享祀先祖……一如年节。"皇帝在这天要到郊外举行祭天大典，百姓在这一天要祭祀先祖。

到了明清，祭天祭祀先祖的礼仪活动仍然被沿袭下来，并且增加了进献馄饨的礼俗。即民间所谓"冬至馄饨夏至面"。

冬至吃饺子

冬至节在数千年的发展中，逐渐形成并增加了许多独特的食俗，如馄饨、饺子、汤圆、赤豆粥、黍米糕等。在我国北方主要是吃饺子，有谚语说"冬至不端饺子碗，冻坏耳朵没人管"。关于冬至吃饺子的起源，传说女娲造人的时候，一年到头不停地做。结果到了冬至那天，气候寒冷起来，黄土人的耳朵总被冻掉。女娲就在每个黄土人的耳朵上穿个小孔，用一条线通过，一头打个结扎住，一头塞进黄土人的嘴里，让黄土人咬住，这才使他们的耳朵没被冻掉。以后，每到冬至节，人们就包耳朵形状的饺子，意思是让女娲做的黄土人咬住带线（馅）的耳朵。此外，冬至吃饺子还传说与医圣张仲景有关。

"履长"与"隆师"

在冬至节礼俗中，比较有特色的还有"履长"与"隆师"。所谓"履长"，是指晚辈礼拜尊长，尤其是儿媳要给公公婆婆献履献袜。之所以有这个习俗，是因

◆ 九九消寒图

为这天日影最长，用鞋袜献给尊长庆贺冬至，表示足履最长之日影祝祷长寿。所谓"隆师"，就是学生在冬至这天向老师表达敬意。在古代，冬至节里教书先生要带领学生拜孔子牌位，然后由学董带领学生拜先生。再由学董牵头，宴请教书先生。至今民间仍有冬至节请教师吃饭的习俗。

除了以上习俗外，民间还有唱"九九歌"和绘"九九消寒图"的娱乐习俗。

延伸阅读

冬至民间的"九九消寒图"

"九九消寒图"是记录进九以后的天气阴晴的，目的是预测来年年成的丰与歉。"消寒图"的形式非常多。一般是在纸上画成九栏，每栏绘成九枚铜钱，一钱代表一天，旁边标明日期，这样正好九九八十一天。每天用毛笔根据"上画阴，下画晴，左风右雨雪当中"进行涂抹。当然，有的文人雅士则画九枝白梅，每枝九朵，每朵代表一天，称为"雅图"。根据阴晴雨雪，每天染一朵。有的"消寒图"上还标有《九九歌》，如"一九二九不出手；三九四九冰上走；五九六九，阳坡看柳；七九河开，八九雁来；九九无凌丝；九九加一九，耕牛遍地走。"